مدیریت فرهنگ سازمانی

سال هفتم، شماره بیستم، پاییز و زمستان ۱۳۸۸

صفحات ۱۰۳ - ۱۱۹

بررسی تأثیر تناسب بین شغل و شاغل بر تعهد سازمانی کارکنان

(مطالعه موردی در شرکت ملی پالایش و پخش فرآورده‌های نفتی ایران)

رحمت الله قلی پور[1]، غلامرضا جندقی[2]، حسن زارعی متین[3]، مصطفی امامی*[4]، عبدالغنی رستگار[5]

۱. دانشار دانشکده مدیریت پردیس قم، دانشگاه تهران

۲. استاد دانشکده مدیریت پردیس قم، دانشگاه تهران

۳. استاد دانشکده مدیریت پردیس قم، دانشگاه تهران

٤. کارشناسی ارشد حسابداری دانشگاه تربیت مدرس

۵. دانشجوی دکتری مدیریت منابع انسانی، پردیس قم دانشگاه تهران

(تاریخ دریافت: ۸۸/۲/۱ تاریخ تصویب: ۸۸/۵/۲۰)

چکیده

هدف اصلی این پژوهش بررسی تناسب شغلی و رابطه آن با تعهد سازمانی می‌باشد. ابزار جمع‌آوری اطلاعات به منظور سنجش تعهد سازمانی، پرسش‌نامه ۱۵ سؤالی آلن و می‌یر، و برای سنجش تناسب شغلی پرسش‌نامه بانک اطلاعات شغلی بین‌المللی (O*NET) است، که هریک از پرسش‌نامه‌ها به طور میانگین شامل ۲۱ سؤال می‌باشد. پایایی پرسشنامه تعهد سازمانی ۰/۸۹ و پایایی پرسش‌نامه سنجش تناسب شغلی ۰/۸۷ به دست آمد و آلفای کرونباخ هر دو پرسش‌نامه بیش از ۰/۷ می‌باشد. حجم جامعه آماری مورد نظر ۱۵۰ نفر می‌باشد. براساس روش نمونه‌گیری تصادفی طبقه‌ای از بین آنها ۸۰ نمونه آماری انتخاب گردید و در نهایت ۷۸ پرسش‌نامه جمع‌آوری گردید.

جهت تعیین نرمال بودن داده‌های به دست آمده از آزمون کولموگروف- اسمیرنوف استفاده شد و نتایج آزمون نرمال بودن داده‌ها را تأیید کرد. فرضیات تحقیق با انجام آزمون T مستقل به بوته آزمون قرارداده شدند و تأثیر معنادار و مثبت آنها به اثبات رسید، به این معنا که کارکنانی که از لحاظ شغلی متناسب بوده‌اند، تعهد سازمانی بیشتری داشته‌اند. نتیجه دیگری که از این پژوهش به دست آمد گویای این واقعیت بود که فقط حدود ٤۰ درصد از کارکنان این شرکت از لحاظ شغلی کاملاً متناسب بودند.

واژگان کلیدی

تعهد سازمانی، تناسب شغلی، دانش شغلی، مهارت شغلی، توانایی شغلی.

* نویسنده مسؤول: تلفن: ۰۹۳٦۵۸٤۲۱۹٤ Email: mostafa.emami@modares.ac.ir

مقدمه

کار عنصر مهم و البته سازنده جوامع و سازمان‌ها است. برای اینکه کار با از خودبیگانگی همراه نباشد، باید از نظر فنی، فیزیولوژیک و روان‌شناسی مساعد باشد. باید اوضاع اقتصادی و اجتماعی‌ای که کار در آن انجام می‌شود به گونه‌ای باشد که کارگر احساس کند کارش منصفانه و به تناسب مهارت و کوشش اوست و دستمزد وی نیز متناسب با دستمزد سایر گروه‌های کاری پرداخت می‌شود (شفیع آبادی، ۱۳۷۸، ص۱٤). از آن جایی که انجام کار در قالب شغل شکل می‌گیرد، لازم است ویژگی‌های یک شغل در ارتباط با خصوصیات شاغل سنجیده و ملحوظ گردد. باید شغل و مراحل انجام آن را به خوبی شناخته و به تجزیه و تحلیل شغل توجه نموده، در گام بعدی شغل را طراحی کرده و افراد متناسب با هر شغل را در پست و شغل لازم به کار گمارد (صادقی، ۱۳۷۵، ص۲۳).

تناسب شغل با شاغل در سازمان به عنوان یک استراتژی مؤثر در نگهداری منابع انسانی در نظر گرفته می‌شود. این تناسب از لحظه‌ای آغاز می‌شود که نخست فرد برای کار و انتخاب شغل آستین بالا می‌زند. دوم، سازمان برای کارمندیابی، انتخاب، استخدام و انتصاب آماده می‌شود. ممکن است که در آغاز استخدام، با توجه به نیاز سازمان و نیاز داوطلبان کار، تناسب مورد نظر در حد محدودی برقرار شود، ولی بتدریج که فرد در سازمان زندگی کاری خود را ادامه می‌دهد و سازمان نیز دوره عمر خود را پشت سر می‌گذارد، انتظار می‌رود این تناسب بیش‌تر شود. اگر شغل به گونه‌ای طراحی شود که با ویژگی‌های فردی متناسب باشد، موجب انگیزش می‌شود و در این صورت بهره‌وری نیروی انسانی افزایش می‌یابد (کاظمی حقیقی، ۱۳۷۹، ص۵). با توجه به نکته فوق محور اصلی این تحقیق این است که آیا این تناسب موجب افزایش تعهد سازمانی نیز می‌شود یا اینکه تناسب یادشده بی‌ارتباط با تعهد سازمانی است.

تناسب شغل و شاغل (تناسب بین الزامات شغلی و ویژگی‌های شخصی)

در سازمان‌های پیشرفته و پیچیده امروز دنیا که نیروی انسانی یک سرمایه اصلی

محسوب می‌شود، استفاده از مفهوم تناسب شغلی در جهت بهره‌گیری و به کارگیری بهتر از دانش، توانایی و مهارت‌های نیروی انسانی بسیار حایز اهمیت است.

تناسب شغل- شاغل[1] یکی از اقسام تناسب فرد با محیط پیرامون خود است. عدم تناسب بین فرد و شغل او می‌تواند هزینه‌های بسیاری را برای سازمان در پی داشته باشد. ماهیت اصلی تناسب شغل- شاغل در تعاریف متفاوت از آن مشخص می‌گردد و در تحقیقات انجام شده در این زمینه تعاریف متفاوتی از تناسب شغل - شاغل ارایه شده است (انتال[2]، ۲۰۰۸، ص۳۳۶).

تئوری تناسب بین شغل- شاغل بر این فرض استوار است که الزامات شغلی مانند تنوع مهارت[3]، هویت وظیفه[4]، استقلال وظیفه[5]، دانش شغلی[6]، مهارت شغلی[7]، توانایی شغلی[8] و ده‌ها متغیر دیگر وجود دارد که پتانسیل و قابلیت این را دارد که با ویژگی‌های شخصی مانند سن، جنس، سطح تحصیلات، تأهل و تجرد، سابقه کار، دانش، مهارت و توانایی‌های فردی متناسب گردد، و در نتیجه با قبول سازگاری بین شخص و شغل او رفتارها و نگرش‌های فردی را تحت تأثیر قرار می‌دهد.

دیوید تناسب شغل- شاغل را اینگونه تعریف می‌کند: «سازگاری بین فرد وسازمان در کاری که انجام می‌دهد. به عبارت دیگر دانش، مهارت و توانایی‌های فرد همان دانش، مهارت‌ها و توانایی‌هایی است که شغل فرد در سازمان به آن نیاز دارد» (دیوید[9]، ۲۰۰۷، ص۶).

هوساکا تشابه ارزش‌های شغل و ارزش‌های شخصی یعنی سازگاری ارزش را یکی از ابعاد بسیار مهم تناسب شغل- شاغل فرض می‌کند. در چارچوب ارایه شده توسط هوسکا، یعنی چارچوب کشش- انتخاب- تضعیف[10] سازگاری هدف بعد مهم تناسب فرد و شغل

1- Job-employed fit
2- Antall
3- Skill Variety
4- Task Identity
5- Task Autonomy
6- Job Knowledge
7- Job skil
8- Job ability
9- David
10- ASA

فرض گردیده است. براساس این نظریه افراد جذب مشاغلی در سازمان‌ها می‌شوند که آن مشاغل وسیله‌ای برای دست‌یابی به اهداف فرد است (هوساکا[1]، ۲۰۰۸، ص۵٦۰).

چاینوی[2] چهار گروه رایج تناسب بین شغل- شاغل را با ذکر مثال‌هایی به شرح زیر بیان می‌کند (چاینوی، ۲۰۰۸، ص۲۳):

۱- تناسب مکمل[3]: زمانی که فرد مشخصاتی دارد که مشابه با مشخصات شغلی‌اند: چیزهایی که در زندگی من ارزش هستند بسیار شبیه به ارزش‌هایی هستند که در شغل من موجود است.

۲- تناسب تکمیلی[4]: وقتی فرد به اندازه کافی می‌تواند خصوصیات گم شده در شغل را پر کند یا خصوصیات اضافه‌ای ارایه کند: دانش، مهارت وتوانایی‌های من چیزهایی را ارایه می‌کند که دیگر افراد متصدی آن شغل ندارند.

۳- تناسب تقاضاها- توانایی‌ها[5]: زمانی که توانایی‌های فرد نیازهای شغل را برآورده نماید: توانایی‌ها و مهارت‌های من همان توانایی‌ها و مهارت‌هایی است که شغل نیاز داشت.

٤- تناسب نیازها- تأمین‌ها[6]: زمانی که نیازهای فرد توسط شغل برآورده می‌شود، شغل من نیازهایی را که من انتظار دارم یک شغل برآورده کند، برآورده می‌کند.

برداشت‌ها و تعریف‌های متفاوت فوق می‌تواند بر نتایج حاصل از آن تأثیرگذار باشد.

تحقیقات نشان داده است که افراد بیش‌تر به دلیل عدم تناسب شغلی به سمت شکست خوردن یا عدم موفقیت پیش می‌روند و نه کمبود مهارت‌ها یا میل پایین به خوب کار کردن (پل[7]، ۲۰۰٦، ص٤٦).

گام‌های زیر می‌تواند جهت تشخیص تناسب شغل و شاغل کمک نماید (انتال، ۲۰۰۸، ص۳۳٦):

- تشخیص خصوصیات افراد موفق در این شغل،

1- Hosaka
2- Chinoy
3- Supplementary fit
4- Complementary fit
5- Demands-abilities fit
6- Needs-supplies fit
7- Paul

- تشخیص خصوصیات افراد شکست خورده و ناموفق در این شغل؛
- تشخیص خصوصیاتی که سبب موفقیت شما در این شغل می‌شود، چنانچه آن را اختیار می‌کردید.

در بررسی‌های انجام شده بر روی تناسب شغل- شاغل و پیامدهای حاصل از آن نتایج بسیار متفاوتی که گاهی نقض‌کننده یکدیگر نیز می‌باشند، حاصل شده است. منابع اصلی ناسازگاری و عدم هماهنگی در نتایج حاصل بر اساس مطالعات انجام شده، اینگونه تشخیص داده شده‌اند (چاینوی، ۲۰۰۸، ص۲۸):

- چگونگی تصور و درک و تعریف تناسب شغل- شاغل؛
- تعریف عملیاتی شغل؛
- قلمرو مفهومی و روش به کار برده شده برای ارزیابی تناسب شغلی؛
- تفاوت‌های فردی که منجر به ادراکات متفاوت می‌شود.

مفهوم شغل در تناسب شغل- شاغل به دو روش متمایز سازمان در نظر گرفته می‌شود (هوساکا، ۲۰۰۸، ص ۵۶۰):

روش اول: در این روش از افراد خواسته می‌شود که به مشخصات شغل توجه کنند.
روش دوم: در این روش از افراد خواسته می‌شود که به مشخصات اعضای شاغل توجه کنند.

آکرون[1] روش‌های اندازه‌گیری تناسب شغلی را به سه دسته طبقه‌بندی می‌کند (آکرون، ۲۰۰۸، ص ۴۲):

۱. تناسب ذهنی (درونی)[2]: دراین روش به طور مستقیم از فرد سؤال می‌شود که تا چه اندازه خصوصیات فردی‌اش با خصوصیات سازمانی متناسب است، در این روش به طور مستقیم روی هیچ‌کدام از خصوصیات فردی یا سازمانی تمرکز نمی‌شود و فرض می‌شود که پاسخ‌دهندگان یک پیشینه ذهنی از سازمان دارند و به طور شناختی میزان سازگاری خصوصیاتشان و خصوصیات سازمانی را بیان می‌کنند.

۲. تناسب درک شده[3]: در این نوع تناسب از افراد خواسته می‌شود که خودشان را

1- Acorn
2- Subjective fit
3- Perceived fit

شرح دهند و هم‌چنین درک شان را از خصوصیات سازمانی بیان کنند و سپس درجه تناسب به وسیله ارزیابی سازگاری بین خود توصیفی فرد و توصیف مشابهش از سازمان محاسبه می‌گردد.

۳. تناسب عینی (بیرونی)[1]: در این روش از فرد خواسته می‌شود که خصوصیات خودش را شرح دهد، سپس از دیگر اعضای سازمان خواسته می‌شود که خصوصیات سازمان را شرح دهند، پس از آن نظرات اعضای سازمان ترکیب شده و یک معیار ارزیابی فراهم می‌گردد که نشان دهنده خصوصیات سازمانی است و تناسب از میزان سازگاری بین توصیف فرد از خودش و معیار توافق شده در مورد خصوصیات سازمان اندازه‌گیری می‌شود.

تفاوت در مقیاس‌های اندازه‌گیری تناسب شغلی متعلق به حوزه مفهومی خاص استفاده شده برای ارزیابی تناسب شغلی است. سازگاری ارزشی، تناسب شخصیتی، سازگاری اهداف و سازگاری مهارت‌ها و توانایی‌ها، از آن جمله هستند.

به طور کلی، همان‌طور که اشاره شد، نوع تعریف تناسب، معیار و روش اندازه‌گیری تناسب، تعریف سازمان و مانند آن بر تناسب شغل - شاغل و پیامدهایش تأثیر می‌گذارد.

ون کوور[2] و همکارانش نشان دادند که تناسب شغلی منجر به پیامدهای رفتاری و نگرشی می‌شود. یافته‌های آن‌ها نشان دهنده این است که تناسب شغل - شاغل با رضایت شغلی و تعهد سازمانی وابسته است؛ هم‌چنین به طور ضعیف‌تری پیامدهای رفتاری مثل عملکرد شغلی و رفتارهای تابعیت سازمانی[3] و جابجایی کارکنان را تحت تأثیر قرار می‌دهد. این محققان پس از بررسی‌های انجام شده به این نتیجه رسیدند که روش‌های اندازه گیری عینی و درک شده بیش‌تر وابستگی پیامدهای رفتاری را نشان می‌دهند و ارتباط بین سازگاری ارزش‌ها و پیامدهای رفتاری اندکی قوی‌تر از سایر شکل‌های تناسب شغلی است (ون کوور، ۲۰۰۳، ص۱۹).

در تحقیق انجام شده توسط اکرون[4] و همکارانش نتایج متفاوتی از تحقیقات ون کوور

1- Objective fit
2- Van couver
3- OCB
4- Acorn

و همکارانش حاصل شد به گونه‌ای که تناسب ذهنی شغل- شاغل منجر به پیامدهای متنوع محیط کاری نظیرجذابیت سازمان، انتخاب شغلی، تعهد سازمانی، عدم جابجایی شغلی و مانند آن می‌گردید. یافته‌ها نشان داد که تناسب بهتر و تطابق شخص با سازمان سبب رضایت شغلی بالاتر، تعهد سازمانی بالاتر و انتقالات و جابجایی‌های کم‌تر خواهد شد و در نتیجه سبب بقا و حفظ در سیستم سازمانی خواهد شد (اکرون، ۲۰۰۸، ص۴۲).

تحقیق دیگر شامل یک زمینه‌یابی از ۲۵۳ فارغ التحصیل دانشگاه در مشاغل تمام وقت گوناگون در مدت زمان بیش از ۷ سال و زمینه یابی دیگر از ۳٤۵ کارمند بانک که به مدت ٤ ماه در حین انجام کار مورد مطالعه قرار گرفتند، نشان داد که هر دو بررسی از رابطه میان تناسب شغلی و رضایت شغلی حمایت می‌کنند (بیر[1]، ۲۰۰٤).

فریکو و برانک در تحقیقاتشان به این نتیجه رسیدند که بیش‌ترین رضایت شغلی هنگامی وجود دارد که بهترین تناسب میان توانایی‌های افراد و خواسته‌های شغلی وجود داشته باشد (فریکو[2]، ۲۰۰٦، برانک[3]، ۲۰۰۵).

دیوید ارتباط بین تناسب فرد و شغل و پیامدهای نگرشی را مورد بررسی قرار داد. نتایج نشان داد که تناسب شغل- شاغل به مفاهیمی همچون آزادی، رضایت شغلی و تعهد سازمانی وابسته است. به علاوه نتایج نشان داد که ابعاد تناسب شخص با شغل (سازگاری ارزش در مقابل دیگر اشکال سازگاری) و روش به کار برده شده برای اندازه‌گیری تناسب شغل- شاغل (درونی، بیرونی و درک شده)، ارتباط بین تناسب شغل- شاغل و پیامدهای نگرشی را تعدیل می‌کند. به طورکلی ارتباط درونی ضعیفی بین معیارهای رفتاری و نگرشی وجود دارد (دیوید، ۲۰۰۷، ص۱۷).

اکنون با توجه به یافته‌های فوق و شاخص‌های ارایه شده در تناسب شغل و شاغل می‌توان سه شاخص اصلی را در اندازه‌گیری تناسب یاد شده مبنا قرار داد. این شاخص‌ها عبارتند از: دانش شغلی، مهارت شغلی و توانایی شغلی، که در تحقیقات چاینوی هم برجسته بوده است.

1- Beer
2- Frico
3- Brunk

تعهد سازمانی

در اوایل دهه ۱۹۸۰ تعهد سازمانی کارکنان یکی از مهم‌ترین مسایلی بود که توجه محققان زیادی را به خود جلب کرده بود و تحقیقات وسیعی بر روی این موضوع صورت می‌گرفت، تا این که در سال ۱۹۸۵ والتون[۱] مقاله مشهور خود را تحت عنوان «مدیریت بر مبنای تعهد»[۲] منتشر کرد. وی در این مقاله نیاز به حرکت از مدیریت بر مبنای کنترل به سمت مدیریت بر مبنای تعهد را یادآور شد و با این کار خود به مطالعات صورت گرفته در این زمینه جهت داد (مک کنا[۳]، ۲۰۰۵، ص۱٦).

تعهدسازمانی، سازه‌ای است که تعاریف متفاوتی از آن ارایه شده است. به عنوان نمونه مارو [٤] در سال ۱۹۹۹ بیش از ۲۵ مفهوم مرتبط با تعهد سازمانی را مشخص کرد. پورتر و همکاران وی در سال ۱۹۷٤ تعهد را بدین صورت تعریف کردند: «میزانی که یک فرد، خود را متعلق به سازمانی می‌داند و خود را با آن تعیین هویت می‌کند». آن‌ها از انگیزش، تشخیص ارزش‌های سازمان و میزان تمایل کارکنان به عضویت در سازمان، برای سنجش و اندازه گیری آن استفاده کردند. بوچانن[٥] نیز در سال ۱۹۷٤، تعهد را بدین صورت تعریف کرد: «میزان تعلق احساسی و عاطفی طرفداران سازمان نسبت به اهداف و ارزش‌های سازمانی، نسبت به نقش خود در ارتباط با این اهداف و ارزش‌ها، و نسبت به سازمان به خاطر وجود خود سازمان که تا اندازه‌ای به علت منفعتی است که سازمان برای آن‌ها دارد».

در سال ۱۹۵۸ کلمان[٦] میان تعهد بر اساس پذیرش[۷] (یعنی تعهدی که در آن کارکنان الگوهای رفتاری و عقاید خاصی را در قبال پاداش‌های مشخص می‌پذیرند) و تعهد بر اساس تشخیص[۸] (زمانی که رفتارها و عقاید پذیرفته شده به خاطر پیوستگی با طرف

1- Walton
2- Management by commitment
3- MC Kenna, S.
4- Marrow
5- Buchanan
6- Kelman
7- Compliance
8- Identification

سومی است که برای فرد ارزشمند می‌باشد) و نیز تعهد درونی شده[1] (که در آن فرد رفتارها و عقاید خاصی را که محتوای آن‌ها با سیستم ارزشی وی هماهنگ هستند، در پیش می‌گیرد)، تمایز قایل شد.

در سال ۱۹۸٦، اورلی و چتمن[2] بر اساس نظرات کلمان، تعلق روانی (یعنی وابستگی روحی و روانی فرد با سازمان) را به عنوان موضوع اصلی و کلیدی در تعهد کارکنان تشخیص دادند. آن‌ها تعلق روانی را به این صورت تعریف کردند: تعلق روانی منعکس کننده میزان یا درجه‌ای است که افراد دیدگاه‌ها یا صفات مشخص سازمانی را پذیرفته و درونی می‌کنند. اورلی و چتمن (۱۹۸٦) با رویکرد چند عاملی، مبنای تعلق روانی کارکنان را بر اساس سه مورد زیر قرار دادند که شبیه موارد مطرح شده از سوی کلمان (۱۹۵۸) بود (دورکین و بنت[3]، ۱۹۹۹، ص۱۲۷):

۱. پذیرش، یا حضور ابزاری کارکنان در سازمان به خاطر پاداش‌های مشخص خارجی.

۲. تشخیص، یا حضور کارکنان در سازمان بر اساس تمایل به همبستگی.

۳. درونی‌سازی، یا شرکت فعال کارکنان در سازمان مبتنی بر تطابق ارزش‌های فردی و سازمانی.

جاروس[4] و همکاران وی (۱۹۹۳) با استفاده از روش تحلیل عاملی، رویکرد چند عاملی به تعهد را تأیید کردند و به این نتیجه رسیدند که مدل‌های تک عاملی تعهد سازمانی چه از نظر مفهومی و چه از نظر تجربی قابل قبول نیستند. هر یک از ابعاد ذکر شده تعهد (درونی شده، تشخیص، پذیرش) به گونه‌ای با فرایند تغییر سازمان نیز ارتباط دارند. در واقع تعهد کارکنان در مدیریت فرایند تغییر نقش کلیدی دارد. از طرفی تعهد بالای کارکنان موجب تقویت تغییرات صورت گرفته خواهد شد و هم‌چنین موفقیت برنامه‌های تغییر را تضمین خواهد کرد (بنت، ۲۰۰۲، ص۴۳۳).

یکی از مهم‌ترین مطالعاتی که در زمینه چند عاملی بودن تعهد صورت گرفته است،

1- Internalized
2- Oreilly and Chatman
3- Durkin & Bennett
4- Jaros

از سوی می یر و آلن[1] (۱۹۹۷) می‌باشد. از دید آن‌ها سه نوع تعهد وجود دارد:

۱. تعهد احساسی و عاطفی[2]، که به تعلق عاطفی کارکنان به سازمان، احساس یگانگی آنان به سازمان و حضور فعال آنان در سازمان اشاره شد. معمولاً کارکنانی که از تعهد احساسی برخوردارند، تمایل دارند تا در سازمان باقی بمانند و این امر یکی از آرزوهایشان است.

۲. تعهد مستمر[3]، در ارتباط با مزایا و هزینه‌هایی است که مربوط به ماندن در سازمان یا ترک کردن آن است. معمولاً کارکنانی که دارای تعهد مستمر هستند، تازمانی در درون سازمان باقی می‌مانند که ترک سازمان هزینه گزافی برای آن‌ها داشته باشد.

۳. تعهد هنجاری[4] که به الزام یا وظیفه کارکنان به ماندن در سازمان اشاره دارد. پس کارکنان تا زمانی در سازمان باقی خواهند ماند که از نظر آنان ماندن در سازمان کار درست و مناسبی باشد (مک کنا، ۲۰۰۳، ص۱۷).

در این تحقیق مبنای نظری انتخاب شده در متغیر تعهد سازمانی، مطالعات می یر و آلن می‌باشد و محققان در تلاش هستند تأثیر متغیر تناسب شغل و شاغل را بر تعهد احساسی، مستمر و هنجاری مورد بررسی قرار دهند.

فرضیات تحقیق

با توجه به مطالب بیان شده فرضیه اصلی این پژوهش عبارتند است:

تناسب بین شغل وشاغل بر تعهد سازمانی در سطح کارمندان رسمی واحد اداری و مالی شرکت ملی پخش و پالایش نفت تأثیر مثبت و معنادار دارد.

با توجه به فرضیه اصلی این پژوهش، سه فرضیه فرعی در این راستابه شرح زیر مطرح می‌شود:

۱. تناسب بین دانش شغلی کارکنان و دانش موردنیاز برای انجام شغل بر تعهد سازمانی در سطح کارمندان رسمی واحد اداری و مالی شرکت ملی پالایش و پخش فرآورده‌های نفتی ایران تأثیر مثبت و معنادار دارد.

1- Meyer and Allen
2- Affective Commitment
3- Continuance Commitment
4- Normative Commitment

۲. تناسب بین مهارت شغلی کارکنان و مهارت موردنیاز برای انجام شغل بر تعهد سازمانی در سطح کارمندان رسمی واحد اداری و مالی شرکت ملی پالایش و پخش فرآورده‌های نفتی ایران تأثیر مثبت و معنادار دارد.

۳. تناسب بین توانایی شغلی کارکنان و توانایی موردنیاز برای انجام شغل بر تعهد سازمانی در سطح کارمندان رسمی واحد اداری و مالی شرکت ملی پالایش و پخش فرآورده‌های نفتی ایران تأثیر مثبت و معنادار دارد.

روش تحقیق

از آنجا که در این تحقیق، محقق به دنبال مشخص کردن و بررسی تناسب بین شغل و شاغل و تأثیر آن بر تعهد سازمانی کارکنان در شرکت ملی پالایش و پخش فرآورده‌های نفتی ایران می‌باشد، این تحقیق بر اساس روش تحقیق از نوع تحقیقات توصیفی و از شاخه پیمایشی می‌باشد.

تعداد اعضای جامعه آماری را ۱۵۰ نفر از کارکنان بخش اداری ومالی شرکت یادشده تشکیل می‌دهند. نمونه این تحقیق بر اساس فرمول زیر ۷۴ نفر می‌باشد.

$$n=\frac{(150)(1/96)^2(0/5)(0/5)}{(0.5)^2(150-1)+(1/96)^2(0/5)(0/5)}=74$$

اطلاعات مورد نیاز برای انجام دادن این پژوهش از دو روش زیر جمع‌آوری گردید.

روش کتابخانه‌ای:

در این روش برای جمع‌آوری اطلاعات مربوط به ادبیات موضوع و پیشینه تحقیق از کتاب‌ها، پایان‌نامه‌ها، مقالات، پایگاه‌های اطلاعاتی و منابع اینترنتی استفاده شد.

روش میدانی:

در این روش با طراحی پرسش نامه و توزیع آن در بین نمونه آماری اطلاعات لازم در مورد تناسب بین شغل و شاغل و تأثیر آن بر تعهد سازمانی آنان به دست آمد. برای سنجش تناسب بین شغل و شاغل ۲۷ پرسش‌نامه با در نظر گیری سه متغیر دانش، مهارت و توانایی شغلی طراحی و تدوین گردیده است که نمونه آن در پایگاه اطلاعات شغلی

آمریکا OINET[1] موجود می‌باشد.[2] برای سنجش مولفه‌های تعهد سازمانی از پرسش‌نامه تعهد سازمانی آلن و می یر استفاده گردیده است. پرسش‌نامه تعهد سازمانی از ۱۵ سؤال تشکیل شده است که به بررسی تعهد سازمانی می‌پردازد. هر یک از پرسش‌نامه‌های مربوط به تناسب بین شغل وشاغل به طور میانگین از ۲۱ سؤال تشکیل شده است که به بررسی وضعیت موجود به لحاظ دانش و مهارت و توانایی شغلی افراد می‌پردازد. هر دو ابزار اندازه‌گیری ابتدا در میان ۳۰ نفر از کارکنان که در بخش‌های مختلف اداری و مالی مشغول به کار بودند توزیع شد. این افراد بنا به شناخت محقق انتخاب شدند و بعد از تکمیل پرسش‌نامه در مورد تناسب سؤالات با زمینه تحقیق، جمله‌بندی مناسب و رفع ابهام از سؤالات از نظرات این افراد استفاده شد، که این جریان تبادل افکار و هم فکری با مصاحبه حضوری و بحث بر سر تک تک سؤالات صورت پذیرفت. در این تحقیق، برای توصیف و تحلیل داده‌های جمع‌آوری شده، از آمار توصیفی و استنباطی استفاده شد. با استفاده از این آزمون‌ها ابتدا آزمون نرمال بودن داده‌ها با استفاده از آزمون‌های کولموگرف- اسمیرنوف به عمل آمد. در صورتی که توزیع داده‌ها نرمال باشد از آزمون T مستقل استفاده خواهد شد. براساس این آزمون تفاوت معناداری میان تعهد سازمانی کارکنان بر اساس تناسب یا عدم تناسب شغلی مشخص می‌شود، اما اگر توزیع داده‌ها نرمال نباشد، برای تعیین تفاوت معنادار میان تعهد سازمانی بر اساس تناسب یا عدم تناسب شغلی از آزمون من ویتنی استفاده می‌شود.

یافته‌های پژوهش

در این پژوهش برای آزمون فرضیه تحقیق ابتدا باید مشخص گردد که آیا توزیع داده‌های جمع‌آوری شده نرمال است، یا نه. نرمال یا غیر نرمال بودن داده‌ها با استفاده از آزمون آماری کولموگرف- اسمیرنوف سنجیده می‌شود که نتایج حاصل از آزمون کولموگرف- اسمیرنوف مطابق جدول زیر می‌باشد:

1- Occupational Information Network
2- http://www.onetcenter.org

Test Statistics

		z
Most Extreme	Absolute	۸۶۴
Differences	Positive	۰۰۰.
	Negative	-۸۶۴
Kolmogorov-Smirnov Z		۳,۹۷۹
Asymp.Sig.(2-talied)		۰۰۰.

a. Grouping Variable: GROUP

جدول۱: آزمون دو نمونه‌ای کولموگروف- اسمیرنوف

مطابق جدول بالا مقدار آماره z آزمون در سطح اطمینان ۹۵٪ برابر ۳/۹۷۹ می‌باشد. بر اساس جداول آماری مقدار z جدول در سطح اطمینان ۹۵٪، ١/٦٤ است. از آن جا که مقدار z آزمون از مقدار z جدول بزرگ‌تر می‌باشد، در سطح اطمینان ۹۵٪ می‌توان استدلال نمود که داده‌های جمع‌آوری شده از نمونه آماری از توزیع نرمال برخوردار است. بنابراین، برای آزمون معناداری تفاوت میزان تعهد سازمانی کارکنانی که از لحاظ ویژگی‌های شخصی و الزامات شغلی متناسب هستند با کارکنانی که از لحاظ ویژگی‌های شخصی و الزامات شغلی متناسب نیستند، از آزمون آماری T مستقل استفاده می‌شود. این آزمون تفاوت میزان تعهد سازمانی کارکنان را بر حسب تناسب یا عدم تناسب شغلی مشخص می‌نماید.

در یک نگاه کلی، میانگین نمرات تعهد سازمانی کارکنانی که از لحاظ شغلی (ویژگی‌های شخصی و الزامات شغلی) متناسب بوده و یا متناسب نبوده به صورت زیر می‌باشد:

شاخص	فراوانی کارکنان		میانگین نمره تعهد سازمانی
	تعداد	درصد	
کارکنانی که از لحاظ شغلی متناسب هستند.	31	0/39.7	5.2
کارکنانی که از لحاظ شغلی متناسب نیستند.	47	0/59.3	3.9

جدول۲: میانگین نمره تعهد سازمانی کارکنان بر حسب تناسب یا عدم تناسب شغلی

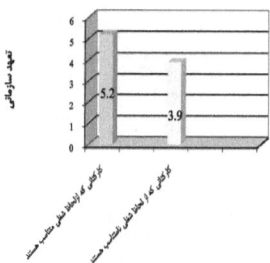

نمودار ۱: میانگین نمره تعهد سازمانی کارکنان بر حسب تناسب یا عدم تناسب شغلی

نتایج آزمون T (جدول ۲ و نمودار ۱) نشان داد که گروهی که از لحاظ شغلی متناسب بودند، نمره تعهد سازمانی (۵/۲) کسب کردند که در مقایسه با نمره تعهد سازمانی گروهی که از لحاظ شغلی تناسب نداشتند (۳/۹) بالاتر می‌باشد و این تفاوت نمره نشان دهنده این موضوع می‌باشد که تناسب شغلی بر تعهد سازمانی کارکنان سازمانی در شرکت ملی پالایش و پخش فرآورده‌های نفتی ایران تأثیر مثبت دارد و هرچه این تناسب افزایش یابد میزان تعهد سازمانی کارکنان افزایش می‌یابد. همچنین جدول (۲) نشان می‌دهد که در شرکت پالایش و پخش ۳۹/۷٪ از کارکنان از لحاظ شغلی متناسب هستند.

نتیجه

در این پژوهش برای بررسی تناسب بین شغل و شاغل و تأثیر آن بر تعهد سازمانی کارکنان از آزمون T مستقل استفاده شده است. این آزمون معناداری تفاوت میانگین نمره تعهد سازمانی کارکنانی که از لحاظ شغلی دارای تناسب یا عدم تناسب هستند را نشان می‌دهد. نتایج حاصل از این آزمون در سطح اطمینان ۹۵٪ معنادار است. از آن جا که میانگین نمرات تعهد سازمانی کارکنانی که از لحاظ شغلی متناسب هستند بیش‌تر از میانگین نمرات تعهد سازمانی کارکنانی است که از لحاظ شغلی متناسب نیستند، می‌توان استدلال

نمود که تناسب شغلی با تعهد سازمانی کارکنان رابطه مثبت و مستقیمی وجود دارد، بدین معنا که هر چه تناسب شغلی افزایش یابد تعهد سازمانی کارکنان افزایش می‌یابد و بر عکس هر چه این عامل کم‌تر باشد تعهد سازمانی کارکنان کم‌تر است که در کل این نتیجه‌گیری با نتیجه تحقیقات پیشین هماهنگی دارد (دیوید، ۲۰۰۷؛ اکرون، ۲۰۰٦؛ فریکو، ۲۰۰٦؛ برانک، ۲۰۰۵؛ بیر، ۲۰۰٤؛ ون کوور، ۲۰۰۳). نتیجه مهم دیگر این تحقیق این بود که در جامعه مورد پژوهش حدود ٤۰٪ از لحاظ شغلی متناسب بوده که این موضوع برای شرکت پالایش و پخش نفت ایران به عنوان یکی از بزرگ‌ترین و درآمدزاترین شرکت‌های کشور، بسیار ضعیف و غیر قابل قبول می‌باشد. بر این اساس و با توجه به هدف تحقیق پیشنهادات و توصیه‌هایی جهت افزایش تناسب شغلی که به نوبه خود این موضوع سبب افزایش بهره‌وری، رضایت شغلی و تعهد سازمانی کارکنان می‌گردد، مطرح می‌شوند:

۱. با توجه به این موضوع که افراد شاغل در این سازمان از لحاظ مدرک تحصیلی با شغلی که هم اکنون متصدی آن هستند متناسب و طبق استانداردهای بین‌المللی نبوده، باید در فرایند استخدام، جذب و کارمندیابی برای مشاغلی که از لحاظ پستی خالی، یا با توجه به ضرورت‌های موجود ایجاد می‌شوند توسط متخصصان منابع انسانی نهایت دقت صورت گیرد تا معیارهای گزینش افراد بر اساس شایسته سالاری و استانداردهای بین‌المللی صورت گیرد.

۲. تأکید بر توسعه انسانی از طریق آموزش به عنوان فرایندی برای بهبود و اعتلای قابلیت و توانایی‌ها، افزایش دانش و آگاهی و تغییر گرایش و نگرش‌های کارکنان نسبت به مشاغلی که در چند سال اخیر دچار تغییر و تحولات فراون شده‌اند (بخش‌های بازرسی، خرید و تبلیغات).

۳. تعیین ارزش نسبی مشاغل جهت تعیین و تعدیل دستمزد پرداختی با دیگر مشاغل درون و بیرون توسط مدیران منابع انسانی و پرسنلی (در مشاغلی مانند حسابدار، حسابدار ارشد، مهندس عمرانی و مامور خرید).

٤. تسهیم کار و ادغام بعضی از مشاغل با توجه به فعالیت‌ها و وظایف شغلی مشابه به خصوص در بخش‌های حقوقی و حسابداری.

۵. تهیه کاتالوگ، بروشور، بیلبرد جهت اطلاع رسانی در مورد آخرین تغییرات در حوزه مسایل و موضوعات شغلی در سازمان و نصب آنها در مکان‌های پرتردد مانند: دستگاه کارت‌زنی و سلف سرویس‌ها.

۶. افزایش مهارت افراد جهت ترفیع و ارتقا به پست‌های بالاتر با اجرای برنامه‌های کارآموزی، فرستادن کارکنان به دوره‌های آموزشی شغلی در خارج از سازمان و سازمان‌های مشابه.

۷. ارایه پاداش و ارتقای شغلی کارکنانی که در خارج از سازمان و به صورت داوطلبانه در برنامه‌های آموزشی که مربوط به حوزه شغلی آنها می‌باشد، جهت حفظ و تقویت انگیزه افراد و ایجاد حس رقابت سالم و سازنده در سایر کارکنان.

منابع و مآخذ

۱. شفیع آبادی، عبدالله (۱۳۷۸). *راهنمایی و مشاوره شغلی و حرفه‌ای و نظریه‌های انتخاب شغل*. تهران: وزارت فرهنگ و ارشاد اسلامی.

۲. صادقی، منصوره (۱۳۷۵). *تجزیه و تحلیل شغل در شرکت سپاد خراسان*. مشهد: سپاد.

۳. کاظمی حقیقی، ناصرالدین (۱۳۷۸). *روان‌شناسی برای کار و مدیریت*. تهران: انتشارات سایه نما.

4. Acorn, S., Ratner, P. A., & Crawford, M. (2008). Decentralization as determinant of autonomy, job satisfaction, and organizational commitment among nurse manager. *Nurse Res, 33*(3), 80-88.
5. Antall, G. F. (2008). *Assessing Job Candidates for Fit*. Merlin Press.
6. Beer, D. P. (2004). *Psychology and work today an introduction to industrial an organizational psychology*. Macmillan co.
7. Bennett, H. (2002). Employee commitment: the key to absence management in local government?. *Leadership & Organization Development Journal, 23*(8), 430-441.
8. Brunk, R. (2005). *The nature of work*. London: Mac-millan.
9. Chinoy, E. (2008). *Automobile workers and the American Dream*. New York: Beacon press.
10. David, T. (2007). A quantitative review of the relationship between person–organization fit and outcome. *Journal of Industrial Teacher Education, 44*(2).
11. Durkin, M., & Bennett, H. (1999). Employee commitment in retail banking: identifying and exploring hidden dangers. *International Journal of Bank Marketing, 17*(2), 80-88.
12. Frico, P. (2006) *E. industrial and organizational psychology*. John wiley & sns,inc.
13. Hosaka, T., et al. (2008). *Assessing Person-Organization Fit to Reduce Turnover*. Presented to 24th Annual IMPAAC Conference on Personnel Assessment.
14. Mc Kenna, S. (2005). Organizational commitment in the small entrepreneurial business in Singapore. *Cross Cultural Management, 12*(2), 16-37.
15. Paul, A. K., & Anantharaman, R. N. (2006). Influence of HRM practice on organizational commitment: A study among software professional in India. *Hum Resource Manager, 16*(4), 46-87.
16. Van couver, T. (2003). Professions in the class system of present day societies. *Current sociology*.
17. http://www.onetcenter.org

دریافت: ۸۸/۱۱/۲۴
پذیرش: ۸۹/۶/۲۹

بررسی و سنجش تناسب شغلی کارکنان و ارایه‌ی راهکارهایی جهت بهبود آن

(مطالعه‌ی موردی در شرکت ملی پالایش و پخش فرآورده‌های نفتی ایران)

حسین خنیفر[1] ـ مصطفی امامی[2] ـ سهراب پورابراهیم[3]

چکیده

تناسب شغلی (تناسب بین ویژگی‌های شخصی و الزام‌های شغلی) یکی از مباحث بنیادین مدیریت منابع انسانی است؛ این فرض اثبات شده است که وجود تناسب شغلی، ضرورت سازمانی به‌منظور بهره‌وری نیروی انسانی است. با توجه به اهمیت تناسب شغلی، در این پژوهش، تناسب شغلی مورد بررسی و سنجش قرار گرفته و راهکارها و پیشنهادهایی جهت بهبود آن ارایه گردیده است. بنابراین هدف اصلی این پژوهش، بررسی و سنجش تناسب شغلی کارکنان ستادی شرکت ملی پالایش و پخش فرآورده‌های نفتی ایران، است. به‌منظور سنجش تناسب شغلی، از بانک اطلاعات شغلی بین‌المللی[4](O*NET) استفاده شد، با توجه به این موضوع که درجامعه‌ی مورد مطالعه، ۳۷ عنوان شغلی در بخش ستادی، موجود بود و شناسایی شد؛ این مشاغل باتوجه به شرح شغل آن‌ها با شرح شغل مشاغل استانداردی که در پایگاه اطلاعات شغلی بین‌المللی موجود است، مورد مقایسه و تطبیق

1. دانشیار دانشگاه تهران، پردیس قم
۲. عضو باشگاه پژوهشگران جوان دانشگاه آزاد اسلامی Mostafa.Emami@modares.ac.ir
۳. کارشناس ارشد پژوهش و توسعه‌ی منابع انسانی شرکت ملی پالایش و پخش فرآورده‌های نفتی ایران. spourebrahim@gmail.com
4. Occupational Information Network

قرار گرفت و در نهایت، ۲۷ عنوان شغلی با کد بین‌المللی و نمره‌ی دانـش، مهـارت و توانایی‌های مورد نیاز، تعیین و مشخص شد و ۲۷ پرسشنامه با توجه به ایـن عنوان‌هـای شغلی که هریک از پرسشنامه‌ها به‌طور میانگین شامل ۲۱ سوال است، طراحی و تـدوین شد. پایایی پرسشنامه‌های سنجش تناسب شغلی ۰/۸۷ به دست آمد و چون آلفای کرونباخ پرسشنامه‌ها بیش از ۰/۷ بنابراین پرسشنامه‌ها از پایایی لازم برخوردار بودند.

حجم جامعه‌ی آماری مورد نظر ۱۵۰ نفر است. براسـاس روش نمونـه‌گیری تـصادفی طبقه‌ای، از بین آن‌ها ۸۰ نمونه‌ی آماری انتخاب شد و درنهایت ۷۸ پرسشنامه، جمع‌آوری و مورد تجزیه و تحلیل قرار گرفت.

جهت تعیین نرمال‌بودن داده‌های به‌دست‌آمده از آزمون «کولموگروف - اسمیرنوف» استفاده شد و نتایج آزمون، نرمال‌بودن داده‌ها را تایید کرد. برای تعیین میزان تناسب شغلی از روش مقایسه‌ی نمره‌های به‌دست‌آمده از پرسشنامه‌ها با نمره‌های استاندارد (که در بانک اطلاعات شغلی بین‌المللی (O*NET) موجود است) استفاده شده است. یافتـه‌هـای ایـن پـژوهش، گویای این واقعیت بود که فقط حدود ۴۰ درصد از کارکنان این شرکت، از لحاظ شـغلی متناسب بودند و این یافته‌ها این موضوع را نشان می‌دهد کـه جامعـه‌ی مـورد مطالعـه از تناسب شغلی مطلوب و قابل قبولی برخوردار نیست.

واژه‌های کلیدی
دانش شغلی، مهارت شغلی، توانایی شغلی

مقدمه

حیات انسان در جامعه باکار، عجین شده است، جانداران دیگر، زنـدگی خود را مـدیون موهبت‌های طبیعت و غریزه‌های خویش هستند و بدون اندیشه و تلاش ویـژه، و بـا استفاده‌ی مستقیم از مواهب طبیعت، زندگی می‌کنند، امـا انسان تنها در دورانی کوتاه از تاریخ، در وضعیت صرفا طبیعی، زیسته و به سد جوع قناعت کرده است. بشر از همان سپیده‌دم تاریخ، با به‌کارگیری هوش و آگاهی و فعالیت‌های پیچیده‌ی مغزی خویش، به ابزارسازی پرداختـه و ماده و طبیعت را به خدمت خود درآورده است و به آنچه مستقیم در دسترس داشته است، اکتفا نکرده، بلکه همواره در تلاش و تکاپو و جست‌وجو بوده است تا با استفاده از آنچه در دسترس دارد به آنچه که به آن دسترسی ندارد اما نیاز آن را احساس می‌کند؛ دست یابد و بدین‌ترتیب کار وی هر روز پیچیده‌تر شـده و از مرحلـه‌ی طبیعـی و غریزی

بیش‌تر فاصله گرفته و جنبه‌ی فرهنگی یافته است. مصنوعات و ساخته‌های دست بشر، هر روز بیش‌ازپیش، او را از محیط طبیعی دور می‌کند و در تار و پود ساخته‌هایی که خود او برای خود ساخته است، گرفتار کرده است. از سوی دیگر، زندگی اجتماعی مستلزم همکاری و همیاری و برآوردن نیازهای متقابل است. این امر منجر به تقسیم کار و توسعه‌ی تخصص‌ها و مهارت‌های مختلف شده و بر پیشرفت کمی و کیفی کار و آثار و نتایج آن افزوده است و رابطه‌های اجتماعی و سازمان‌یافته‌ی او را در قالب نهادها و موسسه‌ها و واحدهای کم‌وبیش وسیع و تخصصی گسترش داده است.(دعایی، ۸:۱۳۸۴).

کار، عنصر مهم و البته سازنده‌ی جوامع و سازمان‌ها است. برای این‌که کار با ازخودبیگانگی همراه نباشد، باید از نظر فنی، فیزیولوژیک و روانشناسی مساعد باشد. باید اوضاع اقتصادی و اجتماعی‌ای که کار در آن انجام می‌شود، به‌گونه‌ای باشد که کارگر احساس کند کارش منصفانه و به تناسب مهارت و کوشش او است. او باید اطمینان حاصل کند که دستمزد وی متناسب با دستمزد سایر گروه‌های کاری پرداخت می‌شود (رونق، ۴۲:۱۳۸۰).

ازآن‌جایی که انجام کار در قالب شغل، شکل می‌گیرد؛ لازم است ویژگی‌های یک شغل در ارتباط با خصوصیات شاغل، سنجیده و ملحوظ شود. باید شغل و مراحل انجام آن را به‌خوبی شناخته و به تجزیه و تحلیل شغل توجه کرد، درگام بعدی شغل را طراحی کرد و افراد متناسب با هر شغل را در پست و شغل لازم، به کارگمارد (صادقی،۲۳:۱۳۷۵).

شغل و طراحی صحیح آن در رضایت شغلی، اثربخشی و عدم تمایل به ترک خدمت و رهایی از خدمت، نقش به‌سزایی دارد. ازآن‌جا که ویژگی‌های مشاغل، به نحوه‌ی سازماندهی و چگونگی طراحی ساختار سازمان بستگی دارد. اولین مقوله‌ای که در این زمینه باید مورد بررسی قرار گیرد، اهمیت تخصصی‌کردن یک شغل در مقابل متنوع و وسیع‌کردن آن است. تقسیم کار به‌عنوان یک اصل که همه‌ی دانشمندان مدیریت کلاسیک به آن اعتقاد داشتند و به‌عنوان پارادایم سنتی بهره‌وری، مطرح بوده است؛ دارای مزیت‌ها و عیب‌هایی است. از جمله مزیت‌های آن، افزایش مهارت و کاهش زمان انجام کار است اما تقسیم کار شدید به‌علت تکرار وظایف کم‌اهمیت، در بلندمدت سبب کاهش

بهره‌وری و کاهش رضایت شغلی می‌شود. بنابراین طراحی مشاغل، نقش مهمی در افزایش روحیه، رضایت شغلی و سرانجام بهره‌وری نیروی انسانی دارد. به‌هرحال سازمان می‌تواند با تبیین دقیق وظایف و ماموریت‌ها، طراحی مجدد مشاغل، مشارکت در تصمیم‌گیری برنامه‌های بهداشتی و رعایت تناسب شغل با شاغل در سازمان، کارآیی منابع انسانی را افزایش دهد (وار[1]،۲۰۰۱:۲۳).

تناسب شغل با شاغل در سازمان، به‌عنوان یک استراتژی موثر در نگهداری منابع انسانی در نظر گرفته می‌شود. این تناسب از لحظه‌ای آغاز می‌شود که نخست فرد برای کار و انتخاب شغل آستین بالا می‌زند. دوم، سازمان برای کارمندیابی، انتخاب، استخدام و انتصاب آماده می‌شود. در آغاز استخدام ممکن است، باتوجه به نیاز سازمان و نیاز داوطلبان کار، تناسب مورد نظر در حد محدودی برقرار شود ولی به‌تدریج که فرد در سازمان، زندگی کاری خود را ادامه می‌دهد و سازمان نیز دوره‌ی عمر خود را پشت سر می‌گذارد، انتظار می‌رود این تناسب بیش‌تر شود. اگر شغل به‌گونه‌ای طراحی شود که با ویژگی‌های فردی متناسب باشد، موجب انگیزش می‌شود و در این صورت بهره‌وری نیروی انسانی افزایش می‌یابد. (اسکینر[2]،۲۰۰۵ : ۳۴۲).

تناسب شغلی (تناسب شغل ـ شاغل)

در دو دهه‌ی اخیر، سازمان‌ها به‌طور معناداری تغییر یافته‌اند و به سازمان‌هایی با ویژگی‌هایی نظیر غیرمتمرکز بودن، جهانی‌شدن و رهبری مبتنی بر تیم، تبدیل گشته‌اند. در این‌گونه سازمان‌ها، نیروی انسانی یک سرمایه‌ی اصلی سازمان محسوب می‌شود و سازمان‌ها در پی بهره‌گیری از قابلیت‌ها و مهارت‌های نیروی انسانی، در جهت کارآیی و بهره‌وری حداکثری خود هستند. استفاده از مفهوم تناسب در جهت بهره‌گیری و به‌کارگیری بهتر از دانش، توانایی و مهارت‌های نیروی انسانی، بسیار دارای اهمیت است. یکی از اقسام تناسب فرد با محیط پیرامون خود، تناسب شغل ـ شاغل[3] است؛ عدم تناسب بین فرد و شغل او می‌تواند هزینه‌های بسیاری را برای سازمان در پی داشته باشد. ماهیت اصلی تناسب شغل ـ

1. Warr
2. Skinner
3. Job – employed Fit

شاغل، در تعاریف متفاوت از آن مشخص می‌شود و در تحقیقات انجام‌شده در این زمینه، تعاریف متفاوتی از تناسب شاغل و شغل ارایه شده است. (انتال[1]،۲۰۰۸:۳۳۶)

دیوید[2] تناسب شغل ـ شاغل را این چونین تعریف می‌کند: «سازگاری بین فرد و سازمان در کاری که انجام می‌دهد» به‌عبارت‌دیگر دانش، مهارت و توانایی‌های فرد، همان دانش، مهارت‌ها و توانایی‌هایی باشد که شغل فرد در سازمان به آن نیاز دارد باشد (دیوید،۲۰۰۷:۶).

تئوری تناسب بین شغل و شاغل فرض می‌کند که الزامات شغلی مانند تنوع مهارت[3]، هویت وظیفه[4]، استقلال وظیفه[5]، دانش شغلی[6]، مهارت شغلی[7]، توانایی شغلی[8] و ده‌ها متغیر دیگر وجود دارد که پتانسیل و قابلیت این را دارد که با ویژگی‌های شخصی مانند سن، جنس، سطح تحصیلات، تاهل و تجرد، سابقه‌ی کار، دانش، مهارت و توانایی‌های فردی متناسب شود، و در نتیجه با قبول سازگاری بین شاغل و شغل، او رفتارها و نگرش‌های فردی را تحت‌تاثیر قرار می‌دهد. (چانگ و کلیندر[9]،۲۰۰۱:۳۳)

هوساکا تشابه ارزش‌های شغل و ارزش‌های شخصی (یعنی سازگاری ارزش را یکی از ابعاد بسیار مهم تناسب شغل- شاغل فرض می‌کند، در چارچوب ارایه شده توسط هوسکا، یعنی چارچوب کشش- انتخاب- تضعیف (ASA) سازگاری هدف بعد مهم تناسب فرد و شغل فرض شده است؛ براساس این نظریه، افراد جذب مشاغلی در سازمان‌ها می‌شوند که آن مشاغل وسیله‌ای برای دستیابی به اهداف فرد هستند. (هوساکا[10]،۲۰۰۸: ۵۶۰)

چاینوی[11] چهارگروه رایج تناسب بین شغل- شاغل را با ذکر مثال‌هایی، به این شرح بیان می کند (چاینوی،۲۰۰۸:۲۳):

1. Antall
2. David
3. Skill Variety
4. Task Identity
5. Task Autonomy
6. job Knowledge
7. job skil
8. job ability
9. Chang & Kleiner
10. Hosaka
11.Chinoy

۱. **تناسب مکمل**[1]: زمانی که فرد مشخصاتی دارد که مشابه با مشخصات شغلی هستند، چیزهایی که در زندگی من ارزش هستند بسیار شبیه به ارزش‌هایی هستند که در شغل من موجودند.

۲. **تناسب تکمیلی**[2]: وقتی فرد به اندازه‌ی کافی می‌تواند خصوصیات گم‌شده در شغل را پر کند یا خصوصیات اضافه‌ای ارایه کند؛ دانش، مهارت و توانایی‌های من چیزهایی را ارایه می‌کند که دیگر افراد متصدی آن شغل ندارند.

۳. **تناسب تقاضاها - توانایی‌ها**[3]: زمانی که توانایی‌های فرد نیازهای شغل را برآورده نماید، توانایی‌ها و مهارت‌های من همان توانایی‌ها و مهارت‌هایی است که شغل نیاز داشت.

۴. **تناسب نیازها - تامین‌ها**[4]: زمانی که نیازهای فرد توسط شغل برآورده می‌شود، شغل من نیازهایی را که من انتظار دارم یک شغل برآورده کند، برآورده می‌کند.

همان‌طور که مشاهده کردید تعاریف بسیار متنوعی از تناسب ارایه شده است که می‌توانند بر نتیجه‌های به‌دست‌آمده تاثیرگذار باشند.

در بررسی‌های انجام‌شده بر روی تناسب شغل - شاغل و پی‌آمدهای حاصل از آن، نتایج بسیار متفاوتی که گاهی نقض کننده‌ی یک‌دیگر نیز هستند، حاصل شده است. منابع اصلی ناسازگاری و عدم هماهنگی در نتیجه‌های به‌دست‌آمده براساس مطالعات انجام‌شده این‌گونه تشخیص داده شده‌اند:

- چگونگی تصور و درک و تعریف تناسب شغل- شاغل.
- تعریف عملیاتی شغل.
- قلمروی مفهومی و روش به کار برده‌شده برای ارزیابی تناسب شغلی.
- تفاوت‌های فردی که منجر به ادراک‌های گوناگون می‌شود.

مفهوم شغل در تناسب شغل- شاغل، به دو روش متمایز سازمان در نظر گرفته می‌شود:

---

1. needs-supplies fit
2. complementary fit
3. demands-abilities fit
4. Needs-supplies fit

روش نخست: در روش نخست از افراد خواسته می‌شود تا بـه مشخصه‌هـای شـغل توجه کنند (ارزش‌ها، رسالت‌اش و...)

روش دوم: در روش دوم از افراد خواسته می‌شود تا به مشخصه‌های اعضای شـاغل توجه کنند.

برخی از محققان معتقدند که افرادی که متصدی شغلی در سازمان هستند نباید جـدا و متمایز از شغل‌شان در نظر گرفته شوند (کتیستال و دیمز[1]،۱۹۹۹)

لوین، ناتینگهام، پایج، لویس[2](۲۰۰۶)، با مطالعه‌ای تحت‌عنوان تاثیر تناسب شغلی بر رضایت شغلی کارکنان که درسال ۲۰۰۶ در۱۲ کارخانه، از کارخانه‌های پتروشـیمی غـرب آمریکا انجام دادند، جامعه‌ی آماری آن‌ها شامل ۱۴۵۰۰ هزار نفر، با نمونه‌ی آمـاری شـامل ۸۲۲ پرسشنامه، جمع‌آوری شده که شامل تکنسین‌ها، مهندسـان و مـدیران بـود، نتیجـه‌هـای نشان داد، فقط ۵۸ درصد افراد مورد مطالعه از لحـاظ شـغلی، متناسـب بودنـد، و ایـن افـراد نمره‌ی رضایت شغلی بـالاتری از سایر افـراد کـسب کـرده‌انـد، در ضـمن افـراد متخـصص (مهندسان شیمی، پتروشیمی، نفت) که از لحاظ شـغلی نـسبت بـه مـشاغل دیگـر در جامعـه مورد مطالعه، تناسب شغلی بیش‌تری داشتند نمره‌ی رضایت شـغلی بـالاتری نـسبت بـه بقیـه کسب کرده بودند. (http://www.onetcenter.org).

اسمارت[3] طی مطالعه‌ای که رابطه‌ی میان رضایت شغلی و تناسـب شـغلی را بررسـی کرد، آزمودنی‌ها عبارت بودند از ۷۹۲ مرد و ۱۰۷۷ زن که در طی سال نخـست دانـشگاه و شش سال پس از فارغ‌التحصیل‌شدن از دانشگاه، عهده‌دار شـغلی بودنـد؛ مـورد سـوال قـرار گرفتند. آن‌هایی که تناسب شغلی بالایی داشتند (یعنی دانش، مهـارت و توانـایی‌هایـشان بـا شغل آن‌ها هماهنگ و سازگار بود) در هنگـام تحـصیل در دانـشگاه، آرزوی داشـتن شـغل فعلی را داشتند و در زمینه‌ای تخصص یافته بودند که بـه‌طـور مـستقیمً بـه ایـن شـغل منتهـی می‌شد. بدین‌سان آن‌ها در دانشگاه مهارت مورد نظر را کـسب کـرده و رشـد یافتـه بودنـد؛ مردان و زنـانی کـه تناسـب شـغلی بـالا را نـشان داده بودنـد از درآمـدها، مزایـای جـانبی و

1. Ctystal & deems
2. Levine, Nottingham, Paige, & Lewis
3. smart

فرصت‌های ترفیع در شغل‌شان راضی‌تر بودند تا افرادی که تناسب پایین‌تری داشتند به این معنی که هماهنگی خیلی کم میان دانش، مهارت، توانایی‌ها و شغل‌شان وجود داشت؛ نسبت به شغل فعلی هیچ آرزویی در زمان دانشجویی نداشتند و هیچ تخصصی که منجر به آن شغل شود را کسب نکرده بودند. (اسمارت، 2003)

تحقیق دیگر شامل یک زمینه‌یابی از 253 فارغ‌التحصیل دانشگاه در مشاغل تمام‌وقت گوناگون، در مدت‌زمان بیش از هفت سال و زمینه‌یابی دیگر از 345 کارمند بانک که به مدت چهار ماه در هنگام انجام کار مورد مطالعه قرار گرفتند، نشان داد که هر دو بررسی از رابطه‌ی میان تناسب شغلی و رضایت شغلی حمایت می‌کنند. (بیر[1]، 2004)

بیش‌ترین رضایت شغلی هنگامی اتفاق می‌افتد که بهترین تناسب میان توانایی‌های افراد و خواسته‌های شغلی ایشان، وجود داشته باشد. (فریکو[2]، 2006 و برانک[3]، 2005)

در مطالعه‌ی دیگری درباره‌ی تناسب فرد- سازمان[4] (که قریب به 15000 معلم و 356 مدیر مدرسه مورد پرسش قرار گرفتند، محققان به این نتیجه رسیدند که توافق درباره‌ی اهداف سازمان (تناسب هدف)، (هم‌چون افزایش مهارت‌های بنیادین دانش‌آموزان یا بالابردن امکانات فیزیکی) با رضایت شغلی به‌طور مثبت رابطه دارد و با قصد ترک آن شغل، به‌طور منفی رابطه داشت. (ون کوور[5]، 2003)

دیوید ارتباط بین تناسب میان فرد و شغل و پی‌آمدهای نگرشی را مورد بررسی قرار داد. نتیجه‌ها نشان داد که تناسب شغل- شاغل، به مفاهیمی هم‌چون آزادی، رضایت شغلی و تعهد سازمانی وابسته است. به علاوه نتیجه‌ها نشان داد که ابعاد تناسب شخص با شغل (سازگاری ارزش در مقابل دیگر اشکال سازگاری) و روش به‌کاربرده‌شده برای اندازه‌گیری تناسب شغل - شاغل (درونی، بیرونی، درک‌شده)، ارتباط بین تناسب شغل - شاغل و پی‌آمدهای نگرشی را تعدیل می‌کند. به‌طور کلی، ارتباط درونی ضعیفی بین معیارهای رفتاری و نگرشی وجود دارد. (دیوید، 17:2007)

---

1. Beer
2. Frico
3. Brunk
4. person-organization Fit
5. Van couver

اخیراً تأکید زیادی بر روی تناسب فرد- شغل به‌عنوان روش کارمندیابی سازمان‌ها، جهت رسیدن به نیازهای «تغییر ماهیت کار» شده است. درک تناسب سازمانی، مهارتی و شغلی؛ برای فهم عملکرد شغلی ضروری است و هرکدام قسمتی ضروری از تصمیم‌های استخدامی و بهبود عملکرد را تشکیل می‌دهند. (رضای‌نژاد، ۱۳۸۲).

با توجه به مطالب ذکرشده و اهمیت تناسب شغلی این پژوهش، سعی خواهد کرد به بررسی میزان تناسب شغلی موجود درشرکت ملی پالایش و پخش فرآورده‌های نفتی ایران بپردازد.

فرضیه‌ی تحقیق

در پژوهش پیش رو، فرضیه‌ی زیر مورد مطالعه و بررسی است:
تناسب شغلی در سطح کارکنان ستادی شرکت پالایش و پخش فرآورده‌های نفتی ایران، در وضعیت مطلوبی قرار دارد.

هدف تحقیق

این پژوهش هدف اصلی زیر را دنبال می‌کند:
بررسی میزان تناسب شغلی موجود و ارایه‌ی راهکارها و پیشنهادهایی جهت بهبود آن در شرکت ملی پالایش و پخش فرآورده‌های نفتی ایران.

روش تحقیق

از آنجا که در این تحقیق، محقق به دنبال بررسی و سنجش تناسب شغلی و ارایه‌ی راهکارهایی جهت بهبود تناسب شغلی در سطح کارکنان ستادی شرکت ملی پالایش و پخش فرآورده‌های نفتی ایران است، این تحقیق براساس روش تحقیق از نوع تحقیقات توصیفی و از شاخه‌ی پیمایشی است.

تعداد اعضای جامعه‌ی آماری را ۱۵۰ نفر از کارکنان ستاد مرکزی شرکت ملی پالایش و پخش فرآورده‌های نفتی ایران تشکیل می‌دهند. نمونه‌ی این تحقیق براساس فرمول زیر ۷۴ نفر است.

$$n = \frac{(150)(1/96)^2(0/5)(0/5)}{(0.5)^2(150-1) + (1/96)^2(0/5)(0/5)} = 74$$

اطلاعات مورد نیاز برای انجام‌دادن این پژوهش از دو روش زیرجمع‌آوری شد.

روش کتابخانه‌ای: در این روش برای جمع‌آوری اطلاعات مربوط به ادبیات موضوع و پیشینه‌ی تحقیق از کتاب‌ها، پایان نامه‌ها، مقاله‌ها، پایگاه‌های اطلاعاتی و منابع اینترنتی استفاده شد.

روش میدانی: در این روش با طراحی پرسشنامه و توزیع آن در بین نمونه‌ی آماری، اطلاعات لازم در مورد تناسب شغلی، به‌دست آمد. به‌منظور سنجش میزان تناسب شغلی (دانش، مهارت و توانایی موجود با دانش، مهارت و توانایی مورد نیاز برای انجام شغل) از بانک‌های اطلاعاتی گوناگونی که توسط کشورهای مختلف برای معرفی مشاغل ایجاد شده استفاده می‌شود که یکی از بهترین وکامل‌ترین این بانک‌های اطلاعاتی، شبکه‌ی اطلاعات شغلی(O*NET)[1] است که توسط وزارت کار کشور آمریکا، پشتیبانی می‌شود در این پایگاه داده، کلیه‌ی اطلاعات لازم درباره‌ی مشاغل تعریف‌شده؛ شرایط احراز اعم از جسمی و فیزیکی، محیطی، مهارت‌ها و دانش‌ها و توانایی‌های مورد نیاز؛ موجود است.

در این پایگاه، شرایط احراز هر شغل به سه جزء، تقسیم شده است که شامل دانش، مهارت و توانایی مورد نیاز برای آن شغل و حرفه می‌شود و هم‌چونین شرایط شاغل از جهت سه بخش فوق، مشخص و تعریف شده است.[2] با توجه به اطلاعات مربوط به مشاغل موجود در این پایگاه اطلاعات شغلی ، ۲۷ پرسشنامه (با توجه به ۳۷ عنوان شغلی موجود در سازمان و تطبیق این مشاغل با مشاغل موجود در پایگاه اطلاعات شغلی و شناسایی ۲۷ عنوان شغلی در این پایگاه (منطبق با مشاغل موجود در سازمان) با درنظرگرفتن سه متغیر دانش، مهارت و توانایی شغلی با همکاری و راهنمایی اساتید راهنما، مشاوران دانشگاهی و صنعتی طراحی و تدوین شد. هر یک از پرسشنامه‌های مربوط به تناسب شغلی، به طور میانگین از ۲۱ سوال تشکیل شده است که به بررسی وضعیت موجود به‌لحاظ دانش و

1. Occupational Information Network
2. http://www.onetcenter.org

مهارت و توانایی شغلی افراد می‌پردازد. این پرسشنامه‌ها ابتدا در میان ۳۰ نفر از کارکنان ستاد، توزیع شد. این افراد بنا به شناخت محقق، انتخاب شدند و بعد از تکمیل پرسشنامه‌ها، در مورد تناسب سوال‌ها با زمینه‌ی تحقیق، جمله‌بندی مناسب و رفع ابهام از سوال‌ها، از نظرات این افراد استفاده شد؛که این جریان تبادل افکار و هم‌فکری با مصاحبه‌ی حضوری و بحث بر سر تک‌تک سؤالات صورت گرفت، پس از انجام اصلاحات لازم، پرسشنامه توزیع شد. روش توزیع پرسشنامه‌ها مراجعه‌ی حضوری و ارایه‌ی توضیح در مورد چگونگی کامل کردن پرسشنامه‌ها[1] بود. برای اطمینان از روایی[2] پرسشنامه‌ها در این تحقیق از اعتبار صوری[3] استفاده شده است. برای سنجش پایایی[4] پرسشنامه‌ها از آزمون آلفای کرونباخ استفاده شد.[5] ضریب آلفای به‌دست‌آمده برای پرسشنامه‌های سنجش، تناسب شغل با شاغل ۰/۸۷۲ به‌دست‌آمد و چون پایایی پرسشنامه‌ها بیش از ۰/۷۰ می‌باشند، بنابراین پرسشنامه‌ها از پایایی لازم برخوردار هستند.

یافته‌های پژوهش

در این پژوهش برای آزمون فرضیه‌ی تحقیق، ابتدا باید مشخص شود که «آیا توزیع داده‌های جمع‌آوری شده نرمال است یا نه». نرمال یا غیرنرمال بودن داده‌ها، با استفاده از آزمون آماری «کولموگرف ـ اسمیرنوف» سنجیده می‌شود که نتایج حاصل از آزمون کولموگرف ـ اسمیرنوف، مطابق جدول ۱ است.

مطابق جدول بالا، مقدار آماده‌ی z آزمون در سطح اطمینان ۹۵ درصد برابر ۳/۹۷۹ است. براساس جداول آماری، مقدار z جدول در سطح اطمینان ۹۵ درصد، ۱/۶۴ است. از آن‌جا که مقدار z آماده‌ی آزمون از مقدار z جدول بزرگ‌تر است، در سطح اطمینان ۹۵

1. با توجه به متفاوت‌بودن پرسشنامه‌ها از نظر محتوا و شکل ظاهری با پرسشنامه‌های معمول و رایج
2. Validity، منظور از روایی این است که تا چه اندازه، ابزار جمع‌آوری اطلاعات آن چه را مورد نظر محقق است، اندازه‌گیری می‌کنند
3. منظور از اعتبار صوری، استفاده از نظر اساتید راهنما و مشاور و متخصصان است
4. منظور از پایایی این است که تا چه اندازه ابزار اندازه‌گیری در شرایط یکسان، نتایج یکسانی به دست خواهد داد
5. این آزمون به بررسی و محاسبه‌ی هماهنگی پرسشنامه‌های طراحی‌شده می‌پردازد

جدول ۱. آزمون دو نمونه‌ای کولموگروف - اسمیرنوف

	z
Most Extreme Absolute	۰/۸۶۴
Differences Positive	۰/۰۰۰
Negative	-۰.۸۶۴
Kolmogorov-Smirnov Z	۳/۹۷۹
Asymp.Sig.(۲-talied)	۰/۰۰۰

a.Grouping Variable : GROUP

درصد می‌توان استدلال کرد که داده‌های جمع‌آوری شده از نمونه‌ی آماری، از توزیع نرمال برخوردار است.

در جامعه‌ی مورد مطالعه، ۳۷ عنوان شغلی در بخش ستادی، شناسایی و تعریف شد که این شغل‌ها باتوجه به شرح شغل آن‌ها با شغل‌های استانداردی که در پایگاه اطلاعات شغلی آمریکا (o*net) موجود می‌باشد (http://www.onetcenter.org) مورد مقایسه و تطبیق قرار گرفت و درنهایت ۲۷ عنوان شغلی با کد بین‌المللی و نمره‌ی دانش، مهارت و توانایی‌های مورد نیاز تعیین گردید که اطلاعات آن در جدول ۲ موجود است.

در یک نگاه کلی، فراوانی (تعداد و درصد) کارکنانی که از جهت شغلی متناسب بوده و یا متناسب نبوده به‌صورت جدول ۳ است.

همان‌طورکه در جدول ۳ مشاهده می‌شود ۳۹/۷ درصد از کارکنان نمونه‌ی مورد مطالعه از جهت شغلی متناسب بودند که بیش‌ترین تناسب شغلی را مدیران منابع انسانی و بازنشستگی، مدیریت برنامه‌ریزی،کارشناس تبلیغات، و کارشناسان استخدام و کمترین تناسب شغلی را کارشناسان بخش حقوقی،کارمندان اداری وکارشناسان مدیریت برنامه‌ریزی تلفیقی و حسابداران اموال برخوردارند.

جدول ۲. عنوان‌ها، کدها و فراوانی‌های شغلی

ردیف	عنوان‌های شغلی موجود در شرکت پالایش و پخش فرآورده‌های نفتی ایران	کدهای مشاغل موجود در بانک اطلاعاتی O*NET	تعداد افرادی که از جهت شغلی متناسب هستند	تعداد افرادی که از جهت شغلی نامتناسب هستند	فراوانی افراد در هر شغل
			فراوانی	فراوانی	فراوانی
۱	کارشناس استخدام	۴۳-۴۰۶۱ .۰۰	۲	۴	۶
۲	مددکار اجتماعی	۴۳-۴۰۶۱ .۰۰	۱	۲	۳
۳	حسابدار اموال	۱۳-۲۰۱۱ .۰۰	۲	۳	۵
۴	اموزش و توسعه	۱۳-۱۰۷۳ .۰۰	۱	۱	۲
۵	حسابدار تلفیقی	۴۳-۳۰۱۱ .۰۰	۱	۳	۴
۶	مدیریت بازنشستگی	۱۱-۴۱.۳ .۰۰	۱	۰	۱
۷	مدیریت منابع انسانی	۱۱-۳۰۴ .۰۰	۱	۰	۱
۸	حسابرس	۱۳-۲۰۱۱ .۰۱	۱	۳	۴
۹	سندرس عمرانی	۱۳-۲۰۶۱ .۰۰	۱	۰	۱
۱۰	کارشناس برنامه‌ریزی	۱۵-۱۰۸۱ .۰۰	۱	۲	۳
۱۱	کارشناس محیط‌زیست	۱۹-۴۰۹۱ .۰۰	۱	۱	۲
۱۲	کارمندان اداری	۴۳-۳۰۱۱ .۰۰	۲	۵	۷
۱۳	کارشناس مطبوعات	۲۷-۳۰۳۱ .۰۰	۱	۱	۲
۱۴	امور بین‌الملل	۱۹-۰۰.۳۰۹۴	۱	۲	۳
۱۵	مددکار اجتماعی	۲۱-۱۰۹۳..۰۰	۱	۱	۲
۱۶	رییس خدمات بازرگانی	۱۱-۳۰۳۱ .۰۲	۱	۰	۱
۱۷	کارشناس امور ارضی	۲۳-۲۰۱۱ .۰۰	۱	۲	۳
۱۸	کارشناس بودجه و اعتبارات	۱۳-۲۰۳۱ .۱۰۰	۱	۲	۳
۱۹	کارشناسان حقوق	۲۳-۱۰۲۲ .۰۰	۱	۲	۳
۲۰	بررسی روش‌ها و حوزه‌ها	۱۳-۱۱۱۱ .۰۰	۱	۰	۳
۲۱	بهداشت کار صنعتی	۲۹-۹۰۱۲ .۰۰	۱	۱	۲
۲۲	خدمات کارکنان و روابط کار	۱۳-۱۰۲۷ .۰۰	۱	۳	۴
۲۳	کارشناس ایمنی و آتش‌نشانی	۳۳-۲۰۲۱ .۰۱	۱	۱	۲
۲۴	کارشناس تبلیغات	۲۷-۳۰۳۱ .۰۰	۱	۱	۲
۲۵	مدیریت برنامه‌ریزی تلفیقی	۱۱-۹۰۲۱ .۵۵	۲	۴	۶
۲۶	کارشناس خرید	۱۳-۱۰۲۳ .۰۰	۱	۱	۲
۲۷	کارشناسان وام و بازنشستگی	۱۳-۱۰۷۲ .۰۰	۱	۱	۲

جدول ۳. فراوانی (تعداد و درصد) کارکنان برحسب تناسب یا عدم تناسب شغلی

شاخص	فراوانی کارکنان	
	تعداد	درصد
کارکنانی که از جهت شغلی متناسب هستند	۳۱	۳۹/۷
کارکنانی که از جهت شغلی متناسب نیستند	۴۷	۵۹/۳
کارکنان جامعه‌ی مورد مطالعه	۷۸	۱۰۰

نتیجه‌گیری و پیشنهادات

کار انسان نه فقط با تجربه و دانش او درآمیخته بلکه به‌صورت یک امر فرهنگی و ارزشی جلوه‌گر شده است و بدین‌سان بین اندیشه، کار و روابط اجتماعی پیوندی ناگسستنی پدید آمده است. این که همه‌ی موضوعات مربوط به قلمروی کار مستلزم بررسی دقیق و همه‌جانبه است، به‌دلیل آن است که باید کار را یکی از ویژگی‌های زندگی نوع بشر به شمار آورد. انسان موجودی اجتماعی است که حتی امروزه هم با وجود تنوع مجموعه‌های اکولوژی و گوناگونی آهنگ حرکت، در پیشرفت فنی و تحول در ساخت اجتماعی جوامع، در زندگی به کار می‌پردازد و درواقع کار، وجه اشتراک و شرط لازم زندگی انسان در جامعه است. (شفیعی، ۱۳۷۸ : ۱۷)

از آن‌جایی که انجام‌دادن کار در قالب شغل، شکل گرفته و متصور می‌شود، لازم است ویژگی‌های یک شغل در ارتباط با ویژگی‌های شاغل سنجیده و لحاظ شود، باید شغل و مرحله‌های انجام آن را به‌خوبی شناخت و به تجزیه و تحلیل شغل توجه کرده، درگام بعدی شغل را طراحی کرد و افراد متناسب با هر شغل را در پست و شغل لازم، به کار گمارد. شغل و طراحی صحیح آن در رضایت شغلی، اثربخشی و عدم تمایل به ترک خدمت و رهایی از خدمت، نقش به‌سزایی دارد. از آن‌جا که ویژگی‌های مشاغل به‌نحوه‌ی سازماندهی و چگونگی طراحی ساختار سازمان بستگی دارد. نخستین مقوله‌ای که در این زمینه باید مورد بررسی قرار گیرد، اهمیت تخصصی‌کردن یک شغل در مقابل متنوع و وسیع‌کردن آن است. تقسیم کار به‌عنوان یک اصلی که همه‌ی اندیشمندان ـ نظریه‌پردازان مدیریت کلاسیک به آن اعتقاد داشتند و به‌عنوان پارادایم سنتی بهره‌وری، مطرح بوده است؛ دارای مزیت‌ها و عیب‌هایی است. از جمله‌ی مزایای آن، افزایش مهارت وکاهش

زمان انجام کار است امـا تقسیم کـار شـدید بـه علـت تکرار وظیفه‌هـای کـم‌اهمیـت، در بلندمدت سبب کاهش بهره‌وری وکاهش رضایت شغلی می‌شود. بنابراین طراحی مشاغل، نقش مهمی در افزایش روحیه، رضایـت شـغلی و سرانجام بهره‌وری نیروی انسانی دارد. به‌هرحال سازمان می‌تواند با تبیین دقیق وظایف و ماموریت‌هـا، طراحی مجدد مشاغل، مشارکت در تصمیم‌گیری، برنامه‌های بهداشتی و رعایت تناسب شغل با شاغل در سازمان، به‌نحوه‌ی چشم‌گیری کارآیی منابع انسانی را افزایش دهـد از تناسب شـغل بـا شـاغل در سازمان به‌عنوان یک استراتژی موثر در نگهداری منابع انسانی استفاده می‌شود. این تناسب از لحظه‌ای آغاز می‌شود که اولا فرد برای کار و انتخاب شغل اقدام می‌کنـد، ثانیا سـازمان بـرای کارمندیابی انتخاب، استخدام و انتصاب آمـاده مـی‌شـود. ممکن است در آغـاز استخدام، با توجه به نیاز سازمان و نیاز داوطلبان کار، تناسب مورد نظـر، در حد محـدودی برقرار شود ولی به‌تدریج که فرد در سازمان زندگی کاری خود را ادامه می‌دهـد و سـازمان نیز دوره‌ی عمر خود را پشت سر می‌گذارد؛ در فرهنگ و نیازهای افراد سازمان، متغیرهـا و عامل‌های دیگری وارد می‌شود و مورد استفاده قرار می‌گیرد. اگر شغل بـه گونه‌ای طراحی شود که ماهیت انگیزشی داشته و بـا ویژگی‌های فـردی متناسب باشـد، در ایـن صـورت بهره‌وری نیروی انسانی افزایش می‌یابد. (کاظمی حقیقی، ۱۳۷۹: ۵)

با توجه به مطالب بیان شده، هدف اصلی این پژوهش، بررسی و سنجش تناسب شغلی و ارایه پیشنهادهایی جهت بهبود آن در شرکت ملی پالایش و پخش فرآورده‌های نفتی ایران بود. نتیجه‌ی مهم به‌دست‌آمده از این پژوهش، این بود کـه در جامعه‌ی مورد پژوهش، حدود ۴۰ درصد از لحاظ شغلی متناسب بودنـد کـه این موضوع برای شرکت پالایش و پخش فرآورده‌های نفتی ایران به‌عنوان یکی از بزرگ‌ترین شرکت‌هـای موثر و بنیادی در فرآیند رشد و توسعه‌ی اقتصادی کشور مطرح است مطلوب و قابل قبول نیست. براین اساس و با توجه به هدف تحقیق و نتایج به‌دست‌آمده و مشاهده‌های محقق در طول تحقیق، پیشنهادها و توصیه‌هایی جهت افزایش تناسب شغلی (که به‌نوبه‌ی خود این موضوع سبب افزایش بهره‌وری، رضایت شغلی و تعهد سازمانی کارکنان می‌گردد) مطرح می‌کند:

۱. با توجه به این موضوع که افراد شاغل در این سازمان از لحاظ مدرک تحصیلی

با شغلی که هم‌اکنون متصدی آن هستند، متناسب و طبق استانداردهای بین‌المللی نیستند و باید در فرآیند استخدام، جذب و کارمندیابی برای مشاغلی که از جهت پستی خالی، یا با توجه به ضرورت‌های موجود ایجاد می‌شوند توسط متخصصان منابع انسانی نهایت دقت صورت گیرد تا معیارهای گزینش افراد براساس شایسته‌سالاری و استانداردهای بین‌المللی صورت گیرد.

۲. تاکید بر توسعه‌ی انسانی از طریق آموزش، به‌عنوان فرآیندی برای بهبود و اعتلای قابلیت‌ها و توانایی‌ها، افزایش دانش و آگاهی و تغییر گرایش و نگرش‌های کارکنان نسبت به شغل‌هایی که در چند سال اخیر دچار تغییر و تحولات فراوان شده‌اند (بخش‌های بازرسی، خرید و تبلیغات).

۳. تعیین ارزش نسبی مشاغل، جهت تعیین و تعدیل دستمزد پرداختی با دیگر مشاغل درون و بیرون شرکت، توسط مدیران منابع انسانی و پرسنلی (در مشاغلی مانند حسابدار، حسابدار ارشد، سندرس عمرانی و مامور خرید).

۴. تسهیم کار و ادغام بعضی از مشاغل با توجه به فعالیت‌ها و وظیفه‌های شغلی مشابه، به‌خصوص در بخش‌های امور حقوقی و حسابداری.

۵. تهیه‌ی کاتالوگ، برشور و بیلبرد در مورد آخرین تغییرات در حوزه‌ی مسایل و موضوع‌های شغلی در سازمان و نصب آن‌ها در مکان‌های پرتردد مانند دستگاه کارت‌زنی، سلف‌سرویس‌ها و.. جهت اطلاع‌رسانی به کارکنان.

۶. افزایش مهارت افراد جهت ترفیع و ارتقا به پست‌های بالاتر، با اجرای برنامه‌های کارآموزی، فرستادن کارکنان به دوره‌های آموزشی شغلی در خارج از سازمان و سازمان‌های مشابه.

۷. ارایه‌ی پاداش و ارتقای شغلی کارکنانی که در خارج از سازمان و به‌صورت داوطلبانه در برنامه‌های آموزشی (که مربوط به حوزه‌ی شغلی آن‌ها است)، جهت حفظ و تقویت انگیزه‌ی افراد و ایجاد حس رقابت سالم و سازنده در سایر کارکنان.

پیشنهادهایی برای پژوهش‌های آتی

۱. در پژوهش حاضر بررسی میزان تناسب شغلی کارکنان در بخش کوچکی از

شرکت ملی پالایش و پخش فرآورده‌های نفتی ایران (ستاد مرکزی) صورت گرفته است؛ پیشنهاد می‌شود در کلیه‌ی شعبه‌ها و سازمان‌های وابسته به شرکت این مهم صورت گیرد و نتایج آن تحقیقات با پژوهش حاضر مورد مقایسه قرار گیرد تا پایه و اساس محکم‌تری برای سازمان در سنجش تناسب و گزینش و استخدام‌های بعدی صورت گیرد.

۲. با توجه به این که در این پژوهش فقط به سه جزئی به شغل : دانش، مهارت و توانایی شغلی پرداخته شده و جنبه‌های دیگر شغلی، مانند سبک‌های کار، ویژگی‌های شخصیتی و روانشناختی مورد مطالعه قرار نگرفته است، به محققان بعدی پیشنهاد می‌شود روی این موضوع‌ها به پژوهش بپردازند.

منابع و مآخذ

۱. دعایی، حبیب ا.... مدیریت منابع انسانی نگرش کاربردی. مشهد، نشر بیان هدایت نور، چاپ پنجم، (۱۳۸٤).

۲. رضایی نژاد، فریدون. تجزیه و تحلیل مشاغل در شرکت‌های تولیدی استان کردستان. پایان‌نامه‌ی کارشناسی ارشد، دانشگاه فردوسی، دانشکده‌ی مدیریت، (۱۳۸۲).

۳. رونق، یوسف. مطالعه کار و استاندارد شغل. تهران، انتشارات مرکز آموزش مدیریت دولتی، (۱۳۸۰).

٤. سنجری کهرودی، احمدرضا. طراحی مجدد شغل در مدیریت منابع انسانی، فصلنامه‌ی دانشکده‌ی فرماندهی و ستاد. شماره‌ی ۲۲، (۱۳۸۳).

۵. شفیع آبادی، عبدالله. راهنمایی و مشاوره‌ی شغلی و حرفه ای و نظریه‌های انتخاب شغل، تهران، وزارت فرهنگ و ارشاد اسلامی، (۱۳۷۸).

٦. صادقی، منصوره. تجزیه و تحلیل شغل در شرکت سپاد خراسان، مشهد ،سپاد، (۱۳۷۵).

۷. کاظمی حقیقی، ناصرالدین. روانشناسی برای کار و مدیریت، تهران، سایه نما، (۱۳۷۸).

8. Acorn S, Ratner PA, Crawford M(2008)."Decentralization as determinant of autonomy, job satisfaction, and organizational commitment among nurse manager". Nurse Res, Vol33,No3,pp.80-88. .

9. Antall, Gloria,F.(2008). "Assessing Job Candidates for Fit".Merlin Press.

10. Beer,Duane P,(2004) "Psychology and work today an introduction to

industrial an organizational psychology ". Macmillan co.
11. Bennett, H.(2002) "Employee commitment: the key to absence management in local government? Leadership & Organization Development Journal",Vol.23,No. 8, pp.430-441.
12. Brunk,R(2005) " The nature of work". London:Macmillan.
13. Chinoy, E , (2008). "Automobile workers and the American Dream " New York: Beacon press.
14. David, T(۲۰۰۷) " A quantitative review of the relationship between person–organization fit and outcome". Journal of Industrial Teacher Education. Vol44,No2.
15. Durkin, M. and Bennett, H.(1999) "Employee commitment in retail banking: identifying and exploring hidden dangers",International Journal of Bank Marketing, Vol.17,No.2,pp.80-88.
16. Frico, Paule(2006) "E. industrial and organizational psychology". John wiley &sns,inc.
17. Hosaka, Takaashi & et al.(2008). " Assessing Person-Organization Fit to Reduce Turnover (Presented to 24th Annual IMPAAC Conference on Personnel Assessment)"
18. Mc Kenna, S.(2005). "Organizational commitment in the small entrepreneurial business in Singapore",Cross Cultural Management ,, Vol.12,No.2, pp.16-37.
19. Paul AK, Anantharaman RN. (2006). "Influence of HRM practice on organizational commitment: A study among software professional in India" Hum Resource Manage R Vol16,No4,pp.46-87.
20. Van couver,Tony(2003) "Professions in the class system of present day societies". Currnt sociology.
21. http://www.onetcenter.org

دریافت: ۸۸/۱۱/۱۶
پذیرش: ۸۹/۶/۲۹

بررسی و سنجش تناسب شغلی و رابطهٔ آن با تعهد سازمانی کارکنان[1]

(مطالعه موردی: شرکت ملی پالایش و پخش فرآورده‌های نفتی ایران)

مصطفی امامی[2] ـ دکتر رحمت‌ا... قلی‌پور[3] ـ سهراب پورابراهیم[4] ـ جواد دلاوری[5]

چکیده

تناسب شغلی(تناسب بین شغل و شاغل) یکی از مباحث بنیادین مدیریت منابع انسانی است، و ثابت شده که وجود این تناسب برای بهره‌وری نیروی انسانی یک ضرورت سازمانی به منظور است. هدف اصلی این پژوهش بررسی تناسب شغلی و رابطهٔ آن با تعهد سازمانی کارکنان ستاد مرکزی شرکت ملی پالایش و پخش فرآورده‌های نفتی ایران می‌باشد. ابزار جمع‌آوری اطلاعات به‌منظور سنجش تعهد سازمانی، پرسشنامه ۱۵ سوالی آلن و می‌یر و برای سنجش تناسب شغلی پرسشنامه‌های دانش، مهارت و توانایی شغلی بانک اطلاعات شغلی بین‌المللی[6] (O*NET) است،که هریک از پرسشنامه‌ها بطور میانگین شامل ۲۱ سوال می‌باشد. پایایی پرسشنامهٔ تعهد سازمانی ۰/۸۹ و پایایی پرسشنامهٔ سنجش تناسب شغلی ۰/۸۷ به‌دست آمد. با توجه به اینکه آلفای کرونباخ هر دو پرسشنامه بیش از۰/۷ بوده و می‌توان نتیجه گرفت هر دو پرسشنامه از پایایی لازم برخوردار بوده‌اند.

---

1. این مقاله منتج از پایان‌نامه‌ای است که با حمایت شرکت ملی پالایش و پخش فرآورده‌های نفتی ایران انجام شده است.

2. عضو باشگاه پژوهشگران جوان دانشگاه آزاد اسلامی Mostafa.Emami@modares.ac.ir
3. دانشیار ـ عضو هیئت علمی دانشگاه تهران. rgholipour@yahoo.com
4. کارشناس ارشد پژوهش و توسعه منابع انسانی. spourebrahim@gmail.com
5. عضوهیئت علمی دانشگاه رازی کرمانشاه. javadd@yahoo.com

6. Occupational Information Network

حجم جامعه آماری مورد نظر ۱۵۰ نفر بوده که براساس روش نمونه‌گیری تصادفی طبقه‌ای از بین آنها ۸۰ نفر به عنوان نمونه آماری انتخاب و در نهایت ۷۸ پرسشنامه جمع‌آوری گردید.
به منظور تعیین نرمال بودن داده‌های از آزمون کولموگروف- اسمیرنوف استفاده شده و نتایج آزمون نرمال بودن داده‌ها را تأیید نمود. فرضیات تحقیق با انجام آزمون T مستقل آزموده نشده و تأثیر معنی‌دار و مثبت آن‌ها به اثبات رسید، به این معنی که کارکنانی دارای تناسب شغلی بوده‌اند از تعهد سازمانی بیشتری برخوردار بوده‌اند. نتیجه دیگر این پژوهش حاکی از آن است که فقط حدود ۴۰ درصد از کارکنان شرکت ملی پالایش و پخش فرآورده‌های نفتی از لحاظ شغلی کاملاً متناسب بوده و از این لحاظ این شرکت در وضعیت ضعیفی قراردارد.

واژه‌های کلیدی

تعهد سازمانی، تناسب شغلی، دانش شغلی، مهارت شغلی، توانایی شغلی.

مقدمه

کار عنصر مهم و البته سازنده جوامع و سازمان‌ها است و برای این که با از خود بیگانگی همراه نباشد، باید از نظر فنی، فیزیولوژیک و روانشناسی مساعد باشد. اوضاع اقتصادی و اجتماعی که کار در آن انجام می‌شود باید به‌گونه‌ای باشد که کارگر احساس کند کارش منصفانه و به تناسب مهارت و کوشش بوده و دستمزد وی نیز متناسب با دستمزد سایر گروه‌های کاری پرداخت می‌شود (شفیع‌آبادی، ۱۳۷۸، ۱۴). از آن جایی که انجام کار در قالب شغل شکل می‌گیرد، لازم است ویژگی‌های یک شغل در ارتباط با خصوصیات شاغل سنجیده و لحاظ گردد. باید شغل و مراحل انجام آن را به خوبی شناخت و به تجزیه و تحلیل آن توجه نمود. در گام بعدی باید شغل را طراحی نمود و افراد متناسب با هر شغل را در پست لازم به کارگمارد (صادقی، ۱۳۷۵، ۲۳).

شغل و طراحی صحیح آن در رضایت شغلی، اثربخشی، عدم تمایل به ترک خدمت و رهایی از خدمت نقش بسزایی دارد. ازآن‌جا که ویژگی‌های مشاغل به نحوه سازماندهی و چگونگی طراحی ساختار سازمان بستگی دارد، اولین مقوله‌ای که در این

زمینه باید مورد بررسی قرار گیرد عبارت است از اهمیت تخصصی کردن یک شغل در مقابل متنوع و وسیع نمودن آن. تقسیم کار به عنوان یک اصل مورد تأیید همه دانشمندان مدیریت کلاسیک و همچنین به عنوان یک پارادایم سنتی بهره‌وری، از مزایا و معایبی برخوردار است. از جمله مزایای آن افزایش مهارت و کاهش زمان انجام کار است. از طرفی تقسیم کار شدید بعلت تکرار وظایف کم اهمیّت در بلندمدت سبب کاهش بهره‌وری وکاهش رضایت شغلی می‌گردد. بنابراین طراحی مشاغل نقش مهمی در افزایش روحیه، رضایت شغلی و در نهایت بهره‌وری نیروی انسانی دارد. به هر حال سازمان می‌تواند با تبیین دقیق وظایف و مأموریت‌ها، طراحی مجدد مشاغل، مشارکت در تصمیم گیری، برنامه‌های بهداشتی و رعایت تناسب شغل با شاغل در سازمان، کارآیی منابع انسانی را افزایش دهد.

تناسب شغلی در سازمان به عنوان یک استراتژی مؤثر در نگهداری منابع انسانی در نظر گرفته می‌شود؛ این تناسب از لحظه‌ای آغاز می‌شود که نخست: فرد برای کار و انتخاب شغل آستین بالا می‌زند؛ دوم: سازمان برای کارمندیابی، انتخاب، استخدام و انتصاب آماده می‌شود.

ممکن است در آغاز استخدام، با توجه به نیاز سازمان و همچنین نیاز داوطلبان کار، تناسب مورد نظر بصورت محدودی برقرار شود ولی انتظار می‌رود به‌تدریج که فرد در سازمان زندگی کاری خود را ادامه می‌دهد و سازمان نیز دوره عمر خود را پشت سر می‌گذارد، این تناسب بیشتر شود. اگر شغل به گونه‌ای طراحی شود که با ویژگی‌های فردی متناسب باشد، موجب ایجاد انگیزه شده و در نتیجه بهره‌وری نیروی انسانی افزایش می‌یابد (کاظمی حقیقی، ۱۳۷۹، ۵).

با توجه به مطالب ذکر شده محور اصلی این تحقیق این است که آیا تناسب شغلی موجب افزایش تعهد سازمانی نیز می‌شود و یا تناسب یادشده با تعهد سازمانی بی ارتباط است.

تناسب شغلی (تناسب شغل- شاغل)

طی دو دهه اخیر، سازمان‌ها به طور معناداری تغییر نموده و به سازمان‌هایی با ویژگی‌های عدم تمرکز، جهانی‌شدن و رهبری مبتنی بر تیم تبدیل شده‌اند. در این

نوع سازمان‌ها، نیروی انسانی یک سرمایه اصلی محسوب شده و سازمان‌ها به‌دنبال بهره‌گیری از قابلیت‌ها و مهارت‌های نیروی انسانی در جهت حداکثرسازی کارآیی و بهره‌وری خود می‌باشند. در این راستا استفاده از مفهوم تناسب شغلی در جهت بهره‌گیری و بکارگیری بهتر از دانش، توانایی و مهارت‌های نیروی انسانی حائز اهمیت فراوانی است.

یکی از انواع تناسب فرد با محیط پیرامون خود، تناسب شغلی (تناسب شغل-شاغل[1]) است. عدم تناسب میان فرد و شغل وی می‌تواند هزینه‌های زیادی را به سازمان تحمیل نماید. ماهیت اصلی تناسب شغلی در تعاریف متفاوت آن مشخص می‌گردد. در تحقیقات انجام شده در این زمینه، تعاریف متفاوتی از تناسب شغلی ارائه شده است (انتال، ۲۰۰۸: ۳۳۶).

تئوری تناسب شغلی بر این فرض استوار است که الزامات شغلی فراوانی (مانند تنوع مهارت[2]، هویت وظیفه[3]، استقلال وظیفه[4]، دانش شغلی[5]، مهارت شغلی[6]، توانایی شغلی[7] و ده‌ها متغیر دیگر) وجود دارند که از این قابلیت برخوردارند که با ویژگی‌های شخصی مانند (سن، جنس، سطح تحصیلات، تأهل و تجرد، سابقه کار، دانش، مهارت و توانایی‌های فردی متناسب گردد، و در نتیجه با قبول سازگاری بین شخص و شغل او رفتارها و نگرش‌های فردی را تحت تأثیر قرار می‌دهد.

دیوید تناسب شغلی را این گونه تعریف می‌کند: «سازگاری بین فرد و سازمان در کاری که انجام می‌دهد» به عبارت دیگر دانش، مهارت و توانایی‌های فرد همان دانش، مهارت‌ها و توانایی‌هایی است که شغل فرد در سازمان به آن نیاز دارد (دیوید، ۲۰۰۷: ۶).

---

1. Job-employed fit
2. Skill Variety
3. Task Identity
4. Task Autonomy
5. job Knowledge
6. job skil
7. job ability

هوساکا تشابه ارزش‌های شغل و ارزش‌های شخصی (سازگاری ارزش) را یکی از ابعاد بسیار مهم تناسب شغلی فرض می‌کند. در چارچوب ارائه شده توسط وی، یعنی چارچوب کشش - انتخاب - تضعیف (ASA)، سازگاری هدف بُعد مهم تناسب فرد و شغل فرض گردیده است. براساس این نظریه افراد در سازمان‌ها جذب مشاغلی می‌شوند که آن مشاغل وسیله‌ای برای دستیابی به اهداف فردی آنها است (هوساکا، ۲۰۰۸: ۵۶۰).

چاینوی[1] چهار گروه رایج تناسب شغلی را با ذکر مثال‌هایی به شرح زیر بیان می‌کند (چاینوی، ۲۰۰۸ : ۲۳):

۱. **تناسب مکمل**[2]: زمانی که فرد مشخصاتی دارد که مشابه مشخصات شغلی می‌باشد (چیزهایی که در زندگی من ارزش هستند بسیار شبیه به ارزش‌های هستند که در شغل من موجود است).

۲. **تناسب تکمیلی**[3]: وقتی فرد قادر است به اندازه کافی خصوصیات گم‌شده در شغل را پر نموده یا خصوصیات اضافه‌ای (جدیدی) ارائه کند (دانش، مهارت وتوانایی‌های من چیزهایی را ارائه می‌کند که سایر افراد متصدی آن شغل ندارند).

۳. **تناسب تقاضاها - توانایی‌ها**[4]: زمانی که توانایی‌های فرد نیازهای شغل را برآورده می‌نماید (توانایی‌ها و مهارت‌های من همان توانایی‌ها و مهارت‌هایی است که شغل نیاز دارد).

۴. **تناسب نیازها - تامین‌ها**[5]: زمانی که نیازهای فرد توسط شغل برآورده می‌شود (شغل من نیازهای مورد انتظار مرا برآورده می‌کند).

همانطورکه مشاهده می‌شود تعاریف بسیار متنوعی از تناسب ارائه شده که می‌تواند بر نتایج حاصل از آن اثرگذار باشد.

---

1. Chinoy
2. Supplementary fit
3. Complementary fit
4. Demands-abilities fit
5. Needs-supplies fit

تحقیقات نشان داده است که افراد بیشتر به دلیل عدم تناسب شغلی به سمت شکست یا عدم موفقیت پیش می‌روند تا به علت کمبود مهارت‌ها یا عدم وجود میل به خوب کارکردن (پل، ۲۰۰۶:۴۶).

گام‌های زیر می‌تواند جهت تشخیص تناسب شغلی مؤثر باشد (انتال، ۲۰۰۸:۳۳۶) :

- تشخیص خصوصیات افراد موفق در این شغل،
- تشخیص خصوصیات افراد شکست خورده و ناموفق در این شغل و
- تشخیص خصوصیاتی که سبب موفقیت شما در این شغل می‌شد چنان چه آن را اختیار می‌کردید.

در بررسی‌های انجام شده بر روی تناسب شغلی و پیامدهای حاصل از آن نتایج بسیار متفاوت و گاه متناقض حاصل شده است. بر اساس مطالعات انجام شده عوامل اصلی ناسازگاری و عدم هماهنگی در نتایج حاصل عبارتند از (چاینوی، ۲۰۰۸:۲۸):

- چگونگی تصور و درک و تعریف تناسب شغلی،
- تعریف عملیاتی شغل،
- قلمرو مفهومی و روش به کار برده شده برای ارزیابی تناسب شغلی و
- تفاوت‌های فردی که منجر به ادراکات متفاوت می‌شود.

مفهوم شغل در تناسب شغلی به دو روش متمایز در نظر گرفته می‌شود (هوساکا، ۲۰۰۸: ۵۶۰):

روش اول: از افراد خواسته می‌شود که به مشخصات شغل توجه کنند.

روش دوم: از افراد خواسته می‌شود که به‌مشخصات اعضای شاغل توجه کنند.

آکرون[1] روش‌های اندازه‌گیری تناسب شغلی را به سه دسته تقسیم‌بندی می‌کند (آکرون، ۲۰۰۸:۴۲):

۱. **تناسب ذهنی (درونی)**[2]: دراین روش به‌طور مستقیم از فرد سؤال می‌شود که تا

1. Acorn
2. subjective fit

چه اندازه خصوصیات فردی وی با خصوصیات سازمانی متناسب است، اما به‌طور مستقیم روی هیچ‌یک از خصوصیات فردی یا سازمانی تمرکز نمی‌شود و فرض می‌شود پاسخ‌دهندگان یک پیشینۀ ذهنی از سازمان دارند و به‌طور شناختی میزان سازگاری خصوصیات خود را با خصوصیات سازمانی بیان می‌کنند.

۲. تناسب درک شده[1]: در این نوع تناسب از افراد خواسته می‌شود که خود را تشریح و همچنین درک خود را از خصوصیات سازمانی بیان نماید. سپس درجه تناسب به وسیلۀ ارزیابی سازگاری بین خود توصیفی فرد و توصیف مشابه از سازمان محاسبه می‌گردد.

۳. تناسب عینی (بیرونی)[2]: در این روش از فرد خواسته می‌شود که خصوصیات خود را شرح دهد، سپس از دیگر اعضای سازمان خواسته می‌شود که خصوصیات سازمان را شرح دهند، سپس نظرات اعضای سازمان ترکیب شده و یک معیار ارزیابی فراهم می‌گردد که نشان دهنده خصوصیات سازمانی است و تناسب از میزان سازگاری بین توصیف فرد از خود و معیار توافق شده در مورد خصوصیات سازمان اندازه‌گیری می‌شود.

تفاوت در مقیاس‌های اندازه‌گیری تناسب شغلی به حوزه مفهومی خاص استفاده شده برای ارزیابی تناسب شغلی بستگی دارد. ارزش‌ها رایج‌ترین منبع تناسب شغلی است، مطالعات بسیاری سازگاری ارزشی (ارزش‌های من متناسب با ارزش‌های کارکنان فعلی در این سازمان است) را ارزیابی می‌کنند. در برخی مطالعات تناسب شخصیتی اندازه‌گیری شده (آیا شخصیت شما متناسب با شخصیت یا وجهه سازمان است؟)، برخی مطالعات سازگاری اهداف را بررسی نموده (ارزیابی درجه تناسب بین اهداف شما و اهداف سازمان)، مطالعات اندکی به سازگاری KSA پرداخته‌اند (مهارت‌ها و توانایی‌های من توانایی‌ها و مهارت‌هایی را منعکس می‌نماید که سازمان جستجو می‌کند) و برخی مطالعات نیز از معیار خاصی برای انجام تحقیقات استفاده نمی‌کنند (آیا سازمان جدید همان سازمانی است که شما به دنبال آن بوده‌اید). معیار استفاده شده برای ارزیابی تناسب می‌تواند بر پیامدها و نتایج اثرگذار باشد.

---

1. perceived fit
2. objective fit

به‌طور کلی همانطور که اشاره شد نوع تعریف تناسب، معیار و روش اندازه گیری تناسب، تعریف سازمان و... بر روی ارتباط تناسب شغلی و پیامدهای آن تأثیر می گذارد.

ون کوور[1] و همکارانش نشان دادند که تناسب شغلی منجر به پیامدهای رفتاری و نگرشی می‌شود. یافته‌های آن‌ها حاکی از آن است که تناسب شغلی با رضایت شغلی و تعهد سازمانی وابسته است؛ همچنین به‌طور ضعیف‌تری پیامدهای رفتاری مانند عملکرد شغلی و رفتارهای تابعیت سازمانی (OCB) و جابجایی کارکنان را نیز تحت تأثیر قرار می‌دهد. آنها پس از بررسی به این نتیجه رسیدند که روش‌های اندازه‌گیری عینی و درک‌شده بیشتر وابستگی پیامدهای رفتاری را نشان می‌دهند و ارتباط بین سازگاری ارزش‌ها و پیامدهای رفتاری اندکی قوی تر از سایر اشکال تناسب شغلی است. (ون کوور، ۲۰۰۳:۱۹).

یافته‌های تحقیق نشان دادند که اندازه‌گیری تناسب عینی (بیرونی) پیامدهای رفتاری، استفاده از تناسب را در سیستم‌های انتخاب تشویق می‌نماید، اما اندازه‌گیری‌های تناسب ذهنی و درک شده کمتر در سیستم‌های انتخاب افراد مورد استفاده قرار می گیرند زیرا هر دو به صورت خود گزارش‌دهی بوده و نیازمند آگاهی و آشنایی پاسخگو با سیستم ارزش سازمانی می‌باشند. اما در مقیاس‌های تناسب بیرونی پاسخگو تنها مشخصات خود را بیان می‌نماید و سپس این ویژگی‌ها با مشخصات سازمانی موجود مقایسه می گردد و در نتیجه نیازی به آشنایی پاسخگو با خصوصیات سازمانی نیست.

نتایج تحقیقات اکرون[2] و همکاران وی با نتایج تحقیقات فوق متفاوت می‌باشد. این تحقیقات حاکی از آن است که تناسب ذهنی شغل- شاغل منجر به پیامدهای متنوع محیط کاری مانند جذابیت سازمان، انتخاب شغلی، تعهد سازمانی، عدم‌جابجایی شغلی و... می‌شود. یافته‌ها نشان داد که تناسب بهتر و تطابق شخص با سازمان، سبب رضایت شغلی بالاتر، تعهد سازمانی بالاتر و انتقالات و جابجایی‌های کمتر و در نتیجه سبب بقاء و حفظ در سیستم سازمانی خواهد شد. (اکرون،۲۰۰۸:۴۲)

در یک تحقیق دیگر در زمینه‌یابی از ۲۵۳ فارغ‌التحصیل دانشگاه شاغل تمام وقت در مشاغل گوناگون در مدت زمان بیش از ۷ سال و همچنین زمینه‌یابی

1. Van couver
2. Acorn

از ۳۴۵ کارمند بانک به‌مدت ۴ ماه، در حین انجام کار مورد مطالعه قرار گرفتند نتایج نشان داد که هر دو بررسی رابطه میان تناسب شغلی و رضایت‌شغلی را تأیید می‌نمایند. (بیر[1]: ۲۰۰۴).

فریکو[2] و برانک[3] در تحقیقات خود به این نتیجه رسیدند که بیشترین رضایت شغلی هنگامی وجود دارد که بهترین تناسب میان توانایی‌های افراد و خواسته‌های شغلی وجود داشته باشد (فریکو: ۲۰۰۶، برانک: ۲۰۰۵).

دیوید ارتباط بین تناسب شغلی و پیامدهای نگرشی را مورد بررسی قرار داد. نتایج نشان داد که تناسب شغلی به مفاهیمی همچون آزادی، رضایت شغلی و تعهد سازمانی وابسته است. به علاوه ابعاد تناسب شغلی (سازگاری ارزش در مقابل دیگر اشکال سازگاری) و روش اندازه‌گیری تناسب شغلی (درونی، بیرونی، درک شده)، ارتباط میان تناسب شغلی و پیامدهای نگرشی را تعدیل خواهد نمود. به طور کلی ارتباط درونی ضعیفی میان معیارهای رفتاری و نگرشی وجود دارد (دیوید، ۱۷:۲۰۰۷).

تعهد سازمانی

در اوایل دهه ۱۹۸۰ تعهد سازمانی کارکنان یکی از مهمترین مسائلی بود که توجه محققان را به خود جلب نموده بود و تحقیقات وسیعی بر روی این موضوع صورت می‌گرفت. در سال ۱۹۸۵ والتون[4] مقاله مشهور خود را تحت عنوان «مدیریت بر مبنای تعهد»[5] منتشر کرد. وی در این مقاله نیاز به حرکت از مدیریت بر مبنای کنترل به سمت مدیریت بر مبنای تعهد را یادآور شده و با این کار خود به مطالعات صورت گرفته در این زمینه جهت داد (مک کنا[6]، ۱۶:۲۰۰۵).

تعهدسازمانی، سازه‌ای است که تعاریف متفاوتی از آن ارائه شده است. به‌عنوان

---

1. Beer
2. Frico
3. Brunk
4. Walton
5. Management by commitment
6. MC Kenna,S.

نمونه مارو[1] در سال ۱۹۹۹ بیش از ۲۵ مفهوم مرتبط با تعهد سازمانی را مشخص نمود. پورتر و همکاران در سال ۱۹۷۴ تعهد را بدین صورت تعریف کردند: «میزانی که یک فرد، خود را متعلق به سازمان می‌داند و خود را با آن تعیین هویت می‌کند». آن‌ها از انگیزش، تشخیص ارزش‌های سازمان و میزان تمایل کارکنان به عضویت در سازمان، برای سنجش و اندازه‌گیری آن استفاده کردند. بوچانن[2] نیز در سال ۱۹۷۴، تعهد را بدین صورت تعریف کرد: «میزان تعلق احساسی و عاطفی طرفداران سازمان نسبت به اهداف و ارزش‌های سازمانی، نسبت به نقش خود در ارتباط با این اهداف و ارزش‌ها و نسبت به سازمان به خاطر وجود خود سازمان که تا اندازه‌ای به علت منفعتی است که سازمان برای آن‌ها دارد».

البته باید توجه داشت که در این تعریف، میان تعلق براساس مبادله (درگیری به خاطر دریافت پاداش خارجی) و تعلق اخلاقی و ارزشی(درگیری به علت تجانس و هماهنگی ارزش‌های فرد و سازمان) تفاوت وجود دارد. در سال ۱۹۵۸ کلمان[3] نیز میان تعهد بر اساس پذیرش[4] (یعنی تعهدی که در آن کارکنان الگوهای رفتاری و عقاید خاصی را در قبال پاداش‌های مشخص می‌پذیرند) و تعهد بر اساس تشخیص[5] (زمانی که رفتارها و عقاید پذیرفته شده به خاطر پیوستگی با طرف سومی است که برای فرد ارزشمند می‌باشد) و نیز تعهد درونی شده[6] (که در آن فرد رفتارها و عقاید خاصی را که محتوای آن‌ها با سیستم ارزشی وی هماهنگ هستند، در پیش می‌گیرد)، تمایز قائل شده است.

پس تعهد کارکنان را می‌توان از دیدگاه‌های مختلف بررسی نمود در سال ۱۹۸۶ اورلی و چتمن[7] بر اساس نظرات کلمان، تعلق روانی (یعنی وابستگی روحی و روانی فرد با سازمان) را یک موضوع اصلی و کلیدی در تعهدکارکنان تعیین نمودند. آن‌ها تعلق روانی را به این صورت تعریف کردند: تعلق روانی منعکس‌کننده میزان یا درجه‌ای است که افراد دیدگاه‌ها یا صفات مشخص سازمانی را پذیرفته و درونی می‌کنند.

1. Marrow
2. Buchanan
3. Kelman
4. Compliance
5. Identification
6. Internalized
7. Oreilly and Chatman

اورلی و چتمن (۱۹۸۶) مبنای تعلق روانی کارکنان را موارد زیر دانسته‌اندکه شبیه موارد مطرح شده از سوی کلمان (۱۹۵۸) بود (دورکین و بنت[1]، ۱۲۷:۱۹۹۹):

۱. پذیرش یا حضور ابزاری کارکنان در سازمان به خاطر پاداش‌های مشخص خارجی،

۲. تشخیص یا حضورکارکنان در سازمان بر اساس تمایل به همبستگی و

۳. درونی‌سازی یا شرکت فعال کارکنان در سازمان مبتنی بر تطابق ارزش‌های فردی و سازمانی.

البته این رویکرد چند عاملی نسبت به تعهد کارکنان، از سوی محققان دیگر هم مورد قبول واقع شده است. به‌عنوان مثال جاروس[2] و همکاران وی (۱۹۹۳) با استفاده از روش تحلیل عاملی این رویکرد چند عاملی به تعهد را تأیید و به این نتیجه رسیدند که مدل‌های تک عاملی تعهد سازمانی چه از نظر مفهومی و چه از نظر تجربی قابل قبول نیستند. هریک از ابعاد ذکر شده تعهد (درونی شده، تشخیص و پذیرش) به‌نوعی با فرایند تغییر سازمان نیز در ارتباط هستند. در واقع تعهد کارکنان در مدیریت فرایند تغییر، نقش کلیدی دارد. از طرفی تعهد بالای کارکنان موجب تقویت تغییرات صورت گرفته شده و موفقیت برنامه‌های تغییر را تضمین خواهد نمود (بنت، ۴۳۳:۲۰۰۲).

تحقیقات می‌یر و آلن[3] (۱۹۹۷) یکی از مهم‌ترین مطالعاتی است که در زمینهٔ چند عاملی بودن تعهد صورت گرفته است. از نظر آنها سه نوع تعهد وجود دارد:

۱. **تعهد احساسی و عاطفی**[4]، که به تعلق عاطفی کارکنان به سازمان، احساس یگانگی آنها به سازمان و حضور فعال آنها در سازمان اشاره دارد. معمولاً کارکنانی که از تعهد احساسی برخوردارند، تمایل دارند تا در سازمان باقی بمانند و این امر یکی از آرزوهای آنها می‌باشد.

۲. **تعهد مستمر**[5]، در ارتباط با مزایا و هزینه‌هایی است که مربوط به ماندن یا ترک

1. Durkin & Bennett
2. Jaros
3. Meyer and Allen
4. Affective Commitment
5. Continuance Commitment

سازمان است. معمولاً کارکنانی که دارای تعهد مستمر هستند تازمانی در سازمان باقی می‌مانند که ترک سازمان هزینه گزافی برای آنها داشته باشد.

۳. **تعهد هنجاری**[1]، به الزام یا وظیفه کارکنان به ماندن در سازمان اشاره دارد. یعنی کارکنان تا زمانی در سازمان باقی خواهند ماندکه از نظر آنها ماندن در سازمان کار درست و مناسبی باشد (مک کنا،۲۰۰۳:۱۷).

به این ترتیب می‌توان تعهد سازمانی را به صورت زیر تعریف کرد:

۱. تمایل قوی برای بقای عضویت در یک سازمان خاص،

۲. تمایل برای تلاش بسیار زیاد برای سازمان و

۳. باور قاطع در قبول ارزش‌ها و اهداف سازمان.

لذا تعهد سازمانی را می‌توان نگرشی دربارهٔ وفاداری کارکنان به سازمان و یک فرایند مستمر دانست که به واسطهٔ مشارکت افراد در تصمیمات سازمانی، توجه افراد به سازمان و موفقیت و رفاه سازمان تعیین می‌گردد(مقیمی، ۱۳۸۳: ۳۹۲).

فرضیات تحقیق

با توجه به مطالب بیان شده فرضیه اصلی این پژوهش عبارت است:

تناسب شغلی با تعهد سازمانی در سطح کارکنان ستاد مرکزی شرکت ملی پالایش و پخش فرآورده‌های نفتی ایران رابطهٔ مثبت و معنی دار دارد.

با توجه به فرضیه اصلی این پژوهش، سه فرضیه فرعی به شرح زیر مطرح می‌شود:

۱. میان تناسب دانش شغلی کارکنان و دانش مورد نیاز برای انجام شغل با تعهد سازمانی در سطح کارکنان ستاد مرکزی شرکت ملی پالایش و پخش فرآورده‌های نفتی ایران رابطهٔ مثبت و معنی دار وجود دارد.

۲. میان تناسب مهارت شغلی کارکنان و مهارت موردنیاز برای انجام شغل با تعهد سازمانی در سطح کارکنان ستاد مرکزی شرکت ملی پالایش و پخش فرآورده‌های نفتی ایران رابطهٔ مثبت و معنی‌دار وجود دارد.

1. Normative Commitment

۳. میان تناسب توانایی شغلی کارکنان و توانایی موردنیاز برای انجام شغل با تعهد سازمانی در سطح کارکنان ستاد مرکزی شرکت ملی پالایش و پخش فرآورده‌های نفتی ایران رابطهٔ مثبت و معنی‌دار وجود دارد.

روش تحقیق

با توجه به این که این تحقیق، به‌دنبال بررسی و سنجش تناسب شغلی و رابطهٔ آن با تعهد سازمانی کارکنان ستاد مرکزی شرکت ملی پالایش و پخش فرآورده‌های نفتی ایران می‌باشد، از روش تحقیق توصیفی و از شاخه پیمایشی استفاده گردیده است.

اعضای جامعه آماری را ۱۵۰ نفر از کارکنان ستاد مرکزی شرکت ملی پالایش و پخش فرآورده‌های نفتی ایران و نمونه آماری بر اساس فرمول زیر شامل ۷۴ نفر می‌باشد.

$$n = \frac{(150)(1/96)^2(0/5)(0/5)}{(0/5)^2(150-1)+(1/96)^2(0/5)(0/5)} = 74$$

اطلاعات موردنیاز برای انجام این پژوهش به دو روش زیر جمع‌آوری گردیده است.

روش کتابخانه‌ای: از این روش برای جمع‌آوری اطلاعات مربوط به ادبیات موضوع و پیشینه تحقیق از کتاب‌ها، پایان‌نامه‌ها، مقالات، پایگاه‌های اطلاعاتی و منابع اینترنتی استفاده شده است.

روش میدانی: از این روش با طراحی پرسشنامه و توزیع آن میان نمونه آماری، اطلاعات لازم در مورد تناسب شغلی و رابطهٔ آن با تعهد سازمانی آنها جمع‌آوری گردید. برای سنجش تناسب شغلی نیز با توجه به اطلاعات مربوط به مشاغل موجود در پایگاه اطلاعات شغلی آمریکا (O*NET)، ۲۷ پرسشنامه با در نظر گرفتن سه متغیر دانش، مهارت و توانایی شغلی با همکاری و راهنمایی اساتید و مشاوران دانشگاهی و صنعتی طراحی و تدوین گردید.[1] برای سنجش مؤلفه‌های تعهد سازمانی از پرسشنامه تعهد سازمانی آلن و می‌یر استفاده گردیده است. این پرسشنامه از ۱۵ سوال تشکیل شده و به بررسی تعهد

---

1. http://www.onetcenter.org

سازمانی می‌پردازد. هر یک از پرسشنامه‌های مربوط به تناسب شغلی به طور میانگین از ۲۱ سؤال تشکیل شده که به بررسی وضعیت موجود از لحاظ دانش، مهارت و توانایی شغلی افراد می‌پردازد. هر دو ابزار اندازگیری ابتدا در میان ۳۰ نفر از کارکنان ستاد مرکزی توزیع شد. این افراد براساس شناخت محقق انتخاب و پس از تکمیل پرسشنامه در مورد تناسب سؤالات با زمینه تحقیق، جمله‌بندی مناسب و رفع ابهام از سؤالات با توجه به از نظرات این افراد اقدام شد. جریان تبادل افکار و هم‌فکری از طریق مصاحبه حضوری و بحث بر سر تک‌تک سؤالات صورت پذیرفت. در این تحقیق، برای توصیف و تحلیل داده‌های جمع آوری شده، از آمار توصیفی و استنباطی استفاده شده است. با استفاده از این آزمون‌ها، ابتدا آزمون نرمال بودن داده‌ها با استفاده از آزمون‌های کولموگرف ـ اسمیرنوف به عمل آمد. در صورتی که توزیع داده‌ها نرمال باشد از آزمون T مستقل و در صورت نرمال نبودن داده‌ها برای تعیین تفاوت معنی‌دار میان تعهد سازمانی بر اساس تناسب یا عدم تناسب شغلی از آزمون من ویتنی استفاده خواهد شد.

یافته‌های تحقیق

در این تحقیق برای آزمون فرضیه اصلی ابتدا باید مشخص گردد که آیا توزیع داده‌های جمع‌آوری شده نرمال است یا خیر. نرمال یا غیر نرمال بودن داده‌ها با استفاده از آزمون آماری کولموگرف ـ اسمیرنوف سنجیده می‌شود که نتایج حاصل از این آزمون مطابق جدول ۱ است.

مطابق جدول ۱ مقدار آماده z آزمون در سطح اطمینان ۹۵ درصد برابر ۳/۹۷۹ می‌باشد و بر اساس جداول آماری مقدار z جدول در سطح اطمینان ۹۵ درصد برابر با ۱/۶۴ است. با توجه به این مقدار z آماده آزمون از مقدار z جداول آماری بزرگتر می‌باشد، در سطح اطمینان ۹۵ درصد می‌توان استدلال نمود که داده‌های جمع‌آوری شده از نمونه آماری از توزیع نرمال برخوردار می‌باشد. بنابراین برای آزمون معنی‌داری تفاوت میزان تعهد سازمانی کارکنانی که از لحاظ شغلی متناسب هستند با کارکنانی که از لحاظ شغلی متناسب نیستند از آزمون آماری T مستقل استفاده می‌شود. این آزمون تفاوت میزان تعهد سازمانی کارکنان را بر حسب تناسب یا عدم تناسب شغلی مشخص می‌نماید.

جدول ۱. آزمون دو نمونه‌ای کولموگروف ـ اسمیرنوف
Test Statistics

		Z
Most Extreme	Absolute	۰/۸٦٤
Differences	Positive	۰/۰۰۰
	Negative	-۰/۸٦٤
Kolmogorov-Smirnov Z		۳/۹۷۹
Asymp.Sig.(۲-talied)		۰/۰۰۰

a.Grouping Variable : GROUP

در یک نگاه کلی میانگین نمرات تعهد سازمانی کارکنانی که از لحاظ شغلی متناسب و یا نامتناسب بوده به صورت جدول ۲ می‌باشد.

جدول ۲. میانگین نمره تعهد سازمانی کارکنان بر حسب تناسب یا عدم تناسب شغلی

شاخص	فراوانی کارکنان		میانگین نمره تعهد سازمانی
	تعداد	درصد	
کارکنانی که از لحاظ شغلی متناسب هستند.	۳۱	۳۹/۷	۵/۲
کارکنانی که از لحاظ شغلی متناسب نیستند.	٤۷	۵۹/۳	۳/۹

نتایج آزمونT (جدول ۲ و نمودار ۱) حاکی از آن است که گروهی که از لحاظ شغلی متناسب بودند نمره تعهد سازمانی (۵/۲) را کسب کردند که در مقایسه با نمره تعهد سازمانی گروهی که از لحاظ شغلی تناسب نداشتند (۳/۹) بالاتر است و این تفاوت نشان می‌دهد که میان تناسب شغلی با تعهد سازمانی کارکنان ستاد مرکزی شرکت ملی پالایش و پخش فرآورده‌های نفتی ایران رابطۀ مثبت و معنی‌دار وجود دارد و هرچه این تناسب افزایش یابد میزان تعهد سازمانی کارکنان نیز بیشتر خواهد بود. جدول ۲ نشان می‌دهد که در این شرکت ۳۹/۷ درصد از کارکنان از لحاظ شغلی متناسب هستند.

نمودار ۱. میانگین نمره تعهد سازمانی کارکنان بر حسب تناسب یا عدم تناسب شغلی

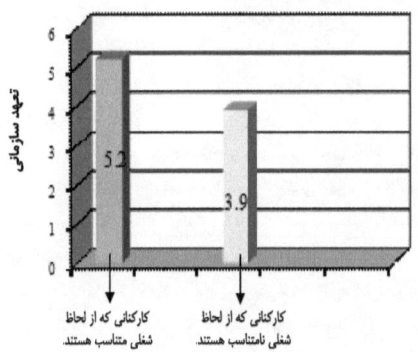

نتیجه‌گیری و پیشنهادات

تناسب شغلی یکی از مباحث بنیادین مدیریت منابع انسانی است. این فرض اثبات شده که وجود این تناسب برای بهره‌وری نیروی انسانی یک ضرورت سازمانی است. تناسب شغلی در سازمان به عنوان یک استراتژی مؤثر در نگهداری منابع انسانی در نظر گرفته می‌شود. این تناسب از لحظه‌ای آغاز می‌شود که فرد برای کار و انتخاب شغل آستین بالا می‌زند و دوم، سازمان برای کارمندیابی، انتخاب، استخدام و انتصاب آماده می‌شود. ممکن است در آغاز استخدام، با توجه به نیاز سازمان و نیاز داوطلبان کار، تناسب مورد نظر بصورت محدودی برقرار شود ولی بتدریج که فرد در سازمان زندگی کاری خود را ادامه می‌دهد و سازمان نیز دوره عمر خود را پشت سر می‌گذارد، انتظار می‌رود این تناسب بیشتر شود. اگر شغل به گونه‌ای طراحی شود که با ویژگی‌های فردی متناسب باشد، موجب انگیزش می‌شود و در این صورت بهره‌وری نیروی انسانی افزایش می‌یابد (کاظمی حقیقی، ۱۳۷۹: ۵).

در این پژوهش برای بررسی تناسب شغلی و رابطهٔ آن با تعهد سازمانی کارکنان ستاد مرکزی شرکت ملی پالایش و پخش فرآورده‌های نفتی ایران از آزمون T مستقل استفاده شده و این آزمون معناداری تفاوت میانگین نمره تعهد سازمانی کارکنانی که از لحاظ شغلی دارای تناسب یا عدم تناسب هستند را نشان می‌دهد. نتایج حاصل از این آزمون در سطح اطمینان ۹۵ درصد معنی دار است. با توجه به اینکه میانگین نمرات تعهدسازمانی کارکنانی که از لحاظ شغلی متناسب هستند بیشتر از میانگین نمرات تعهد سازمانی کارکنانی است که از لحاظ شغلی متناسب نیستند، می‌توان استدلال نمود که میان تناسب شغلی با تعهد سازمانی کارکنان رابطه مثبت و مستقیمی وجود دارد، بدین معنا که هر چه تناسب شغلی افزایش یابد تعهد سازمانی کارکنان نیز بیشتر می‌شود و بر عکس هر چه تناسب شغلی کمتر باشد تعهد سازمانی کارکنان نیز کمتر خواهد بود. در مجموع این نتیجه‌گیری با نتایج تحقیقات پیشین هماهنگی دارد(دیوید: ۲۰۰۷، اکرون:۲۰۰۶، فریکو:۲۰۰۶، برانک:۲۰۰۵، بیر:۲۰۰۴، ون کوور:۲۰۰۳).

نتیجه مهم دیگر این تحقیق این بود که در جامعه مورد پژوهش تنها حدود ۴۰ درصد از کارکنان از لحاظ شغلی متناسب بوده‌اند که این میزان برای شرکت ملی پالایش و پخش فرآورده‌های نفتی ایران به‌عنوان یکی از بزرگترین و درآمدزاترین شرکت‌های کشور بسیار کم و غیرقابل قبول می‌باشد. بر این اساس و با توجه به‌هدف و نتایج تحقیق و همچنین با توجه به مشاهدات محقق در طول تحقیق پیشنهادات و توصیه‌های زیر جهت افزایش تناسب شغلی که خود موجب افزایش بهره‌وری، رضایت شغلی و تعهدسازمانی کارکنان می‌شود ارائه می گردند:

۱. با توجه به عدم تناسب مدرک تحصیلی افراد شاغل در این سازمان با شغلی که هم‌اکنون متصدی آن هستند پیشنهاد می‌شود در فرایند استخدام، جذب و کارمندیابی برای پست‌های خالی، یا مشاغل یا پست‌هایی که با توجه به‌ضرورت‌های موجود ایجاد می‌شوند، توسط متخصصان منابع انسانی نهایت دقت بعمل آید تا گزینش افراد بر اساس شایسته‌سالاری و استانداردهای بین‌المللی صورت گیرد.

۲. تأکید بر توسعه انسانی از طریق آموزش به عنوان یک فرایند برای بهبود و اعتلای قابلیت وتوانایی‌ها، افزایش دانش و آگاهی و تغییر گرایش و نگرش‌های کارکنان نسبت به مشاغلی که طی چند سال اخیر دچار تغییر و تحول فراوان شده‌اند (بخش‌های بازرسی، خرید و تبلیغات).

۳. تعیین ارزش نسبی مشاغل جهت تعیین و تعدیل دستمزد پرداختی در مقایسه با دیگر مشاغل درون و بیرون سازمان توسط مدیران منابع انسانی و پرسنلی (در مشاغلی مانند حسابدار، حسابدار ارشد، سندرس عمرانی و مأمور خرید).

۴. تسهیم کار و ادغام بعضی از مشاغل با توجه به فعالیت‌های و وظایف شغلی مشابه به خصوص در بخش‌های امور حقوقی و حسابداری.

۵. تهیه کاتالوگ ، برشور و بیلبرد در مورد آخرین تغییرات در حوزه مسائل و موضوعات شغلی در سازمان و نصب آنها در مکان‌های پرتردد (مانند دستگاه کارت‌زنی، سلف سرویس‌ها و.. جهت اطلاع‌رسانی به کارکنان).

۶. افزایش مهارت افراد به‌منظور اخذ ترفیع و ارتقاء به پست‌های بالاتر با اجرای برنامه‌های کارآموزی، اعزام کارکنان به‌دوره‌های آموزشی مربوط به هر شغل در خارج از سازمان و سازمان‌های مشابه.

۷. ارائه پاداش و ارتقای شغلی کارکنانی که در خارج از سازمان و به صورت داوطلبانه در برنامه‌های آموزشی که مربوط به حوزه شغلی آن‌ها می‌باشد شرکت می‌نمایند جهت حفظ و تقویت انگیزه افراد و ایجاد حس رقابت سالم وسازنده در سایر کارکنان.

منابع و مآخذ

۱. شفیع‌آبادی، عبدالله. (۱۳۷۸). «*راهنمایی و مشاوره شغلی و حرفه‌ای و نظریه‌های انتخاب شغل*» تهران، وزارت فرهنگ و ارشاد اسلامی.

۲. صادقی، منصوره. (۱۳۷۵). «*تجزیه و تحلیل شغل در شرکت سپاد خراسان*» مشهد، سپاد.

۳. کاظمی‌حقیقی، ناصرالدین. (۱۳۷۸). «*روانشناسی برای کار و مدیریت*» تهران، انتشارات سایه نما.

٤. مقیمی، محمد. (۱۳۸۳). «*سازمان و مدیریت رویکردی پژوهشی*» چاپ سوم، تهران، انتشارات ترمه

5. Acorn, S. Ratner PA Crawford M. (2008), "*Decentralization as determinant of autonomy, job satisfaction, and organizational commitment among nurse manager*", Nurse Res, Vol33,No3,pp.80-88.

6. Antall, Gloria F. (2008), "*Assessing Job Candidates for Fit*". Merlin Press.

7. Beer, Duane P. (2004), "*Psychology and work today an introduction to industrial an organizational psychology*", Macmillan co.

8. Bennett, H. (2002), "*Employee commitment: the key to absence management in local government? Leadership & Organization Development Journal*", Vol. 23, No. 8, pp. 430-441.

9. Brunk, R. (2005), "*The nature of work*", London: Macmillan.

10. Chinoy, E. (2008), "*Automobile workers and the American Dream*" New York: Beacon press.

11. David, T (2007), "*A quantitative review of the relationship between person–organization fit and outcome*", Journal of Industrial Teacher Education, Vol. 44, No2.

12. Durkin, M. and Bennett, H.(1999) "*Employee commitment in retail banking: identifying and exploring hidden dangers*", International Journal of Bank Marketing, Vol. 17, No. 2, pp. 80-88.

13. Frico, Paule (2006), "E. industrial and organizational psychology", John wiley & sns, inc.

14. Hosaka, Takaashi & et al.(2008). " *Assessing Person-Organization Fit to Reduce Turnover (Presented to 24th Annual IMPAAC Conference on Personnel Assessment)*"

15. Mc Kenna, S. (2005), "*Organizational commitment in the small entrepreneurial business in Singapore*", Cross Cultural Management, Vol. 12. No. 2. pp. 16-37.

16. Paul AK. Anantharaman RN. (2006). "*Influence of HRM practice on organizational commitment: A study among software professional in India*" Hum Resource Manage R Vol. 16, No. 4, pp. 46-87.

17. Van couver, Tony (2003), "*Professions in the class system of present day societies*", Currnt sociology.

18. http://www.onetcenter.org.

دریافت: ۸۸/۱۱/۲۴
پذیرش: ۸۹/۶/۲۹

بررسی و سنجش تناسب شغلی کارکنان و ارایه‌ی راهکارهایی جهت بهبود آن

(مطالعه‌ی موردی در شرکت ملی پالایش و پخش فرآورده‌های نفتی ایران)

حسین خنیفر[1] ـ مصطفی امامی[2] ـ سهراب پورابراهیم[3]

چکیده

تناسب شغلی (تناسب بین ویژگی‌های شخصی و الزام‌های شغلی) **یکی از مباحث بنیادین مدیریت منابع انسانی است؛** این فرض اثبات شده است که وجود **تناسب شغلی، ضرورت سازمانی به‌منظور** بهره‌وری نیروی انسانی است. **با توجه به اهمیت تناسب شغلی، در این پژوهش، تناسب شغلی** مورد بررسی و سنجش قرار گرفته و راهکارها و **پیشنهادهایی جهت بهبود** آن ارایه گردیده است. بنابراین هدف اصلی این پژوهش، **بررسی و سنجش تناسب شغلی** کارکنان ستادی شرکت ملی پالایش و پخش فرآورده‌های نفتی **ایران، است. به‌منظور سنجش** تناسب شغلی، از بانک اطلاعات شغلی بین‌المللی[4] (O*NET) **استفاده شد، با توجه به این موضوع** که درجامعه‌ی مورد مطالعه، ۳۷ عنوان شغلی در **بخش ستادی، موجود بود** و شناسایی شد؛ این مشاغل باتوجه به شرح شغل آن‌ها با شرح **شغل مشاغل استانداردی** که در پایگاه اطلاعات شغلی بین‌المللی موجود است، مورد مقایسه **و تطبیق**

---

۱. دانشیار دانشگاه تهران، پردیس قم
۲. عضو باشگاه پژوهشگران جوان دانشگاه آزاد اسلامی . mostafa.emami@modares.ac.ir
۳. کارشناس ارشد پژوهش و توسعه‌ی منابع انسانی شرکت ملی پالایش و پخش فرآورده‌های نفتی ایران. spourebrahim@gmail.com
4. Occupational Information Network

قرار گرفت و در نهایت، ۲۷ عنوان شغلی با کد بین‌المللی و نمره‌ی دانش، مهارت و توانایی‌های مورد نیاز، تعیین و مشخص شد و ۲۷ پرسشنامه با توجه به این عنوان‌های شغلی که هریک از پرسشنامه‌ها به‌طور میانگین شامل ۲۱ سوال است، طراحی و تدوین شد، پایایی پرسشنامه‌های سنجش تناسب شغلی ۰/۸۷ به دست آمد و چون آلفای کرونباخ پرسشنامه‌ها بیش از ۰/۷ بنابراین پرسشنامه‌ها از پایایی لازم برخوردار بودند.

حجم جامعه‌ی آماری مورد نظر ۱۵۰ نفر است. براساس روش نمونه‌گیری تصادفی طبقه‌ای، از بین آن‌ها ۸۰ نمونه‌ی آماری انتخاب شد و درنهایت ۷۸ پرسشنامه، جمع‌آوری و مورد تجزیه و تحلیل قرار گرفت.

جهت تعیین نرمال‌بودن داده‌های به‌دست‌آمده از آزمون «کولموگروف - اسمیرنوف» استفاده شد و نتایج آزمون، نرمال‌بودن داده‌ها را تاییدکرد. برای تعیین میزان تناسب شغلی از روش مقایسه‌ی نمره‌های به‌دست‌آمده از پرسشنامه‌ها با نمره‌های استاندارد (که در بانک اطلاعات شغلی بین‌المللی (O*NET) موجود است) استفاده شده است. یافته‌های این پژوهش، گویای این واقعیت بود که فقط حدود ۴۰ درصد از کارکنان این شرکت، از لحاظ شغلی متناسب بودند و این یافته‌ها این موضوع را نشان می‌دهد که جامعه‌ی مورد مطالعه از تناسب شغلی مطلوب و قابل قبولی برخوردار نیست.

واژه‌های کلیدی
دانش شغلی، مهارت شغلی، توانایی شغلی

مقدمه

حیات انسان در جامعه باکار، عجین شده است، جانداران دیگر، زندگی خود را مدیون موهبت‌های طبیعت و غریزه‌های خویش هستند و بدون اندیشه و تلاش ویژه، و با استفاده‌ی مستقیم ازمواهب طبیعت، زندگی می کنند، اما انسان تنها در دورانی کوتاه از تاریخ، در وضعیت صرفا طبیعی، زیسته و به سد جوع قناعت کرده است. بشر از همان سپیده‌دم تاریخ، با به کارگیری هوش وآگاهی و فعالیت‌های پیچیده‌ی مغزی خویش، به ابزارسازی پرداخته و ماده و طبیعت را به خدمت خود درآورده است و به آن‌چه مستقیم در دسترس داشته است، اکتفا نکرده، بلکه همواره در تلاش و تکاپو و جست‌وجو بوده است تا با استفاده از آن‌چه در دسترس دارد به آن‌چه که به آن دسترسی ندارد اما نیازآن را احساس می کند؛ دست یابد و بدین‌ترتیب کار وی هر روز پیچیده‌تر شده و از مرحله‌ی طبیعی و غریزی

بیش‌تر فاصله گرفته و جنبه‌ی فرهنگی یافته است. مصنوعات و ساخته‌های دست بشر، هر روز بیش‌ازپیش، او را از محیط طبیعی دور می کند و در تار و پود ساخته‌هایی که خود او برای خود ساخته است، گرفتار کرده است. از سوی دیگر، زندگی اجتماعی مستلزم همکاری و همیاری و برآوردن نیازهای متقابل است. این امر منجر به تقسیم کار و توسعه‌ی تخصص‌ها و مهارت‌های مختلف شده و بر پیشرفت کمی و کیفی کار و آثار و نتایج آن افزوده است و رابطه‌های اجتماعی و سازمان‌یافته‌ی او را در قالب نهادها و موسسه‌ها و واحدهای کم‌وبیش وسیع و تخصصی گسترش داده است.(دعایی، ۸:۱۳۸۴).

کار، عنصر مهم و البته سازنده‌ی جوامع و سازمان‌ها است. برای این‌که کار با ازخودبیگانگی همراه نباشد، باید از نظر فنی، فیزیولوژیک و روانشناسی مساعد باشد. باید اوضاع اقتصادی و اجتماعی‌ای که کار در آن انجام می‌شود، به‌گونه‌ای باشد که کارگر احساس کند کارش منصفانه و به تناسب مهارت و کوشش او است. او باید اطمینان حاصل کند که دستمزد وی متناسب با دستمزد سایر گروه‌های کاری پرداخت می‌شود (رونق، ۴۲:۱۳۸۰).

ازآن‌جایی که انجام کار در قالب شغل، شکل می گیرد؛ لازم است ویژگی‌های یک شغل در ارتباط با خصوصیات شاغل، سنجیده و ملحوظ شود. باید شغل و مراحل انجام آن را به‌خوبی شناخته و به تجزیه و تحلیل شغل توجه کرد، درگام بعدی شغل را طراحی کرد و افراد متناسب با هر شغل را در پست و شغل لازم، به کار گمارد (صادقی، ۲۳:۱۳۷۵).

شغل و طراحی صحیح آن در رضایت شغلی، اثربخشی و عدم تمایل به ترک خدمت و رهایی از خدمت، نقش به‌سزایی دارد. ازآن‌جا که ویژگی‌های مشاغل، به نحوه‌ی سازماندهی و چگونگی طراحی ساختار سازمان بستگی دارد. اولین مقوله‌ای که در این زمینه باید مورد بررسی قرار گیرد، اهمیت تخصصی کردن یک شغل در مقابل متنوع و وسیع کردن آن است. تقسیم کار به‌عنوان یک اصل که همه‌ی دانشمندان مدیریت کلاسیک به آن اعتقاد داشتند و به‌عنوان پارادایم سنتی بهره‌وری، مطرح بوده است؛ دارای مزیت‌ها و عیب‌هایی است. از جمله مزیت‌های آن، افزایش مهارت وکاهش زمان انجام کار است اما تقسیم کار شدید به‌علت تکرار وظایف کم‌اهمیت، در بلندمدت سبب کاهش

بهره‌وری و کاهش رضایت شغلی می‌شود. بنابراین طراحی مشاغل، نقش مهمی در افزایش روحیه، رضایت شغلی و سرانجام بهره‌وری نیروی انسانی دارد. به‌هرحال سازمان می‌تواند با تبیین دقیق وظایف و ماموریت‌ها، طراحی مجدد مشاغل، مشارکت در تصمیم‌گیری برنامه‌های بهداشتی و رعایت تناسب شغل با شاغل در سازمان، کارآیی منابع انسانی را افزایش دهد (وار[1]،۲۰۰۱:۲۳).

تناسب شغل با شاغل در سازمان، به‌عنوان یک استراتژی موثر در نگهداری منابع انسانی در نظر گرفته می‌شود. این تناسب از لحظه‌ای آغاز می‌شود که نخست فرد برای کار و انتخاب شغل آستین بالا می‌زند. دوم، سازمان برای کارمندیابی، انتخاب، استخدام و انتصاب آماده می‌شود. در آغاز استخدام ممکن است، باتوجه به نیاز سازمان و نیاز داوطلبان کار، تناسب مورد نظر در حد محدودی برقرار شود ولی به‌تدریج که فرد در سازمان، زندگی کاری خود را ادامه می‌دهد و سازمان نیز دوره‌ی عمر خود را پشت سر می‌گذارد، انتظار می‌رود این تناسب بیش‌تر شود. اگر شغل به‌گونه‌ای طراحی شود که با ویژگی‌های فردی متناسب باشد، موجب انگیزش می‌شود و در این صورت بهره‌وری نیروی انسانی افزایش می‌یابد. (اسکینر[2]،۲۰۰۵ : ۳۴۲).

تناسب شغلی (تناسب شغل ـ شاغل)

در دو دهه‌ی اخیر، سازمان‌ها به‌طور معناداری تغییر یافته‌اند و به سازمان‌هایی با ویژگی‌هایی نظیر غیرمتمرکز بودن، جهانی‌شدن و رهبری مبتنی بر تیم، تبدیل گشته‌اند. در این‌گونه سازمان‌ها، نیروی انسانی یک سرمایه‌ی اصلی سازمان محسوب می‌شود و سازمان‌ها در پی بهره‌گیری از قابلیت‌ها و مهارت‌های نیروی انسانی، در جهت کارآیی و بهره‌وری حداکثری خود هستند. استفاده از مفهوم تناسب در جهت بهره‌گیری و به‌کارگیری بهتر از دانش، توانایی و مهارت‌های نیروی انسانی، بسیار دارای اهمیت است. یکی از اقسام تناسب فرد با محیط پیرامون خود، تناسب شغل ـ شاغل[3] است؛ عدم تناسب بین فرد و شغل او می‌تواند هزینه‌های بسیاری را برای سازمان در پی داشته باشد. ماهیت اصلی تناسب شغل ـ

1. Warr
2. Skinner
3. Job – employed Fit

طراحی معیارهای اثربخشی کارگروهی (با رویکرد TQM و QCC)

شاغل، در تعاریف متفاوت از آن مشخص می‌شود و در تحقیقات انجام‌شده در این زمینه، تعاریف متفاوتی از تناسب شاغل و شغل ارایه شده است. (انتال[1]،۲۰۰۸:۳۳۶)

دیوید[2] تناسب شغل ـ شاغل را این چونین تعریف می‌کند: «سازگاری بین فرد و سازمان در کاری که انجام می‌دهد» به‌عبارت‌دیگر دانش، مهارت و توانایی‌های فرد، همان دانش، مهارت‌ها و توانایی‌هایی باشدکه شغل فرد در سازمان به آن نیاز دارد باشد (دیوید،۲۰۰۷:۶).

تئوری تناسب بین شغل و شاغل فرض می‌کند که الزامات شغلی مانند تنوع مهارت[3]، هویت وظیفه[4]، استقلال وظیفه[5]، دانش شغلی[6]، مهارت شغلی[7]، توانایی شغلی[8] و ده‌ها متغیر دیگر وجود دارد که پتانسیل و قابلیت این را داردکه با ویژگی‌های شخصی مانند سن، جنس، سطح تحصیلات، تاهل و تجرد، سابقه‌ی کار، دانش، مهارت و توانایی‌های فردی متناسب شود، و در نتیجه با قبول سازگاری بین شاغل و شغل، او رفتارها و نگرش‌های فردی را تحت‌تاثیر قرار می‌دهد. (چانگ و کلیندر[9]،۲۰۰۱:۳۳)

هوساکا تشابه ارزش‌های شغل و ارزش‌های شخصی (یعنی سازگاری ارزش را یکی از ابعاد بسیار مهم تناسب شغل- شاغل فرض می‌کند، در چارچوب ارایه شده توسط هوسکا، یعنی چارچوب کشش- انتخاب- تضعیف (ASA) سازگاری هدف بعد مهم تناسب فرد و شغل فرض شده است؛ براساس این نظریه، افراد جذب مشاغلی در سازمان‌ها می‌شوند که آن مشاغل وسیله‌ای برای دستیابی به اهداف فرد هستند. (هوساکا[10]،۲۰۰۸: ۵۶۰)

چاینوی[11] چهارگروه رایج تناسب بین شغل- شاغل را با ذکر مثال‌هایی، به این شرح بیان می کند (چاینوی،۲۰۰۸:۲۳):

---

1. Antall
2. David
3. Skill Variety
4. Task Identity
5. Task Autonomy
6. job Knowledge
7. job skil
8. job ability
9. Chang & Kleiner
10. Hosaka
11.Chinoy

۱. **تناسب مکمل**[1]: زمانی که فرد مشخصاتی دارد که مشابه با مشخصات شغلی هستند، چیزهایی که در زندگی من ارزش هستند بسیار شبیه به ارزش‌هایی هستند که در شغل من موجودند.

۲. **تناسب تکمیلی**[2]: وقتی فرد به اندازه‌ی کافی می‌تواند خصوصیات گم‌شده در شغل را پر کند یا خصوصیات اضافه‌ای ارایه کند؛ دانش، مهارت و توانایی‌های من چیزهایی را ارایه می‌کند که دیگر افراد متصدی آن شغل ندارند.

۳. **تناسب تقاضاها - توانایی‌ها**[3]: زمانی‌که توانایی‌های فرد نیازهای شغل را برآورده نماید، توانایی‌ها و مهارت‌های من همان توانایی‌ها ومهارت‌هایی است که شغل نیاز داشت.

۴. **تناسب نیازها - تامین‌ها**[4]: زمانی‌که نیازهای فرد توسط شغل برآورده می‌شود، شغل من نیازهایی را که من انتظار دارم یک شغل برآورده کند، برآورده می‌کند.

همان‌طور که مشاهده کردید تعاریف بسیار متنوعی از تناسب ارایه شده است که می‌توانند بر نتیجه‌های به‌دست‌آمده تاثیرگذار باشند.

در بررسی‌های انجام‌شده بر روی تناسب شغل - شاغل و پی‌آمدهای حاصل از آن، نتایج بسیار متفاوتی که گاهی نقض‌کننده‌ی یک‌دیگر نیز هستند، حاصل شده است. منابع اصلی ناسازگاری و عدم هماهنگی در نتیجه‌های به‌دست‌آمده براساس مطالعات انجام‌شده این‌گونه تشخیص داده شده‌اند:

- چگونگی تصور و درک و تعریف تناسب شغل - شاغل.
- تعریف عملیاتی شغل.
- قلمروی مفهومی و روش به‌کار برده‌شده برای ارزیابی تناسب شغلی.
- تفاوت‌های فردی که منجر به ادراک‌های گوناگون می‌شود.

مفهوم شغل در تناسب شغل - شاغل، به دو روش متمایز سازمان در نظر گرفته می‌شود:

1. needs-supplies fit
2. complementary fit
3. demands-abilities fit
4. Needs-supplies fit

روش نخست: در روش نخست از افراد خواسته می‌شود تا به مشخصه‌های شغل توجه کنند (ارزش‌ها، رسالت‌اش و...)

روش دوم: در روش دوم از افراد خواسته می‌شود تا به مشخصه‌های اعضای شاغل توجه کنند.

برخی از محققان معتقدند که افرادی که متصدی شغلی در سازمان هستند نباید جدا و متمایز از شغل‌شان در نظر گرفته شوند (کتیستال و دیمز[1]،۱۹۹۹)

لوین، ناتینگهام، پایج، لویس[2](۲۰۰۶)، با مطالعه‌ای تحت‌عنوان تاثیر تناسب شغلی بر رضایت شغلی کارکنان که درسال ۲۰۰۶ در۱۲ کارخانه، از کارخانه‌های پتروشیمی غرب آمریکا انجام دادند، جامعه‌ی آماری آن‌ها شامل ۱۴۵۰۰ هزار نفر، با نمونه‌ی آماری شامل ۸۲۲ پرسشنامه، جمع‌آوری شده که شامل تکنسین‌ها، مهندسان و مدیران بود، نتیجه‌های نشان داد، فقط ۵۸ درصد افراد مورد مطالعه از لحاظ شغلی، متناسب بودند، و این افراد نمره‌ی رضایت شغلی بالاتری از سایر افراد کسب کرده‌اند، در ضمن افراد متخصص (مهندسان شیمی، پتروشیمی، نفت) که از لحاظ شغلی نسبت به مشاغل دیگر در جامعه مورد مطالعه، تناسب شغلی بیش‌تری داشتند نمره‌ی رضایت شغلی بالاتری نسبت به بقیه کسب کرده بودند. (http://www.onetcenter.org).

اسمارت[3] طی مطالعه‌ای که رابطه‌ی میان رضایت شغلی و تناسب شغلی را بررسی کرد، آزمودنی‌ها عبارت بودند از ۷۹۲ مرد و ۱۰۷۷ زن که در طی سال نخست دانشگاه و شش سال پس از فارغ‌التحصیل شدن از دانشگاه، عهده‌دار شغلی بودند؛ مورد سوال قرار گرفتند. آن‌هایی که تناسب شغلی بالایی داشتند (یعنی دانش، مهارت و توانایی‌هایشان با شغل آن‌ها هماهنگ و سازگار بود) در هنگام تحصیل در دانشگاه، آرزوی داشتن شغل فعلی را داشتند و در زمینه‌ای تخصص یافته بودند که به‌طور مستقیم به این شغل منتهی می‌شد. بدین‌سان آن‌ها در دانشگاه مهارت مورد نظر را کسب کرده و رشد یافته بودند؛ مردان و زنانی که تناسب شغلی بالا را نشان داده بودند از درآمدها، مزایای جانبی و

1. Ctystal & deems
2. Levine, Nottingham, Paige, & Lewis
3. smart

فرصت‌های ترفیع در شغل‌شان راضی‌تر بودند تا افرادی که تناسب پایین‌تری داشتند به این معنی که هماهنگی خیلی کم میان دانش، مهارت، توانایی‌ها و شغل‌شان وجود داشت؛ نسبت به شغل فعلی هیچ آرزویی در زمان دانشجویی نداشتند و هیچ تخصصی که منجر به آن شغل شود را کسب نکرده بودند. (اسمارت، ۲۰۰۳)

تحقیق دیگر شامل یک زمینه‌یابی از ۲۵۳ فارغ‌التحصیل دانشگاه در مشاغل تمام‌وقت گوناگون، در مدت‌زمان بیش از هفت سال و زمینه‌یابی دیگر از ۳۴۵ کارمند بانک که به مدت چهار ماه در هنگام انجام کار مورد مطالعه قرار گرفتند، نشان داد که هر دو بررسی از رابطه‌ی میان تناسب شغلی و رضایت شغلی حمایت می‌کنند. (بیر[1]،۲۰۰۴)

بیش‌ترین رضایت شغلی هنگامی اتفاق می‌افتد که بهترین تناسب میان توانایی‌های افراد و خواسته‌های شغلی ایشان، وجود داشته باشد. (فریکو[2]،۲۰۰۶ و برانک[3]،۲۰۰۵)

در مطالعه‌ی دیگری درباره‌ی تناسب فرد- سازمان[4] (که قریب به ۱۵۰۰۰ معلم و ۳۵۶مدیر مدرسه مورد پرسش قرار گرفتند)، محققان به این نتیجه رسیدندکه توافق درباره‌ی اهداف سازمان (تناسب هدف)، (هم‌چون افزایش مهارت‌های بنیادین دانش‌آموزان یا بالابردن امکانات فیزیکی) با رضایت شغلی به‌طور مثبت رابطه دارد و با قصد ترک آن شغل، به‌طور منفی رابطه داشت. (ون کوور[5]،۲۰۰۳)

دیوید ارتباط بین تناسب میان فرد و شغل و پی‌آمدهای نگرشی را مورد بررسی قرار داد. نتیجه‌ها نشان داد که تناسب شغل- شاغل، به مفاهیمی هم‌چون آزادی، رضایت شغلی و تعهد سازمانی وابسته است. به علاوه نتیجه‌ها نشان داد که ابعاد تناسب شخص با شغل (سازگاری ارزش در مقابل دیگر اشکال سازگاری) و روش به‌کاربرده‌شده برای اندازه‌گیری تناسب شغل ـ شاغل (درونی، بیرونی، درک‌شده)، ارتباط بین تناسب شغل ـ شاغل و پی‌آمدهای نگرشی را تعدیل می‌کند. به‌طور کلی، ارتباط درونی ضعیفی بین معیارهای رفتاری و نگرشی وجود دارد. (دیوید، ۱۷:۲۰۰۷)

---

1. Beer
2. Frico
3. Brunk
4. person-organization Fit
5. Van couver

اخیراً تأکید زیادی بر روی تناسب فرد- شغل به‌عنوان روش کارمندیابی سازمان‌ها، جهت رسیدن به نیازهای «تغییر ماهیت کار» شده است. درک تناسب سازمانی، مهارتی و شغلی؛ برای فهم عملکرد شغلی ضروری است و هرکدام قسمتی ضروری از تصمیم‌های استخدامی و بهبود عملکرد را تشکیل می‌دهند. (رضای‌نژاد، ۱۳۸۲).

با توجه به مطالب ذکرشده و اهمیت تناسب شغلی این پژوهش، سعی خواهد کرد به بررسی میزان تناسب شغلی موجود در شرکت ملی پالایش و پخش فرآورده‌های نفتی ایران بپردازد.

فرضیه‌ی تحقیق

در پژوهش پیش رو، فرضیه‌ی زیر مورد مطالعه و بررسی است:

تناسب شغلی در سطح کارکنان ستادی شرکت پالایش و پخش فرآورده‌های نفتی ایران، در وضعیت مطلوبی قرار دارد.

هدف تحقیق

این پژوهش هدف اصلی زیر را دنبال می‌کند:

بررسی میزان تناسب شغلی موجود و ارایه‌ی راهکارها و پیشنهادهایی جهت بهبود آن در شرکت ملی پالایش و پخش فرآورده‌های نفتی ایران.

روش تحقیق

از آنجا که در این تحقیق، محقق به دنبال بررسی و سنجش تناسب شغلی و ارایه‌ی راهکارهایی جهت بهبود تناسب شغلی در سطح کارکنان ستادی شرکت ملی پالایش و پخش فرآورده‌های نفتی ایران است، این تحقیق براساس روش تحقیق از نوع تحقیقات توصیفی و از شاخه‌ی پیمایشی است.

تعداد اعضای جامعه‌ی آماری را ۱۵۰ نفر از کارکنان ستاد مرکزی شرکت ملی پالایش و پخش فرآورده‌های نفتی ایران تشکیل می‌دهند. نمونه‌ی این تحقیق براساس فرمول زیر ۷۴ نفر است.

فصل‌نامه مدیریت و منابع انسانی در صنعت نفت

$$n = \frac{(150)(1/96)^2(0/5)(0/5)}{(0.5)^2(150-1)+(1/96)^2(0/5)(0/5)} = 74$$

اطلاعات مورد نیاز برای انجام‌دادن این پژوهش از دو روش زیرجمع‌آوری شد.

روش کتابخانه‌ای: در این روش برای جمع‌آوری اطلاعات مربوط به ادبیات موضوع و پیشینه‌ی تحقیق از کتاب‌ها، پایان نامه‌ها، مقاله‌ها، پایگاه‌های اطلاعاتی و منابع اینترنتی استفاده شد.

روش میدانی: در این روش با طراحی پرسشنامه و توزیع آن در بین نمونه‌ی آماری، اطلاعات لازم در مورد تناسب شغلی، به‌دست آمد. به‌منظور سنجش میزان تناسب شغلی (دانش، مهارت و توانایی موجود با دانش، مهارت و توانایی مورد نیاز برای انجام شغل) از بانک‌های اطلاعاتی گوناگونی که توسط کشورهای مختلف برای معرفی مشاغل ایجاد شده استفاده می‌شود که یکی از بهترین وکامل‌ترین این بانک‌های اطلاعاتی، شبکه‌ی اطلاعات شغلی(O*NET)[1] است که توسط وزارت کار کشور آمریکا، پشتیبانی می‌شود در این پایگاه داده، کلیه‌ی اطلاعات لازم درباره‌ی مشاغل تعریف‌شده؛ شرایط احراز اعم از جسمی و فیزیکی، محیطی، مهارت‌ها و دانش‌ها و توانایی‌های مورد نیاز؛ موجود است.

در این پایگاه، شرایط احراز هر شغل به سه جزء، تقسیم شده است که شامل دانش، مهارت و توانایی مورد نیاز برای آن شغل و حرفه می‌شود و هم‌چونین شرایط شاغل از جهت سه بخش فوق، مشخص و تعریف شده است.[2] با توجه به اطلاعات مربوط به مشاغل موجود در این پایگاه اطلاعات شغلی ، ۲۷ پرسشنامه (با توجه به ۳۷ عنوان شغلی موجود در سازمان و تطبیق این مشاغل با مشاغل موجود در پایگاه اطلاعات شغلی و شناسایی ۲۷ عنوان شغلی در این پایگاه (منطبق با مشاغل موجود در سازمان) با درنظر گرفتن سه متغیر دانش، مهارت و توانایی شغلی با همکاری و راهنمایی اساتید راهنما، مشاوران دانشگاهی و صنعتی طراحی و تدوین شد. هر یک از پرسشنامه‌های مربوط به تناسب شغلی، به طور میانگین از ۲۱ سوال تشکیل شده است که به بررسی وضعیت موجود به‌لحاظ دانش و

1. Occupational Information Network
2. http://www.onetcenter.org

مهارت و توانایی شغلی افراد می‌پردازد. این پرسشنامه‌ها ابتدا در میان ۳۰ نفر از کارکنان ستاد، توزیع شد. این افراد بنا به شناخت محقق، انتخاب شدند و بعد از تکمیل پرسشنامه‌ها، در مورد تناسب سوال‌ها با زمینه‌ی تحقیق، جمله‌بندی مناسب و رفع ابهام از سوال‌ها، از نظرات این افراد استفاده شد؛که این جریان تبادل افکار و هم‌فکری با مصاحبه‌ی حضوری و بحث بر سر تک‌تک سؤالات صورت گرفت، پس از انجام اصلاحات لازم، پرسشنامه توزیع شد. روش توزیع پرسشنامه‌ها مراجعه‌ی حضوری و ارایه‌ی توضیح در مورد چگونگی کامل کردن پرسشنامه‌ها[1] بود. برای اطمینان از روایی[2] پرسشنامه‌ها در این تحقیق از اعتبار صوری[3] استفاده شده است. برای سنجش پایایی[4] پرسشنامه‌ها از آزمون آلفای کرونباخ استفاده شد.[5] ضریب آلفای به‌دست‌آمده برای پرسشنامه‌های سنجش، تناسب شغل با شاغل ۰/۸۷۲ به‌دست‌آمد و چون پایایی پرسشنامه‌ها بیش از ۰/۷۰ می‌باشند، بنابراین پرسشنامه‌ها از پایایی لازم برخوردار هستند.

یافته‌های پژوهش

در این پژوهش برای آزمون فرضیه‌ی تحقیق، ابتدا باید مشخص شود که «آیا توزیع داده‌های جمع‌آوری شده نرمال است یا نه». نرمال یا غیرنرمال بودن داده‌ها، با استفاده از آزمون آماری «کولموگرف ـ اسمیرنوف» سنجیده می‌شود که نتایج حاصل از آزمون کولموگرف ـ اسمیرنوف، مطابق جدول ۱ است.

مطابق جدول بالا، مقدار آماده‌ی z آزمون در سطح اطمینان ۹۵ درصد برابر ۳/۹۷۹ است. براساس جداول آماری، مقدار z جدول در سطح اطمینان ۹۵ درصد، ۱/۶۴ است. از آن‌جا که مقدار z آماده‌ی آزمون از مقدار z جدول بزرگ‌تر است، در سطح اطمینان ۹۵

1. با توجه به متفاوت‌بودن پرسشنامه‌ها از نظر محتوا و شکل ظاهری با پرسشنامه‌های معمول و رایج
2. Validity، منظور از روایی این است که تا چه اندازه، ابزار جمع‌آوری اطلاعات آن چه را مورد نظر محقق است، اندازه‌گیری می کنند
3. منظور از اعتبار صوری، استفاده از نظر اساتید راهنما و مشاور و متخصصان است
4. منظور از پایایی این است که تا چه اندازه ابزار اندازه‌گیری در شرایط یکسان، نتایج یکسانی به دست خواهد داد
5. این آزمون به بررسی و محاسبه‌ی هماهنگی پرسشنامه‌های طراحی‌شده می‌پردازد

جدول ۱. آزمون دو نمونه‌ای کولموگروف - اسمیرنوف

	z
Most Extreme Absolute	۰/۸۶۴
Differences Positive	۰/۰۰۰
Negative	-۰.۸۶۴
Kolmogorov-Smirnov Z	۳/۹۷۹
Asymp.Sig.(۲-talied)	۰/۰۰۰

a.Grouping Variable : GROUP

درصد می‌توان استدلال کرد که داده‌های جمع‌آوری شده از نمونه‌ی آماری، از توزیع نرمال برخوردار است.

در جامعه‌ی مورد مطالعه، ۳۷ عنوان شغلی در بخش ستادی، شناسایی و تعریف شد که این شغل‌ها باتوجه به شرح شغل آن‌ها با شغل‌های استانداردی که در پایگاه اطلاعات شغلی آمریکا (o*net) موجود می‌باشد (http://www.onetcenter.org) مورد مقایسه و تطبیق قرار گرفت و درنهایت ۲۷ عنوان شغلی با کد بین‌المللی و نمره‌ی دانش، مهارت و توانایی‌های مورد نیاز تعیین گردید که اطلاعات آن در جدول ۲ موجود است.

در یک نگاه کلی، فراوانی (تعداد و درصد) کارکنانی که از جهت شغلی متناسب بوده و یا متناسب نبوده به‌صورت جدول ۳ است.

همان‌طور که در جدول ۳ مشاهده می‌شود ۳۹/۷ درصد از کارکنان نمونه‌ی مورد مطالعه از جهت شغلی متناسب بودند که بیش‌ترین تناسب شغلی را مدیران منابع انسانی و بازنشستگی، مدیریت برنامه‌ریزی، کارشناس تبلیغات، و کارشناسان استخدام و کمترین تناسب شغلی را کارشناسان بخش حقوقی، کارمندان اداری و کارشناسان مدیریت برنامه‌ریزی تلفیقی و حسابداران اموال برخوردارند.

جدول ۲. عنوان‌ها، کدها و فراوانی‌های شغلی

ردیف	عنوان‌های شغلی موجود در شرکت پالایش و پخش فرآورده‌های نفتی ایران	کدهای مشاغل موجود در بانک اطلاعاتی O*NET	تعداد افرادی که از جهت شغلی متناسب هستند	تعداد افرادی که از جهت شغلی نامتناسب هستند	فراوانی افراد در هر شغل
			فراوانی	فراوانی	فراوانی
۱	کارشناس استخدام	۴۳-۴۰۶۱ .۰۰	۲	۴	۶
۲	مددکار اجتماعی	۴۳-۴۰۶۱ .۰۰	۱	۲	۳
۳	حسابدار اموال	۱۳-۲۰۱۱ .۰۰	۲	۳	۵
۴	اموزش و توسعه	۱۳-۱۰۷۳ .۰۰	۱	۱	۲
۵	حسابدار تلفیقی	۴۳-۳۰۱۱ .۰۰	۱	۳	۴
۶	مدیریت بازنشستگی	۱۱-۴۱.۳ .۰۰	۱	۰	۱
۷	مدیریت منابع انسانی	۱۱-۳۰۴ .۰۰	۱	۰	۱
۸	حسابرس	۱۳-۲۰۱۱ .۰۱	۱	۳	۴
۹	سندرس عمرانی	۱۳-۲۰۶۱ .۰۰	۱	۰	۱
۱۰	کارشناس برنامه‌ریزی	۱۵-۱۰۸۱ .۰۰	۱	۲	۳
۱۱	کارشناس محیط‌زیست	۱۹-۴۰۹۱ .۰۰	۱	۱	۲
۱۲	کارمندان اداری	۴۳-۳۰۱۱ .۰۰	۲	۵	۷
۱۳	کارشناس مطبوعات	۲۷-۳۰۳۱ .۰۰	۱	۱	۲
۱۴	امور بین‌الملل	۱۹-۰۰۳۰۹۴	۱	۲	۳
۱۵	مددکار اجتماعی	۲۱-۱۰۹۳.۰۰	۱	۱	۲
۱۶	رییس خدمات بازرگانی	۱۱-۳۰۳۱ .۰۲	۱	۰	۱
۱۷	کارشناس امور ارضی	۲۳-۲۰۱۱ .۰۰	۱	۲	۳
۱۸	کارشناس بودجه و اعتبارات	۱۳-۲۰۳۱ .۱۰۰	۱	۲	۳
۱۹	کارشناسان حقوق	۲۳-۱۰۲۲ .۰۰	۱	۲	۳
۲۰	بررسی روش‌ها و حوزه‌ها	۱۳-۱۱۱۱ .۰۰	۱	۰	۳
۲۱	بهداشت کار صنعتی	۲۹-۹۰۱۲ .۰۰	۱	۱	۲
۲۲	خدمات کارکنان و روابط کار	۱۳-۱۰۲۷ .۰۰	۱	۳	۴
۲۳	کارشناس ایمنی و آتش‌نشانی	۳۳-۲۰۲۱ .۰۱	۱	۱	۲
۲۴	کارشناس تبلیغات	۲۷-۳۰۳۱ .۰۰	۱	۱	۲
۲۵	مدیریت برنامه‌ریزی تلفیقی	۱۱-۹۰۲۱ .۵۵	۲	۴	۶
۲۶	کارشناس خرید	۱۳-۱۰۲۳ .۰۰	۱	۱	۲
۲۷	کارشناسان وام و بازنشستگی	۱۳-۱۰۷۲ .۰۰	۱	۱	۲

جدول ۳. فراوانی (تعداد و درصد) کارکنان برحسب تناسب یا عدم تناسب شغلی

شاخص	فراوانی کارکنان	
	تعداد	درصد
کارکنانی که از جهت شغلی متناسب هستند	۳۱	۳۹/۷
کارکنانی که از جهت شغلی متناسب نیستند	۴۷	۵۹/۳
کارکنان جامعه‌ی مورد مطالعه	۷۸	۱۰۰

نتیجه‌گیری و پیشنهادات

کار انسان نه فقط با تجربه و دانش او درآمیخته بلکه به‌صورت یک امر فرهنگی و ارزشی جلوه‌گر شده است و بدین‌سان بین اندیشه، کار و روابط اجتماعی پیوندی ناگسستنی پدید آمده است. این‌که همه‌ی موضوعات مربوط به قلمروی کار مستلزم بررسی دقیق و همه‌جانبه است، به‌دلیل آن است که باید کار را یکی از ویژگی‌های زندگی نوع بشر به شمار آورد. انسان موجودی اجتماعی است که حتی امروزه هم با وجود تنوع مجموعه‌های اکولوژی و گوناگونی آهنگ حرکت، در پیشرفت فنی و تحول در ساخت اجتماعی جوامع، در زندگی به کار می‌پردازد و درواقع کار، وجه اشتراک و شرط لازم زندگی انسان در جامعه است. (شفیعی، ۱۳۷۸: ۱۷)

از آن‌جایی که انجام‌دادن کار در قالب شغل، شکل گرفته و متصور می‌شود، لازم است ویژگی‌های یک شغل در ارتباط با ویژگی‌های شاغل سنجیده و لحاظ شود، باید شغل و مرحله‌های انجام آن را به‌خوبی شناخت و به تجزیه و تحلیل شغل توجه کرده، در گام بعدی شغل را طراحی کرد و افراد متناسب با هر شغل را در پست و شغل لازم، به کار گمارد. شغل و طراحی صحیح آن در رضایت شغلی، اثربخشی و عدم تمایل به ترک خدمت و رهایی از خدمت، نقش به‌سزایی دارد. از آن‌جا که ویژگی‌های مشاغل به‌نحوه‌ی سازماندهی و چگونگی طراحی ساختار سازمان بستگی دارد. نخستین مقوله‌ای که در این زمینه باید مورد بررسی قرار گیرد، اهمیت تخصصی کردن یک شغل در مقابل متنوع و وسیع کردن آن است. تقسیم کار به‌عنوان یک اصلی که همه‌ی اندیشمندان ـ نظریه‌پردازان مدیریت کلاسیک به آن اعتقاد داشتند و به‌عنوان پارادایم سنتی بهره‌وری، مطرح بوده است؛ دارای مزیت‌ها و عیب‌هایی است. از جمله‌ی مزایای آن، افزایش مهارت و کاهش

زمان انجام کار است اما تقسیم کار شدید به علت تکرار وظیفه‌های کم‌اهمیت، در بلندمدت سبب کاهش بهره‌وری وکاهش رضایت شغلی می‌شود. بنابراین طراحی مشاغل، نقش مهمی در افزایش روحیه، رضایت شغلی و سرانجام بهره‌وری نیروی انسانی دارد. به‌هرحال سازمان می‌تواند با تبیین دقیق وظایف و ماموریت‌ها، طراحی مجدد مشاغل، مشارکت در تصمیم‌گیری، برنامه‌های بهداشتی و رعایت تناسب شغل با شاغل در سازمان، به‌نحوه‌ی چشم‌گیری کارآیی منابع انسانی را افزایش دهد از تناسب شغل با شاغل در سازمان به‌عنوان یک استراتژی موثر در نگهداری منابع انسانی استفاده می‌شود. این تناسب از لحظه‌ای آغاز می‌شود که اولا فرد برای کار و انتخاب شغل اقدام می‌کند، ثانیا سازمان برای کارمندیابی انتخاب، استخدام و انتصاب آماده می‌شود. ممکن است در آغاز استخدام، با توجه به نیاز سازمان و نیاز داوطلبان کار، تناسب مورد نظر، در حد محدودی برقرار شود ولی به‌تدریج که فرد در سازمان زندگی کاری خود را ادامه می‌دهد و سازمان نیز دوره‌ی عمر خود را پشت سر می‌گذارد؛ در فرهنگ و نیازهای افراد سازمان، متغیرها و عامل‌های دیگری وارد می‌شود و مورد استفاده قرار می‌گیرد. اگر شغل به‌گونه‌ای طراحی شود که ماهیت انگیزشی داشته و با ویژگی‌های فردی متناسب باشد، در این صورت بهره‌وری نیروی انسانی افزایش می‌یابد. (کاظمی حقیقی، ۱۳۷۹: ۵)

با توجه به مطالب بیان شده، هدف اصلی این پژوهش، بررسی و سنجش تناسب شغلی و ارایه‌ی پیشنهادهایی جهت بهبود آن در شرکت ملی پالایش و پخش فرآورده‌های نفتی ایران بود. نتیجه‌ی مهم به‌دست‌آمده از این پژوهش، این بود که در جامعه‌ی مورد پژوهش، حدود ۴۰ درصد از لحاظ شغلی متناسب بودند که این موضوع برای شرکت پالایش و پخش فرآورده‌های نفتی ایران به‌عنوان یکی از بزرگ‌ترین شرکت‌های موثر و بنیادی در فرآیند رشد و توسعه‌ی اقتصادی کشور مطرح است مطلوب و قابل قبول نیست. براین اساس و با توجه به هدف تحقیق و نتایج به‌دست‌آمده و مشاهده‌های محقق در طول تحقیق، پیشنهادها و توصیه‌هایی جهت افزایش تناسب شغلی (که به‌نوبه‌ی خود این موضوع سبب افزایش بهره‌وری، رضایت شغلی و تعهد سازمانی کارکنان می‌گردد) مطرح می‌کند:

۱. با توجه به این موضوع که افراد شاغل در این سازمان از لحاظ مدرک تحصیلی

با شغلی که هم‌اکنون متصدی آن هستند، متناسب و طبق استانداردهای بین‌المللی نیستند و باید در فرآیند استخدام، جذب و کارمندیابی برای مشاغلی که از جهت پستی خالی، یا با توجه به ضرورت‌های موجود ایجاد می شوند توسط متخصصان منابع انسانی نهایت دقت صورت گیرد تا معیارهای گزینش افراد براساس شایسته‌سالاری و استانداردهای بین‌المللی صورت گیرد.

۲. تاکید بر توسعه‌ی انسانی از طریق آموزش، به‌عنوان فرآیندی برای بهبود و اعتلای قابلیت‌ها و توانایی‌ها، افزایش دانش و آگاهی و تغییر گرایش و نگرش‌های کارکنان نسبت به شغل‌هایی که در چند سال اخیر دچار تغییر و تحولات فراوان شده‌اند (بخش‌های بازرسی، خرید و تبلیغات).

۳. تعیین ارزش نسبی مشاغل، جهت تعیین و تعدیل دستمزد پرداختی با دیگر مشاغل درون و بیرون شرکت، توسط مدیران منابع انسانی و پرسنلی (در مشاغلی مانند حسابدار، حسابدار ارشد، سندرس عمرانی و مامور خرید).

۴. تسهیم کار و ادغام بعضی از مشاغل با توجه به فعالیت‌ها و وظیفه‌های شغلی مشابه، به‌خصوص در بخش‌های امور حقوقی و حسابداری.

۵. تهیه‌ی کاتالوگ، برشور و بیلبرد در مورد آخرین تغییرات در حوزه‌ی مسایل و موضوع‌های شغلی در سازمان و نصب آن‌ها در مکان‌های پرتردد مانند دستگاه کارت‌زنی، سلف‌سرویس‌ها و.. جهت اطلاع‌رسانی به کارکنان.

۶. افزایش مهارت افراد جهت ترفیع و ارتقا به پست‌های بالاتر، با اجرای برنامه‌های کارآموزی، فرستادن کارکنان به دوره‌های آموزشی شغلی در خارج از سازمان و سازمان‌های مشابه.

۷. ارایه‌ی پاداش و ارتقای شغلی کارکنانی که در خارج از سازمان و به‌صورت داوطلبانه در برنامه‌های آموزشی (که مربوط به حوزه‌ی شغلی آن‌ها است)، جهت حفظ و تقویت انگیزه‌ی افراد و ایجاد حس رقابت سالم و سازنده در سایرکارکنان.

پیشنهادهایی برای پژوهش‌های آتی

۱. در پژوهش حاضر بررسی میزان تناسب شغلی کارکنان در بخش کوچکی از

شرکت ملی پالایش و پخش فرآورده‌های نفتی ایران (ستاد مرکزی) صورت گرفته است؛ پیشنهاد می‌شود در کلیه‌ی شعبه‌ها و سازمان‌های وابسته به شرکت این مهم صورت گیرد و نتایج آن تحقیقات با پژوهش حاضر مورد مقایسه قرار گیرد تا پایه و اساس محکم‌تری برای سازمان در سنجش تناسب و گزینش و استخدام‌های بعدی صورت گیرد.

2. با توجه به این که در این پژوهش فقط به سه جزئی به شغل : دانش، مهارت و توانایی شغلی پرداخته شده و جنبه‌های دیگر شغلی، مانند سبک‌های کار، ویژگی‌های شخصیتی و روانشناختی مورد مطالعه قرار نگرفته است، به محققان بعدی پیشنهاد می‌شود روی این موضوع‌ها به پژوهش بپردازند.

منابع و مآخذ

1. دعایی، حبیب ا،...، مدیریت منابع انسانی نگرش کاربردی، مشهد، نشر بیان هدایت نور، چاپ پنجم، (1384).
2. رضایی نژاد، فریدون. تجزیه و تحلیل مشاغل در شرکت‌های تولیدی استان کردستان. پایان‌نامه‌ی کارشناسی ارشد، دانشگاه فردوسی، دانشکده‌ی مدیریت، (1382).
3. رونق، یوسف. مطالعه کار و استاندارد شغل، تهران، انتشارات مرکز آموزش مدیریت دولتی، (1380).
4. سنجری کهرودی، احمدرضا. طراحی مجدد شغل در مدیریت منابع انسانی، فصلنامه‌ی دانشکده‌ی فرماندهی و ستاد. شماره‌ی 22، (1383).
5. شفیع‌آبادی، عبدالله. راهنمایی و مشاوره‌ی شغلی و حرفه ای و نظریه‌های انتخاب شغل، تهران، وزارت فرهنگ و ارشاد اسلامی، (1378).
6. صادقی، منصوره. تجزیه و تحلیل شغل در شرکت سپاد خراسان، مشهد ،سپاد، (1375).
7. کاظمی حقیقی، ناصرالدین. روانشناسی برای کار و مدیریت، تهران، سایه نما، (1378).
8. Acorn S, Ratner PA, Crawford M(2008)."Decentralization as determinant of autonomy, job satisfaction, and organizational commitment among nurse manager". Nurse Res, Vol33,No3,pp.80-88.
9. Antall, Gloria,F.(2008). "Assessing Job Candidates for Fit".Merlin Press.
10. Beer,Duane P,(2004) "Psychology and work today an introduction to

industrial an organizational psychology ". Macmillan co.

11. Bennett, H.(2002) "Employee commitment: the key to absence management in local government? Leadership & Organization Development Journal" ,Vol.23,No. 8, pp.430-441.
12. Brunk,R(2005) " The nature of work". London:Macmillan.
13. Chinoy, E , (2008). "Automobile workers and the American Dream " New York: Beacon press.
14. David, T(2007) " A quantitative review of the relationship between person–organization fit and outcome". Journal of Industrial Teacher Education. Vol44,No2.
15. Durkin, M. and Bennett, H.(1999) "Employee commitment in retail banking: identifying and exploring hidden dangers",International Journal of Bank Marketing, Vol.17,No.2,pp.80-88.
16. Frico, Paule(2006) "E. industrial and organizational psychology". John wiley &sns,inc.
17. Hosaka, Takaashi & et al.(2008). " Assessing Person-Organization Fit to Reduce Turnover (Presented to 24th Annual IMPAAC Conference on Personnel Assessment)"
18. Mc Kenna, S.(2005). "Orgnnizational commitment in the small entrepreneurial business in Singapore",Cross Cultural Management ,, Vol.12,No.2, pp.16-37.
19. Paul AK, Anantharaman RN. (2006). "Influence of HRM practice on organizational commitment: A study among software professional in India" Hum Resource Manage R Vol16,No4,pp.46-87.
20. Van couver,Tony(2003) "Professions in the class system of present day societies". Currnt sociology.
21. http://www.onetcenter.org

بهینه‌یابی سبد سرمایه‌گذاری توسط مدل قیمت‌گذاری دارایی سرمایه‌ای در بازار کارا (CAPEM) برمبنای جایگشت فرا اکتشافی رقابت استعماری ژنتیکی (RD-ICGA)

امرالله امینی[۱]، مصطفی امامی جزه[۲]، علیرضا امامی[۳]، آزاده فانی[۴]، مهدی مقیسه[۵]

[۱] دانشیار و عضو هیأت علمی دانشکده اقتصاد دانشگاه علامه طباطبایی (ره)

[۲] دانشجوی DBA دانشگاه Member Of Yung ResearchersClub,phoenix

[۳] دانشجوی دکتری حسابداری دانشگاه تهران

[۴] کارشناس مطالعات استراتژیک ایران خودرو

[۵] کارشناس ارشد حسابداری دانشگاه تربیت مدرس

چکیده:

این مطالعه به دنبال آن است تا ضمن پیشنهاد مدل جدید و توسعه یافته «قیمت‌گذاری دارایی سرمایه‌ای در بازار کارا (CAPEM[۶])»، ریز فاکتورهای تأثیرگذار بر تصمیمات سرمایه‌گذار در حوزه مالی رفتاری را شناسایی و به همراه متغیرهای مدل پیشنهادی، توسط الگوریتم فرا اکتشافی رقابت استعماری ژنتیکی (RD-ICGA)، مورد برازش قرار داده تا در راستای حداقل کردن ریسک در سطوح مختلف بازده، در جهت تعیین بهینه اوزانِ اوراق سهام در پرتفوی پیشنهادی، به مرز کارای مدل قیمت‌گذاری دارایی سرمایه‌ای در بازار کارا (CAPEM)، دست پیدا کنیم.از بارزترین یافته‌های این مطالعه، انطباق. ۸۳ درصدی نتایج بهینه‌سازی پرتفوی سهام با پورتفوی‌های کارگزاری‌های سرمایه‌گذاری مطرح (بانک، بیمه،..)، در نتیجه برازش مدل (CAPEM) بر مبنای (RD-ICGA) می‌باشد. همچنین نتایج تحقیق حاکی از کاهش چشمگیر زمان سرعت هم‌گرایی منحنی در راستای تنوع بخشی پرتفوی و دستیابی به نقطه بهینه نهایی در مقایسه با دیگر مدل‌های مشابه را دارد. به علاوه نتایج برازش مدل (CAPEM) بر مبنای (RD-ICGA) و در قیاس با نتایج مدل سنتی مارکویتز و الگو ریتم‌های مبنا، با رشد ۲۳ درصدی میانگین بازدهی پورتفوی شرکت‌های عضو بورس اوراق بهادار تهران بین سال‌های ۱۳۸۶ تا ۱۳۹۰ همراه بوده است. در این پژوهش برای اثبات اصالت نتایج بدست آمده، در سطح اطمینان ۹۵ درصد، نتایج برازش مدل پیشنهادی بطور مستقل، مورد تحلیل رگرسیون قرار گرفت. و برای ارزیابی نتایج حل عددی الگوریتم فرااکتشافی رقابت استعماری ژنتیکی (RD-ICGA[۷]) از توابع استاندارد مانند توابع رزنبرگ و اکلی استفاده گردید.

---

۲. Mostafa.Emami@Modares.ac.ir (نویسنده مسئول)

۶. CAPITAL ASSETS PRICING in EFFICIENT MARKET

۷. RECURSIVE DESCRITE IMPRIALIST COMPETITIVE-GENETIC ALGORITHMS

۱- مفاهیم نظری

تئوری آربیتراژ میلر و مودیگلیانی، تئوری پرتفوی مارکویتز، تئوری قیمت‌گذاری دارایی‌های سرمایه‌ای که توسط شارپ و لینتر مطرح شد و تئوری قیمت‌گذاری اوراق اختیار معامله از بلک، مرتون و اسکولز، اساس، پایه و شالوده‌ای به وجود آوردند که مباحث مالی استاندارد به عنوان یک دانش، بر پایه این تئوری‌ها شکل گرفتند. فرض اساسی تمام این تئوری‌ها، کارآیی بازار است و معتقدند که فعالان بازار به صورت عقلایی، تصمیم‌گیری می کنند. در واقع منشأ تصمیم‌های عقلایی افراد در تطابق با تئوری مطلوبیت مورد انتظار، سه اصل خود-منفعتی کامل[۱]، عقلانیت کامل [۲] و اطلاعات کامل[۳] می‌باشد. اما نتایج به دست آمده از تحقیقات اخیر در بازارهای مالی پیشرفته نشان می‌دهد که تفسیر بازار سرمایه در دنیای واقعی با آنچه که اقتصاددانان نئوکلاسیک تحت عنوان فرضیه بازار کارای سرمایه مطرح می‌کنند، متفاوت و پیچیده‌تر می‌باشد. چرا که اقتصاد عقلایی و مالی مدرن، از بایدها و نبایدها سخن به میان آورده در حالی که مالی رفتاری[۴] به وقایع بازار و هست‌ها و نیست‌ها می‌پردازد. عوامل پیچیده رفتاری، روانی و ارزش‌های اقتصادی مختلف تأثیر بسیاری بر قیمت سهام دارند. از طرفی فنون سنتی همانند رگرسیون، در تجزیه و تحلیل داده‌هایی که خطوط چندگانه داشته یا به نحوی اطلاعات مربوط به داده‌های آنها ناقص هستند نمی‌توانند مؤثر عمل کنند. انقلاب الکترونیکی در ارتباطات، که مهمترین رویداد دوران ماست، باعث دگرگونی کامل نهادهای مالی در آینده خواهد شد، تشریک مساعی بین علوم مالی و علوم اجتماعی که با عنوان رفتار مالی شناخته می‌شود، باعث ژرف‌تر شدن دانش ما از بازارهای مالی، شده است. انقلاب رفتاری در مباحث مالی با طرح پرسش پیرامون منبع نوسان در بازارهای مالی و با هدف کشف ناهنجاری‌های بی‌شمار شروع شد. آزمایش‌های اولیه مدل قیمت‌گذاری دارایی‌های سرمایه‌ای مؤید این موضوع بود که بتا به عنوان تنها متغیر تبیین کننده‌ای است که از قابلیت پیش‌بینی بازده یک ورقه بهادار و همچنین سبدی از سهام برخوردار می‌باشد. در مطالعات علمی بعدی تورش‌های متعددی در مدل قیمت‌گذاری دارایی‌های سرمایه‌ای شناسایی شد. مبحث فوق موجب برانگیختن موج مطالعات به منظور توسعه نظریه‌های مالی با هدف تشریح علل این ناهنجاری‌ها گردید اما اثر سایر عواملی که به طور مستقیم وارد مدل نشده بودند نادیده گرفته شد. از این منظر با توجه به نقاط ضعف تئوری‌های مدرن پرتفوی و فرضیه بازار کارای سرمایه و کاهش روز افزون مقبولیت آنها به دلیل پیچیدگی و ژرفای دنیای واقعی و تأثیر مؤلفه‌های رفتار مالی از جمله ارزش‌های اقتصادی متعدد، روانشناسی فردی و اجتماعی و... بر بازارهای مالی و عدم توان تئوری‌های مذکور در پاسخ به سؤالات دانشمندان مالی در خصوص وجود فرصت‌های آربیتراژی و دامنه وسیع تعیین ارزش دارایی‌های مالی،

---

۱. perfect self-interest

۲. Perfect Rationality

۳. perfect information

۴. Financial behavior

مالی رفتاری، به عنوان نوعی نظریه مطرح است که مباحث و مسائل مالی را با کمک گرفتن از نظریات روانشناسی شناختی تشریح می‌کند

حوزه عملیات این تحقیق با بررسی آنچه تابحال کمتر مورد توجه قرار گرفته است یعنی به کارگیری تمام عوامل دخیل در دنیای واقعی و از دید انسان نرمال نه فقط انسان اقتصادی، سعی بر آن
تا با کنکاش موشکافانه، نقاط ضعف فرض بازار کارا و متعاقباً تئوری مدرن پرتفوی و قیمت‌گذاری دارایی سرمایه را از منظر انسان اقتصادی از یک طرف بهبود بخشد و از طرف دیگر مؤلفه‌های تأثیرگذار مالی رفتاری را همراه با مالی کلاسیک وارد مدل بهینه‌سازی ابتکاری پرتفوی سهام نماید.

۲- اهداف پژوهشی

عمده تحقیقات انجام شده در زمینه بهینه‌سازی پرتفوی اوراق بهادار بدون در نظر گرفتن عوامل تأثیرگذار بر تصمیمات سرمایه‌گذاری از منظر مالی رفتاری می‌باشد، تعداد اندکی از تحقیقات که متغیرهای مالی رفتاری را در تصمیمات سرمایه‌گذاری دخیل دانسته‌اند متغیرهای مؤثر از منظر اقتصاد نئوکلاسیک را نادیده گرفته‌اند. اهداف تحقیق حاضر به جهت در نظر گرفتن متغیرهای مؤثر هر دو مکتب اقتصاد نئوکلاسیک و مالی رفتاری از چند مرحله به شرح ذیل تشکیل می‌شود:

۱. آشنایی با تئوری‌های مطرح در زمینه تصمیمات سرمایه‌گذاری در بهینه‌سازی پرتفوی

۲. شناسایی عوامل تأثیرگذار بر تصمیمات سرمایه‌گذاری در بازار سهام از دید انسان عقلایی و نرمال

۳. تجدیدنظر در مفروضات تئوری‌های مدرن پرتفوی و فرضیه بازار کارای و تدوین تئوری قیمت‌گذاری دارایی سرمایه‌ای در بازار کارا (CAPEM)

۴. اندازه‌گیری کمی متغیرهای کیفی در مالی رفتاری توسط پرسشنامه

۵ شناخت عمیق اجزای تشکیل دهنده الگوریتم جایگشتی استعماری ژنتیکی و تحلیل نتایج بهینه‌سازی

۶ تحلیل و مدل سازی الگوریتم جایگشتی رقابت استعماری ژنتیک (RD-ICGA) بر مبنای مدل قیمت‌گذاری دارایی سرمایه‌ای در بازار کارا (CAPEM)

۳- جنبه نوآوری فرآیند مالی

نوآوری مالی موتور محرکه سیستم مالی در جهت بهبود عملکرد اقتصاد واقعی است.(Merton, 1992) نوآوری به عنوان معرفی محصولات جدید و یا روش‌های جدید تولید محصولات تعریف می‌شود و به عنوان اصلی‌ترین عامل رشد اقتصادی محسوب می‌گردد. نوآوری مالی اشاره به هر توسعه در سیستم مالی دارد. در ادبیات مالی نوآوری‌های مالی را می‌توان در دو دسته کلی نوآوری‌های فرآیندی و نوآوری‌های محصولی تفکیک نمود. فینرتی[1] در سال ۲۰۰۱ در حدود ۶۰ نوع نوآوری اوراق بهادار را بر مبنای نوع و عملکرد نام می‌برد. هدف غایی نوآوری مالی بهبود عملکرد اقتصاد واقعی از طریق افزایش کارائی صنعت واسطه‌گری مالی است.

۱. (Finnerty)

نوآوری‌های مالی تأثیر مثبتی را بر نرخ پیشرفت تکنولوژی (افزایش کارایی) دارند، مثال بارز آن عرضه خدمات سرمایه‌گذاری مخاطره‌پذیر می‌باشد. که در آن نهادهای مالی در پی شناسایی و تأمین مالی پروژه‌های تحقیق و توسعه ریسک‌دار با فرصت‌های سودآوری زیاد می‌باشند. نقش تکنولوژی در نوآوری فرآیندی و ابزار مالی شاید پراهمیت‌ترین باشد. از دیدگاه کلان، نوآوری مالی نقش افزایش ثبات اقتصادی را نیز در نظام مالی ایفا می‌نماید. در این کارکرد، نقش ابزارهای ریسک اعتباری (مشتقه‌های اعتباری) در انتقال، معامله و بیمه اعتبارات و ابزارهای مالی بسیار پررنگ می‌باشد. ثبات اقتصادی از طریق انتقال و توزیع ریسک با استفاده از ابزارهای انتقال ریسک حاصل می‌شود.

این پژوهش از سه ابتکار عمل و جهش نوآورانه به شرح ذیل تشکیل شده است:

• اولین جهش نوآورانه پژوهش حاضر، شناسایی متغیرهای تأثیرگذار در تصمیم‌گیری سرمایه‌گذار، در نتیجه استنتاج از تحقیقات انجام شده مالی رفتاری در تعیین پورتفوی بهینه می‌باشد. بدین ترتیب که، سؤال اساسی مطرح در باب نادیده گرفتن رفتار انسان نرمال و سهم ریسک غیر سیستماتیک که طبق نظریه شارپ بازار برای آن پاداشی را در نظر نمی‌گیرد، از طریق ارسال پرسشنامه و تلفیق روش‌های آزمون لینکرت و کرونباخ، با اندازه‌گیری سطح اهمیت نسبی هرکدام از متغیرهای مؤثر در تصمیم‌گیری سرمایه‌گذار و انتخاب آنها به عنوان ورودی‌های الگوریتم نهایی، مرتفع می‌گردد. نتیجتاً، با مشاهده تأثیرات شگرف این عمل در نحوه برازش تابع هدف توسط الگوریتم فراابتکاری و در انطباق اوزان اوراق پورتفوی با نتایج واقعی ضمن تبدیل انسان عقلایی نئوکلاسیکی به انسان نرمال و تبدیل دنیای تک بعدی مارکویتز به دنیای چند بعدی، درمی‌یابیم که چرا با گذشت بیش از نیم قرن، اعتمادی بر نتایج انتخاب و پیش‌بینی‌های پورتفوهای بهینه، حتی در جدیدترین و پیچیده‌ترین پژوهش‌ها، به گواه رفتار سرمایه‌گذاران در طول تاریخ نبوده است.

• دومین جهش نوآورانه، مربوط به تابع هدف پژوهش، به جهت برازش توسط الگوریتم فرا اکتشافی می‌باشد. همانطور که می‌دانیم، در مدل مارکویتز، گزینه‌های قرض دادن و قرض گرفتن سرمایه که از راهکارهای بسیار معمول بازار سرمایه هستند، نادیده گرفته شده است. در رویکرد شارپ که به خط تخصیص‌سرمایه (CML) معروف است «فرض اساسی، فرض وجود سبد فراگیر بازار است. در واقع وجود چنین فرضی به سرمایه‌گذار این امکان را می‌دهد که بتواند حداکثر مقدار را برای نسبت شارپ استخراج کند.» در واقع این مدل، جزئی از مدل کلی‌تر قیمت‌گذاری دارایی‌های سرمایه‌ای (CAPM)[۱] می‌باشد (شارپ، ۱۹۶۷[۲]). تئوری آربیتراژ[۳] نیز که توسط راس و رال در ۱۹۸۰ [۴](راس، ۱۹۷۶؛ و رال، ۱۹۸۴) ارائه شد، مشابه CAPM و در واقع، جایگزینی برای این مدل، بر این فرض استوار است که ریسک غیرسیستماتیک با

۱. Capital Asset Pricing Theory

۲. (Sharpe w., 1967)

۳. Arbitrage theory

۴. (Ross & Roll, 1980)

تنوع‌بخشی، قابل حذف است؛ بنابراین، این ریسک در بازاری با آربیتراژ صفر، هیچ قیمتی ندارد. اگر ویژگی‌های بیشتری، مانند هزینه‌های ثابت و کمینگی مجموعه مبادله‌ها در مسأله انتخاب پورتفوی مؤثر باشد همان طوری که در بسیاری موارد مؤثر است- در عمل، مدل تجویزی مارکویتز، کارکردهای خود را از دست می‌دهد. با اینکه تئوری مارکوویتز و مدل قیمت‌گذاری دارایی سرمایه‌ای، در تعیین پرتفوی بهینه، برمبنای حداکثر نمودن درآمد انتظاری سبد استوار هستند و امید ریاضی ارزش مورد انتظار هر سهم را مورد استفاده قرار می‌دهد، اما به جهت توجه خاص به ریسک کل و تأکید بر به کارگیری پرتفوی بازار از جانب تمام سرمایه‌گذاران در هنگام سرمایه‌گذاری می‌توان دریافت که، کوواریانس نوسانات ارزشی سهام را ثابت و برون‌زا فرض می‌کنند.

• ابتکار مهم و قابل توجهی که در تحقیق حاضر در جهت رفع این نواقص به آن پرداخته شده است، مکانیزم پیاده‌سازی مدل قیمت‌گذاری دارایی سرمایه‌ای در بازار کارا (CAPEM)، در دستیابی به مرز کارای جدید و کسب بیشترین مقدار بازدهی در هر سطح مشخص از ریسک کل پرتفولیومی باشد. در این خصوص از طریق ترکیب تئوری مدرن پرتفوی (MPT) و فرضیه بازار کارای سرمایه (EMH) و لحاظ نمودن آن در مدل قیمت‌گذاری دارایی‌های سرمایه‌ای (CAMP)، از طریق حذف برون‌زا بودن عناصر ماتریس (واریانس-کوواریانس) و در نتیجه کاهش در تعداد نرخ‌های بازدهی کلِ مربوط به مدل مارکوویتز، شاهد کاهش چشمگیر در تعداد تخمین‌های مدل مارکویتز خواهیم بود و مدل یاد شده را به وضعیت کاربردی‌تری تبدیل خواهیم کرد در واقع چنین فرض شد که، بازده انتظاری، همواره در هر سطح مشخص از ریسک، بزرگتر یا مساوی با بازده انتظاری مدل سنتی خواهد بود. به عبارت دیگر همواره مرزکارای مدل پیشنهادی در بالای مرز کارای مدل سنتی به ازای هر سطح مشخص از بازده انتظاری برای پرتفولیوی درنظرگرفته شده قرار خواهد داشت.

• سومین جهش نوآورانه، در انتخاب بهینه اوزان اوراق پورتفوی بهینه، استفاده ازفرا اکتشافات ترکیبی در جهت برازش مدل قیمت‌گذاری دارایی سرمایه‌ای در بازار کارا (CAPEM) می‌باشد. در این خصوص رفتار تابع فرا اکتشافی رقابت امپریالیست ژنتیکی (RDICGA) از طریق مفاهیم متمرکزسازی و متنوع سازی رقم زده خواهد شد، نحوه عمل مورد استفاده بدین صورت می‌باشد که، در جهت تنوع بخشی و تشکیل پورتفوی بهینه سهام پس از گسسته‌سازی الگوریتم رقابت استعماری ICA این الگوریتم به طور جایگشتی با الگوریتم ژنتیک GA ترکیب می‌گردد. خصیصه ذاتی ICA برای بهینه‌سازی، انباشت مستعمرات حول امپریالیست و یا متمرکزسازی می‌باشد و خصیصه ذاتی GA بهینه‌سازی، از جهات مختلف یا متنوع‌سازی می‌باشد. همیشه احتمال دارد بهینه محلی به جای بهینه نهایی اشتباهاً در الگوریتم رقابت امپربالیستی، انتخاب گردد و یا بهینه انتخاب شده در الگوریتم ژنتیک لزوماً بهینه نهایی مسأله نمی‌باشد. معهذا با ترکیب جایگشتی این دو الگوریتم قدرتمند و تشکیل الگوریتم فرا اکتشافی رقابت امپریالیست ژنتیکی، بامکانیزم خاصی از نقطه ضعف یک الگوریتم برای تقویت الگوریتم مقابل برای تعیین دقیق اوزان اوراق در پورتفوی بهینه و دستیابی به بهینه نهایی استفاده می‌گردد.

همچنین این پژوهش به لحاظ عملکردی، بر مبنای نقش در نظام مالی، در زمینه‌های انتقال ریسک،

قیمت‌گذاری ریسک، خلق اوراق بهادار سرمایه‌ای و مدیریت دارایی و بدهی در زمره نوآوری مالی و ابزاری طبقه‌بندی می‌گردد. همچنین این پژوهش به لحاظ عملکردی، بر مبنای نقش در نظام مالی، در زمینه‌های انتقال ریسک، قیمت‌گذاری ریسک، خلق اوراق بهادار سرمایه‌ای و مدیریت دارایی و بدهی در زمره نوآوری مالی و ابزاری طبقه‌بندی می‌گردد.

۴- شناسایی عوامل تأثیرگذار بر بهینه‌سازی پرتفوی سهام

۴-۱- سیر تاریخی فرضیه‌ها و نظریات موافق و مخالف در جهت رفع نقایص و انتخاب استراتژی

هدف از ارائه این بخش شناسایی عوامل تأثیرگذار بر بهینه‌سازی پرتفوی سهام و سودآوری آن از طریق مرور جامع و مطالعه سیر تاریخی فرضیه‌ها و نظریات موافق و مخالف در جهت رفع نقایص و انتخاب استراتژی صحیح برای مسأله بهینه‌سازی سهام می‌باشد.

با این مقدمه می‌توان نشان داد تئوری‌هایی که قائل به یک رابطه مثبت بین ریسک غیرسیستماتیک و بازده سهام هستند در ۲ طبقه جای می‌گیرند اولین طبقه که شامل توصیف بنیادی در بلند مدت می‌باشند مانند پایین بودن تنوع پرتفوی و دومین طبقه شامل دلایل رفتاری کوتاه مدت می‌باشند مانند چهار چوب بندی محدود و زیان‌گریزی سر مایه‌گذاران می‌باشد. در مقابل تئوری‌هایی که معتقد به یک رابطه منفی بین ریسک غیرسیستماتیک و بازده سهام‌اند، بر روی اثرات کوتاه مدت مانند عدم اجماع تحلیل‌گران روی سهم و دلایل رفتاری مانند چولگی بازده و یا دلایل مربوط به تئوری‌های عمومی مانند ارتباط دوره‌ای بین ریسک و بازده تمرکز می‌کنند.

تشریک مساعی بین علوم مالی و علوم اجتماعی که با عنوان رفتار مالی شناخته می‌شود، باعث ژرف‌تر شدن دانش ما از بازارهای مالی، شده است. با توضیحی که درباره نظریه‌های رفتار مالی ارائه شد، ناگفته پیداست که عامل تعیین کننده در اثربخش بودن یا نبودن این دسته نظریه‌ها خود سرمایه‌گذار است. عوامل روانشناختی در تمامی بازارهای مالی جهان نمود دارند و بازار بورس تهران نیز از این قاعده مستثنی نیست. اما می‌توان گفت به دلیل کمبود ابزارهای مالی و قوانین و مقررات محدودکننده (مانند عدم وجود ابزارهای مشتقه یا عدم امکان فروش عاریه‌ای[۱] و نیز کوچک بودن اندازه بازار و حجم سهام شناور شرکت‌ها) تأثیر این عوامل تشدید می‌شود. به علاوه، ضعف شرکت‌ها در افشای اطلاعات و کمبود نسبی تحلیل‌های دقیق بنیادین به خصوص از سوی سرمایه‌گذاران حقیقی به تصمیمات احساسی دامن می‌زند.

۴-۲- ساختار مدل قیمت‌گذاری دارایی سرمایه‌ای در بازار کارا CAPEM:

نکته مهم و قابل توجهی که در تحقیق حاضر باید به آن اشاره نمود این است که با استناد به مدل قیمت‌گذاری دارایی‌های سرمایه‌ای (CAPM) و لحاظ نمودن آن در مدل سنتی مارکویتز، می‌توان بر نقایص مدل سنتی

---

۱. short-selling

مارکویتز و مدل شارپ که عبارت بودند از توجه خاص به ریسک کل و به کارگیری پرتفولیوی بازار از جانب تمام سرمایه‌گذاران در هنگام سرمایه‌گذاری فائق آمد و به مرز کارای جدیدی دست یافت که علاوه بر کسب بیشترین مقدار بازدهی در هر سطح مشخص از ریسک کل پرتفولیو، از طریق حذف برونزا بودن عناصر ماتریس (واریانس-کوواریانس) و در نتیجه کاهش در تعداد نرخهای بازدهی کلِ مربوط به مدل مارکوویتز، شاهد کاهش چشمگیر در تعداد تخمین‌های مدل مارکویتز خواهیم بود و مدل یاد شده را به وضعیت کاربردی‌تری تبدیل خواهیم کرد. فرضیه بدیع و منطقی مورد استفاده درتحقیق حاضر بدین صورت تبیین می‌گردد که بازده انتظاری، همواره در هر سطح مشخص از ریسک، بزرگتر یا مساوی با بازده انتظاری مدل سنتی در نظر گرفته شده است. به عبارت دیگر همواره مرز کارای مدل پیشنهادی در بالای مرز کارای مدل سنتی به ازای هر سطح مشخص از بازده انتظاری برای پرتفولیوی در نظر گرفته شده قرار خواهد داشت. بر این مبنا همواره انتظار داریم که «پرتفوی سهام انتخابی توسط مدل قیمت‌گذاری دارایی سرمایه‌ای در بازار کارا از عملکرد بهتری نسبت به مدل مارکویتز - شارپ برخوردار می‌باشد» شایان ذکر است که در این مقاله از داده‌های روزانه مربوط به $\frac{P}{E}$ هر سهم به عنوان بازده سهم در دوره زمانی ۹۰ - ۸۶ مربوط به بورس اوراق بهادار تهران استفاده شده است. برای بررسی فرضیه تحقیق و نیز تجزیه و تحلیل آماری داده‌ها و ترسیم نمودارها از بسته نرم‌افزاری (MATLAB 7.14) و نیز از بسته نرم‌افزاری (GAMS[1]) مربوط به شاخه تحقیق درعملیات در استفاده شده است.

۳-۴- تشریح مدل قیمت‌گذاری دارایی سرمایه‌ای در بازار کارا (CAPEM)

همانطور که عنوان شد مدل CAPM، توسعه مدل مارکوویتز از زاویه‌ای خاص و اولین نظریه در قیمت‌گذاری دارایی‌های سرمایه‌ای توسط شارپ و لینتز می‌باشد. نکته مهم و درخور توجه در مدل CAPM، فرض وجود سبد فراگیر بازار (Market portfolio) است. در این‌مدل فرض بر آن است که این سبد نه تنها وجود داشته بلکه قابل محاسبه نیز بوده و بر روی مرزکارای مارکوویتز واقع است. درواقع وجود چنین فرضی به ما این امکان را می داد که بتوانیم حداکثر مقدار را برای نسبت شارپ استخراج نماییم. نسبت شارپ (یا نسبت پاداش به تنوع‌پذیری یا شاخص شارپ[2]) درادبیات مالی طبق رابطه (۱) به شرح زیر تعریف می‌شود.

معادله ۶- نسبت شارپ یا نسبت پاداش به تنوع‌پذیری یا شاخص شارپ

$$S = \frac{E[R_p - R_f]}{\sqrt{VAR[R_p - R_f]}} = \frac{E[R_p - R_f]}{\sigma_p}$$

چنانچه پرتفولیوی P در ناحیه قابل دسترس مارکوویتز که ناحیه‌ای متشکل از ترکیبات گوناگون دارایی‌های

---

۱. General Allegorical Model Solution

۲. Sharpe Index

ریسکی با مقادیر ریسک و بازده انتظاری متناظر با خود هستند[۱]، مطابق نمایه (۱)، واقع شده باشد، سرمایه‌گذار قادر است با برقراری فرض وام‌گیری و وام دادن دریک نرخ بهره بدون ریسک و فرض وجود دارایی غیرریسکی با بازدهی، از طریق ترکیب سبد P با دارایی غیرریسکی یاد شده، یک مرز کارای خطی همچون را بوجود آورد که شیب آن برابر با مقدار بدست آمده از نسبت شارپ بوده، به طوری که این نسبت مقدار پاداش در نظرگرفته شده به ازای هر واحد پذیرش ریسک سبد را به نمایش می‌گذارد[۲]. حال از آن جایی که سبد بازار بر روی مرز کارای مارکوویتز واقع است[۳]؛ اولاً دارای ماکزیمم مقدار برای نسبت شارپ بوده، ثانیاً تمامی ریسک آن از نوع سیستماتیک است و ثالثاً بر طبق مفروضات CAPM این پرتفولیو، پرتفولیوی تقاضا شده از سوی تمامی سرمایه‌گذاران است ۴ لذا با توجه به توضیحات داده شده، نسبت یاد شده درا ین حالت بیانگر حداکثر مقدار پاداش درنظرگرفته شده از سوی بازار در صورت انتخاب این پرتفولیو از سوی سرمایه گذاران به ازاء پذیرش هرواحد از ریسک سیستماتیک آن است.

بدین ترتیب یک سرمایه‌گذار قادر خواهد بود ازطریق ترکیبی دلخواه از سبد فراگیر بازار و یک دارایی بدون ریسک، با توجه به نمایه منحنی‌های بی‌تفاوتی خود در ارتباط با مقدار ریسک و بازدهی، همواره بر یکی از نقاط واقع بر خط بازار سرمایه (CML) قرارگیرد. به یقین هرچه سرمایه‌گذار محتاط‌تر و یا اصطلاحاً ریسک‌گریزتر[۵] باشد، وی تمایل به اختیار نمودن ترکیب‌های واقع بین را بیشتر دارد، در حالی که یک سرمایه‌گذار با روحیه تهاجمی‌تر و یا اصطلاحاً ریسک‌پذیرتر[۶] تمایل به اختیار نمودن ترکیب‌های واقع $R_f M$ در امتداد MK را از خود بروز خواهد داد. این امر به ترتیب با منحنی‌های بی‌تفاوتی U_1 و U_2 به نمایش گذاشته شده است.

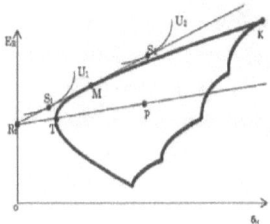

نمایه ۲-خط بازار سهام

۱. (Fama & French, Multifactor Explanations of Asset Pricing Anomalies, March 1996).

۲. (Kevin, 2006)

۳. (Markowitz H. , Mean Variance Analysis in Portfolio Choice & Capital Markets, 1987)

۴. (Fama & Kenneth, The Capital Asset Pricing Model: Theory & Evidence, 2004)

۵. Risk Averse

۶. Risk Seeker

۴-۴-پیاده‌سازی مدل قیمت‌گذاری دارایی سرمایه‌ای در بازار کارا (CAPEM)

مطالب مطرح شده قبلی به اختصار سیر تحولات و نحوه عمل دانشمندان مالی در خصوص نظریات شارپ و مارکویتز را به قلم تحریر درآورد. در مدل قیمت‌گذاری دارایی سرمایه‌ای در بازار کارا (CAPEM) سعی ما برآن است تا مدل قیمت‌گذاری دارایی‌های سرمایه‌ای منسوب به شارپ (CAMP) را با تئوری مدرن پورتفولیو منسوب به مارکوویتز (MPT) در چارچوب فرضیه بازار کارا، ترکیب کنیم تا از این طریق مشکلات موجود در اجرای این دو مدل از جمله به کارگیری ریسک کل در تئوری مدرن پورتفولیو مارکویتز و به کارگیری پرتفولیوی بازار از سوی سـرمایه‌گذاران در هنگام سرمایه‌گذاری در مدل قیمت‌گذاری دارایی سرمایه‌ای شارپ، مرتفع گردد. در نتیجه اجرای مدل قیمت‌گذاری دارایی سرمایه‌ای در بازار کارا (CAPEM) اولاً مشکل تعداد تخمین‌های زیاد در مدل مارکوویتز کاهش می‌یابد، ثانیاً از طریق ارائه یک الگوریتم نسبتاً ساده ریاضی، شرکت‌های سرمایه‌گذاری و سرمایه‌گذاران انفرادی و خرد را در جهت تخمین هر چه سریعتر متغیرهای مدل و کاهش قابل ملاحظه در هزینه‌های مالی و زمانی از برای استخراج مرز کارای جدید یاری خواهیم نمود. (اثبات کامل در پیوست)

$$Max\, E(R_p) = R_f + \beta_p\left[E\left(R_M\right) - R_f\right]$$

تابع هدف مدل قیمت‌گذاری دارایی سرمایه‌ای در بازار کارا

$$S.to:\ (1)\sigma_M^2\left(\sum_{i=1}^{n}\omega_i\beta_i\right)^2 + \sum_{i=1}^{n}\omega_i^2\sigma_{\varepsilon i}^2 = \sigma_p^2$$

$$(2)\ \sum_{i=1}^{n}\omega_i = 1$$

$$(3)\omega_i \geq 0$$

تابع برازش مدل قیمت‌گذاری دارایی سرمایه‌ای در بازار کارا

در رابطه بالا، در عبارت $\{\sigma_p^2\}$ [۱]، جمله $\sum_{i=1}^{n}\omega_i^2\sigma_{\varepsilon i}^2$ معرف آن بخش از ریسک کل پرتفولیوی p بـوده که ناشی از نوسان در فعالیت‌های اقتصادی می‌باشد و دقیقاً همان ریسکی است که بازار بابت آن حاضر بـه پرداخـت پـاداش اسـت. در حالی که جملـه $\sum_{i=1}^{n}\omega_i^2\sigma_{\varepsilon i}^2$ نشان‌دهنده ریـسک غیرسیستماتیک بوده و از طریق پرگونه‌سازی قابل حذف می‌باشد و به همین علت بـازار بـرای آن پاداشی در نظرنمی‌گیرد.[۲] از آن جایی که در عبارت بالا مقادیر R_f و $E(R_M)$ثابت هستند، این عبارت هنگامی مقدار حداکثر خود را اختیار خواهد نمود که، β_p حداکثر باشد. مطابق نمایه زیر

---

۱. (Lewis, 1988)

۲. (Lintner, 1965)

ملاحظه می‌گردد: اولاً، مرز کارای میانگین ـ واریانس مدل پیشنهادی خط R_fMK در تناظر یک به یـک بـا مـرز کـارای میـانگین ـ واریـانس مـدل ارائـه شـده از سـوی شارپ (CML) بدون درنظر گرفتن فرض وام‌گیری و وام‌دهی در نرخ بهـره بـدون ریسـک (کـه از فروض اساسی مدل شارپ می‌باشد)، قرار گرفته است؛ ثانیاً، بر خلاف نظریه شـارپ کـه کسـب حـداکثـر بازده انتظاری را منوط به اختیار نمودن ترکیبات گوناگون از پرتفولیوی بازار و دارایی غیر ریسکی با نرخ بازده بدون ریسک R_f می‌نماید، در مدل پیشنهادی، کسب چنین بازدهی ضرورتاً نیـازی بـه اختیار نمودن پرتفولیوی بازار از سوی سرمایه‌گذاران را به همراه ندارد.

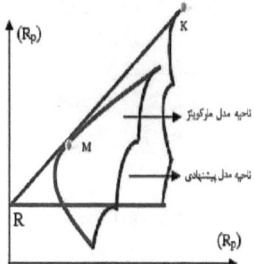

نمایه ۳-مقایسه نواحی مدل سنتی و CAPEM

از طرف دیگر، مطابق نمایه ۳ ملاحظه می‌گردد، چنانچه سرمایه‌گذاری خواهان سرمایه‌گـذاری در سهامی مشخص باشد که برای برخی از آنها بخشی از ریسـک، غیـر سیسـتماتیک باشـد، آنگـاه می‌توان به کمک مدل سنتی و مدل پیشنهادی در ازاء هـر سـطح مشـخص از ریسـک کـل، مـرز کارآیی را استخراج نمود که همواره مقدار بازده انتظاری کسب شده از سوی مدل پیشنهادی بزرگتر یا مساوی با مدل سنتی مارکویتز باشد. دلیل این امر را می توان در این حقیقت جستجو نمود که در مدل پیشنهادی بر خـلاف مـدل سنتی مارکویتز، تلاش بر آن است که ریسک غیرسیستماتیک که بازار برای آن پاداشی را در نظر نمی‌گیرد و نه ریسک کل یک پرتفولیو، حداقل گردد.

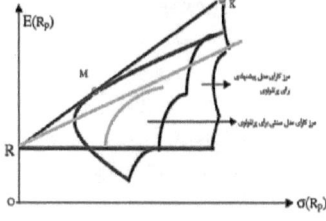

نمایه ۴- مقایسه مدل سنتی با CAPEM

به رغم استفاده از مدل قیمت‌گذاری دارایی سرمایه‌ای CAPM در محافل مالی از سوی سرمایه‌گذاران، اما این مدل، برای آن گروه از سرمایه‌گذارانی که در هنگام سرمایه‌گذاری وجوه خود، تمایلی به اختیار نمودن پرتفولیوی بازار و نیز تمایلی به وام دادن و وام گرفتن در نرخ بهره بدون ریسک را از خود نشان نمی‌دهند و در مقابل، خواستار سرمایه‌گذاری وجوه خود در تعداد معین و مشخصی از سهام می‌باشند، به طور کامل غیر قابل استفاده می‌باشد. همچنین از آن جایی که در مدل سنتی مارکویتز تنها به مفهوم ریسک، آن هم در شکل کلی آن توجه گردیده و نیز از آن جایی‌که بازار تنها برای بخش سیستماتیک ریسک حاضر به پرداخت پاداش می‌باشد، ملاحظه می‌شود که مرز کارای میانگین ـ واریانس ارائه شده از سوی مارکویتز، الزاماً در یک سطح مشخص از ریسک کل پرتفولیو به ماکزیمم مقدار خود می‌رسد.

۵- نحوه اعمال پارامتر مالی رفتاری در الگوریتم پیشنهادی

یک سرمایه‌گذاران فردی در بورس اوراق بهادار تهران در تصمیم‌گیری‌های، خود به شدت دنباله‌رو جو بازار و سرمایه‌گذاران بزرگ نهادی هستند و از تحلیل علمی و مشاوره از متخصصان مالی کمتر بهره می‌برند و این موضوع شاید بتواند دلیل ایجاد صف‌های طویل خرید یا فروش برای سهامی خاص در مدتی کوتاه را توضیح دهد. در بسیاری از مواقع سرمایه‌گذاران به محض دریافت خبری اقدام به خرید یا فروش سهم می‌نمایند بدون اینکه اطلاعاتی موثق و تحلیل شده راجع به آن داشته باشند که این رفتار سرمایه‌گذاران فردی در بورس، می‌تواند باعث نوسانات شدید و ناآرامی‌های بازار گردد. عوامل روانی، تأثیرهای قابل توجهی بر حرکات و اعمال انسان‌ها دارند و همین مسائل روانی است که افراد را از درون با یکدیگر متمایز کرده است، در حالی که درک درست فرآیندهای رفتاری و پیامدهای آن برای برنامه‌ریزان مالی از اهمیت بسیار زیادی برخوردار است و می‌تواند به آنها در جهت تدوین استراتژی‌ها و تجهیز و تخصیص منابع مالی کمک شایانی کند.در الگوریتم معرفی شده، این انحراف احتمالی با افزودن یک زاویه تصادفی به مسیر جذب مستعمرات، اصلاح می‌گردد. بدین منظور، در مسیر تشکیل امپراطوری‌ها و در جریان اعمال سیاست جذب مستعمرات توسط امپریالیست‌ها، کمی زاویه تصادفی نیز به جهت حرکت مستعمره، اضافه می‌کنیم. این زاویه دقیقاً همان تفاوت بین اقتصاد کلاسیک و مالی رفتاری است که یکی انسان را عقلایی و دیگری انسان را نرمال می‌پندارد. بدین معنی که در تئوری مدرن پورتفولیو و فرضیه بازار کارا، عوامل تأثیرگذار بر تصمیم سرمایه‌گذار وجود ندارد ولی در مالی رفتاری آن را به حساب می‌آورد از لحاظ تئوریک به دنبال تعیین خط سیر رفتار سرمایه‌گذاران می‌باشیم این عمل در این پژوهش به طور محدود از طریق ارسال پرسشنامه برای اهل فن با سؤالاتی با درجه اهمیت مشخص و دریافت نظرات آنها و استفاده از ان در نگرش سنجی تصمیم‌گیری سرمایه‌گذاران از طریق تعمیم آن به کل جامعه آماری تعیین می‌گردد. نتیجه نگرش سنجی در الگوریتم پیشنهادی به عنوان زاویه انحراف α مورد استفاده قرار می‌گیرد.به طوری که هنگام اجرای الگوریتم رقابت استعماری، زاویه جذب به عنوان یکی از عوامل الگوریتم، نحوه نزدیکی مستعمرات به امپریالیست را تبیین می‌نماید. در اینجا این متغیر از طریق محاسبه ضریب زاویه

خط رگرسیون تحت تأثیر عوامل تأثیرگذار بدست آمده از طریق پرسشنامه محاسبه می‌گردد. بدین ترتیب ضریب زاویه خط رگرسیون ۳۴/۶۸ در نظر گرفته می‌شود. شرح کامل استحصال القاء از نتایج پرسشنامه در بخش بعد آورده شده است.

۱-۵- نحوه نگرش‌سنجی و تعیین طبقات مختلف

پرسشنامه طراحی شده برای ا نجام این نظرسنجی از نوع پرسشنامه‌های تلفیقی که دارای سؤالات بدون مقیاس، با مقیاس متفاوت و همچنین سؤالات چند گزینه‌ای با ذکر اولویت می‌باشد، بوده است. علت طراحی این نوع پرسشنامه، نزدیک شدن هر چه بیشتر با واقعیات موجود و نگرش جامعه می‌باشد که امکان انجام تحلیل‌های کمی و کیفی غنی را میسر می‌سازد. جامعه آماری ایـن پـژوهش مراجعه کنندگان به تالار اصلی بورس بین روزهای یک شنبه تا سه شنبه در ۴ هفته متوالی منتهی به دهم تیر ماه سال ۱۳۹۱ می‌باشد. پرسشنامه، شامل ۱۰ سؤال بسته است که با استفاده از طیف لیکرت ۵ درجه‌ای (کاملاً موافق تا کاملاً مخالف) به بررسی متغیرهای تحقیق می‌پردازد. در این بخش؛ قصد اثبات تحقیق آماری را نداریم بلکه با استنتاج از تحقیقات انجام شده در زمینه رفتار مالی، در مورد اثبات وجود رابطه بین عوامل روانی و تصمیم‌گیری سرمایه‌گذاران، ابتدا متغیرهای تأثیرگذار در تصمیم‌گیری سرمایه‌گذار انتخاب سپس از طریق پرسشنامه و تلفیق روش‌های آزمون لینکرت و کرونباخ سطح اهمیت نسبی هرکدام از متغیرها در تصمیم‌گیری سرمایه‌گذاری اندازه‌گیری می‌گردد تا به عنوان بخشی از متغیرهای ورودی الگوریتم پیشنهادی در مدل‌سازی و بهینه‌یابی پرتفولیوی سهام نقش فراموش شده عوامل روانی، احیا گردد. بـرای اطمینـان از روایـی پرسشـنامه از روایی نمادی (Face validate) ظاهری استفاده کرده است. بـدین معنـا کـه پرسشنامه پس از طراحی به ۵ نفـر از مـدیران سرمایه‌گذار باتجربه و کارگزاران بورس تحویل شـد تـا نظر خود را در مورد متغیرهای مختلف ابراز کنند. برای بررسی میزان پایایی پرسشنامه، ابتدا پرسشـنامه اولیه میان ۵ نفر از اعضای جامعه آماری توزیع گردید. این عده پرسشنامه را در حضور پژوهشگر تکمیل کـرده و با پرسش‌های خود در خصوص محتوا، نگارش و نوع بررسی رفتار مدیران سرمایه‌گذار و تحلیل‌گران مالی در مورد پیش‌بینی بازار و انتخاب سهام در بورس اوراق بهادار تهران، پژوهشگر را به اصلاح و حذف ابهام رهنمـون ساختند. سپس با استفاده از نمونه ۱۳۰تایی مراجعه کنندگان به بورس بین روزهای یک شنبه تا سه شنبه در ۴ هفته متوالی منتهی به دهم تیر ماه سال ۱۳۹۱ به تحلیل نتایج پرداخته شد. سپس با جمع‌آوری پرسشنامه‌ها، آنهایی که بی‌معنی، کلیشه‌ای، تورش‌دار و سؤالات بدون پاسخ زیادی بودند، حذف گردیدند و تعداد ۹۵ پرسشنامه در مجموع باقی ماند با توجه به اینکه تعداد جامعه‌ای که باید از آنها اطلاعات جمع‌آوری می‌گردید نامحدود است. تعداد نمونه با استفاده از معادله زیر بدین صورت محاسبه گردید که در جهت دستیابی به حداکثر تعداد نمونه، در نظر گرفته شد و خطای برآورد با توجه به تحقیق مشابه[1] ۱۰٪ و سطح اطمینان ۹۵٪ برآورد گردید.

---

۱. Invalid source specified.

معادله ۱- تعداد نمونه پرسشنامه

$$n = \frac{\left(z_{\frac{\alpha}{2}}^2 p(1-q)\right)}{\varepsilon^2} = \frac{(1{,}96 \times 1{,}96 \times 0{,}5 \times 0{,}5)}{0{,}1 \times 0{,}1} = 95$$

سپس وسیله اندازه‌گیری را با استفاده از فرمول آلفای کرونباخ (ā) مورد تحلیل آماری قرار دادیم. ضریب آلفای به دست آمده که به تأیید سایت پروفسور وسا رسیده است برای هر یک از متغیرهای محیطی بالاتر از ۸۹٪ را نشان داد که بالاتر از ضریب قابل پذیرش ۷۰٪ است و نشانه پایایی ابزار و در نهایت پایایی پرسشنامه می‌باشد. خلاصه داده‌ها به شرح زیر است:

جدول ۲- داده‌های جمع‌آوری شده از طریق پرسشنامه

جمعیت	فراوان	زیاد	میانه	کم	اندک	متغیر مستقل
۹۵	۵۶	۱۹	۱۴	۴	۲	روند بازار
۹۵	۴۵	۲۲	۱۷	۷	۴	وضع بازار
۹۵	۴۱	۲۴	۱۵	۱۱	۴	منبع سفارشات
۹۵	۲۲	۲۲	۲۷	۸	۴	سود نقدی
۹۵	۱۶	۳۹	۱۴	۱۶	۱۰	سود هر سهم
۹۵	۲۸	۱۹	۱۷	۱۶	۱۵	نسبت قیمت به سود
۹۵	۱۰	۲۵	۲۷	۱۸	۱۵	بازده
۹۵	۱۷	۱۵	۲۵	۲۱	۱۷	نوسانات قیمت
۹۵	۸	۲۵	۲۲	۲۰	۲۰	صنعت
	۲۴۴	۲۱۱	۱۸۸	۱۲۱	۹۱	جمع

نتایج حاصل از طریق سایت پروفسور پاتریک وسا مورد تجزیه تحلیل قرار گرفت. هر کدام از فاکتورها به طور مجزا مورد آزمون قرار گرفتند و بر اساس سطوح تقسیم شده دسته‌بندی و فراوانی آنها محاسبه گردید. نتایج کلی تجزیه تحلیل در جدول زیر آمده است:

جدول ۳- نتایج تجزیه تحلیل داده‌ها

متغیر مستقل	آماره t	نمونه	ضریب پیرسون	سطح خطای	متغیر وابسته	نتیجه
روند بازار	۳۴.۵۰۰	۹۵	۸۶٪	۵٪	تصمیم گیری	معتدل
وضع بازار	۸.۵۹۷	۹۵	۸۰٪	۵٪	تصمیم گیری	معتدل
منبع سفارشات	۷.۴۲۹	۹۵	۷۸٪	۵٪	تصمیم گیری	معتدل
سود نقدی	۵.۰۶۰	۹۵	۷۱٪	۵٪	تصمیم گیری	معتدل
سود هر سهم	۲.۸۸۰	۹۵	۶۷٪	۵٪	تصمیم گیری	معتدل
نسبت قیمت به سود	۴.۰۴۹	۹۵	۶۶٪	۵٪	تصمیم گیری	معتدل
بازده	-۰.۰۲۵	۹۵	۵۵٪	۵٪	تصمیم گیری	معتدل
نوسانات قیمت	-۰.۰۴۶	۹۵	۵۰٪	۵٪	تصمیم گیری	معتدل
صنعت	-۱.۵۳۴	۹۵	۵۱٪	۵٪	تصمیم گیری	معتدل

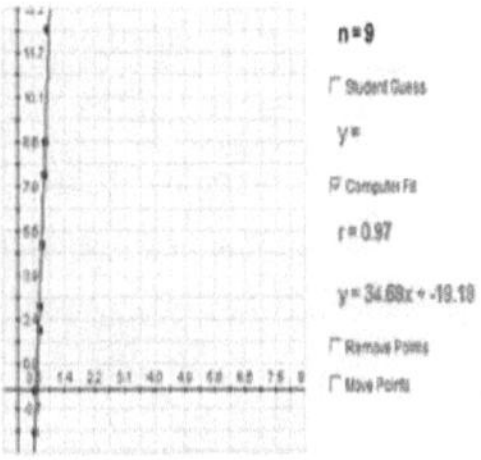

تصمیم سرمایه‌گذار=

۰/۸۶(روند بازار)+۰/۸۰(وضع بازار)+۰/۷۸(منبع سفارشات)+۰/۷۱(سودنقدی)+۰/۶۷(سودهرسهم)+۰/۶۶(نسبت قیمت به سود)+۰/۵۵(بازده)+۰/۵۰(نوسانات قیمت)+ ۰/۵۱(صنعت)

با توجه به نتایج منتج از معادله بالا مشاهده می‌شود که به ازای هر یک واحد افزایش در روند بازار، تصمیم‌گیری سرمایه‌گذار به مقدار ۰/۸۶ واحد متأثر می‌گردد به طریق مشابه یک واحد افزایش در وضع بازار، ۰/۸ یک واحد افزایش در منبع سفارشات، ۰/۷۸ یک واحد افزایش سود نقدی، ۰/۷۱، یک واحد افزایش سود هر سهم،۰/۶۷، یک واحد افزایش نسبت قیمت به سود، ۰/۶۶، یک واحد افزایش بازده، ۰/۵۵، یک واحد افزایش نوسانات قیمت، ۰/۵، و یک واحد افزایش شاخص صنعت، ۰/۵۱ باعث تأثیر در تصمیم‌گیری سرمایه‌گذار نسبت به بینش انتخاب سهام دارد.در نهایت متغیر α از طریق محاسبه ضریب زاویه خط رگرسیون تحت تأثیر نتایج بدست آمده مقدار ۰/۳۴۶۸ تعیین می‌گردد. نمودار بالا گویای مسأله است.

۶- خط‌مشی ترکیب الگوریتم رقابت استعماری و ژنتیک

مدل حاضر ترکیب دو الگوریتم مبنا را بر اساس تکرار جایگشتی از آنها پیشنهاد می‌کند. می‌دانیم که الگوریتم ژنتیک همیشه مانع افزایش تراکم در بخش‌های کاملاً مستعد از منطقه بهینه‌سازی می‌گردد. از سوی دیگر، الگوریتم رقابت استعماری همیشه درصد بزرگی از جمعیت را در نزدیکی امپریالیست‌ها جمع می‌کند. همچنین در مسایل مربوط به بهینه‌سازی بسیار دیده شده است که نقطه بهینه نهایی معمولاً در نزدیکی بهینه محلی قرار می‌گیرد و در جواب نهایی به اشتباه بهینه محلی جواب مسأله عنوان می‌گردد. این مورد مخصوصاً در باره الگوریتم رقابت استعماری که همواره ازدحام جمعیت نزدیک به امپریالیست‌ها گردآوری شده است بیشتر حایز اهمیت می‌باشد چرا که ممکن است این ازدحام نزدیک به نقطه بهینه نهایی نیز باشد و این خصیصه جواب نهایی را تحت شعاع قرار دهد، بدین منظور و برای جلوگیری از این مورد با اعمال یک شک انقباضی و انبساطی

ناگهانی از طریق ترکیب متوالی و با بازگشت دو الگوریتم رقابت استعماری و ژنتیک، این نقصان به یک مزیت تبدیل می‌گردد.

نمایه ۷- نحوه عمل الگوریتم پیشنهادی

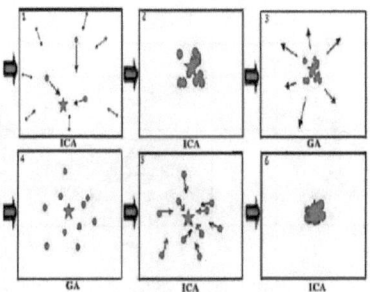

ICA
ICA
GA
GA
ICA
ICA

در واقع، رفتار الگوریتم پیشنهادی بدین گونه می‌باشد که با استفاده از مزیت پراکنده کردن الگوریتم ژنتیک عمل پراکنده کردن و جداسازی و متفرق کردن مستعمرهای انباشته شده در نزدیکی امپریالیست‌ها تسهیل خواهد شد، و خطر گیر افتادن در بهینه محلی به حداقل خواهد رسید. همانطور که در نمایه نشان داده شده است، در قسمت اول الگوریتم پیشنهادی، ویژگی الگوریتم رقابت استعماری موجب جنبش کشورها و حرکت مواج آنها به سمت امپریالیست‌ها می‌شود این حرکت موج گونه در هنگامی که الگوریتم از ICA به GA تغییر حالت می‌دهد منجر به کاهش زمان چشمگیری در سرعت همگرایی منحنی خواهد شد. این کاهش سریع نشان دهنده وجود مناطق بهینه بیشتری در کنار امپریالیست‌ها می‌باشد

فلوچارت ۱- مکانیزم الگوریتم پیشنهادی

Initialization
ICA for N iteration
transmit the population
GA
END

۱-۶- خلاصه پارامترهای الگوریتم ژنتیک و الگوریتم رقابت استعماری:

متغیرهای ژنتیک		متغیرهای رقابت استعماری			
تعداد جمعیت اولیه	۳۴۸	تعداد کل مستعمرات	۳۴۰	ضریب میرایی	۰/۹۹
در صد تولید نسل	۶۰	تعداد امپریالیست‌ها	۸	ضریب اتحاد امپراطوری‌ها β	۰/۰۲
درصد جهش	۱۰	پارامتر نرخ انقلاب	۰/۳	تعداد روزها	۳۵۰۰ ماه
درصد انتقال به نسل بعدی	۱۰۰	ضریب جذب و همگونسازی	۲	ضریب زاویه‌ی جذب γ	۳۴/۶۸
روش انتخاب والدین	Cost weighting	ضریب تأثیر قدرت مستعمرات در قدرت کل امپراطوری، زتا ζ	۰/۰۲	ضریب زاویه‌ی جذب γ از طریق ارسال پرسشنامه محاسبه گردید	

۲-۶- روش کلی ترکیب الگوریتم رقابت استعماری و الگوریتم ژنتیک

با توجه به آنچه که در فصول قبل در مورد الگوریتم رقابت استعماری ذکر گردید، روشی پیشنهاد شده است که با گسسته‌سازی الگوریتم رقابت استعماری و ترکیب آن با الگوریتم ژنتیک، از آن برای انتخاب ویژگی (ورودی) استفاده می‌شود.

همانطور که عنوان شد در الگوریتم رقابت استعماری دو نوع کشور در کلاس امپریالیست و مستعمره وجود دارند. امپریالیست‌ها به واسطه خطمشی و یا سیاست جذب، مستعمره‌ها را با خود همراه می‌کنند و این همان رویه کشف نقطه بهینه می‌باشد. الگوریتم پیشنهادی رقابت استعماری ژنتیکی با آگاهی از معایب و نقاط قوت هر دو الگوریتم، از ترکیب جایگشتی آنها استفاده می‌کند. شروع کننده الگوریتم رقابت استعماری می‌باشد، روش کلی بدین صورت تکرار می‌شود که پس از یک دهه عملیات بهینه‌سازی توسط رقابت استعماری امپراطوری‌ها به ژنتیک منتقل خواهد شد و به عنوان جمعیت اولیه بهینه‌سازی ادامه می‌یابد و این الگوریتم نیز پس از دو نسل بهینه‌سازی، جمعیت را به امپریالیست‌ها منتقل می‌کند و در اینجا الگوریتم پس از ۲ دهه بهینه‌سازی در صورت برقراری شروط توقف متوقف می‌گردد والی دوباره همین رویه تا بهینه‌سازی کامل ادامه می‌یابد. فلوچارت زیر این مکانیزم را به بهترین شکل نشان می‌دهد.

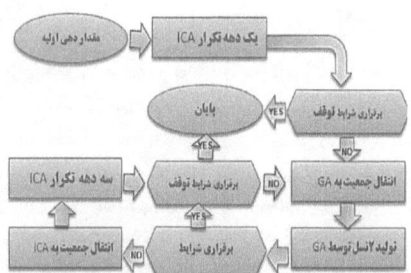

فلوچارت ۲- الگوریتم رقابت استعماری ژنتیکی

دلیل این رفتار این است که پس از چند دهه تکرار الگوریتم رقابت استعماری، بدلیل خاصیت تجمیع مستعمرات، احتمال میل به بهینه محلی در رفتار الگوریتم به دلیل ازدحام کشورهای انباشته در اطراف امپریالیست‌ها، بسیار بالا می‌رود. این نقطه ضعف به سادگی با ترکیب هوشمندانه الگوریتم رقابت استعماری با الگوریتم ژنتیک، به دلیل رفتار منحصر به فرد در متفرق‌سازی و شروع از چندین جهت قابل حل می‌باشد. بنابراین امپراطوری‌های بهینه شده به در رقابت استعماری به عنوان کروموزوم تحویل الگوریتم ژنتیک خواهند شد جمعیت اولیه را تشکیل می‌دهند.پس از اعمال عملگرهای ژنتیک بروی جمعیت اولیه، انتخاب نسل برتر بدون هیچ گونه حذف از جمعیت از طریق سیاست نخبه‌گرایی مشخص خواهد شد و در پایان نسل اول ژنتیک، دهه دوم رقابت استعماری اینبار با جمعیت اولیه‌ای که ژنتیک معرفی نموده است، روند بهینه‌سازی ادامه می‌یابد. نقطه توقف این الگوریتم نیز حائز اهمیت می‌باشد چرا که همانطور که عنوان شد الگوریتم پیشنهادی در واقع یک الگوریتم رقابت استعماری اصلاح شده با الگوریتم ژنتیک می‌باشد. بنابراین شرط توقف الگوریتم رقابت استعماری ملاک عمل خواهد بود. برای توقف الگوریتم رقابت استعماری معمولاً رسیدن به تنها یک امپراطوری می‌تواند نقطه توقف باشد با این حال شرط سپری شدن چند دهه مشخص نیز استفاده می‌شود که در اینجا رسیدن به تنها یک امپراطوری ملاک عمل ما قرار گرفته است. این رویه به طور ویژه‌ای برای محیط‌های پویا می‌تواند اثر بخش باشد. در این الگوریتم به همان اندازه که تکرار افزایش می‌یابد، دقت نیز بالا می‌رود.

۷- پرتفوی بهینه الگوریتم پیشنهادی

نتایج بهینه‌سازی اوراق سهام برای تشکیل پورتفویی با حداقل ریسک و حداکثر بازده پس از تعدیل مدل CAPM و فرضیه بازار کارا و تئوری مدرن پوورتفوی با ترکیب چایگشتی دو الگوریتم جستجوی محلی در تاریخ منتهی به ۱۴ آذر ۱۳۹۰ بهترین ترکیب پورتفوی از نظر مکانیزم مشروحه بصورت زیر ارائه شده است. شکل زیر در به

بهترین وجه عملیات بهینه‌سازی را به تصویر کشیده است.

۱-۷- مراحل بهینه‌یابی مدل قیمت‌گذاری دارایی سرمایه‌ای در بازار کارا (CAPEM)

همانطور که در مبحث مربوط به مدل قیمت‌گذاری دارایی سرمایه‌ای در بازار کارا (CAPEM)، بیان شد یکی از امتیازات این مدل استفاده از متغیرهای اندک و افزایش سرعت می‌باشد. برای بهینه‌سازی پرتوی در این روش فقط به β_p احتیاج است. اما دستیابی به جواب دقیق نیازمند واکاوی لایه‌های درونی‌تر اطلاعات را دارد بدین منظور در این پژوهش جهت دستیابی به β_p از اطلاعات روزانه اوراق بهادار در فاصله ۱۴ آذر ماه ۱۳۸۶ تا ۱۴ آذر ماه ۱۳۹۰، استفاده شده است. مطابق مدل قیمت‌گذاری دارایی سرمایه‌ای در بازار کارا (CAPEM)، به دنبال پرتفویی هستیم که حداقل ریسک را در سطوح مختلف بازده را شامل شود. بدین منظور، ارزش بازار هر شرکت و بازده روزانه سهام به همراه بتا و اوزان مربوطه به آن از طریق اطلاعات دریافتی از برنامه متاتریدر در فاصله زمانی موصوف محاسبه گردید تا بتوانیم از طریق ضریب بتای هر سهم و وزن مربوطه، اطلاعات اولیه برای دستیابی به ریسک پرتفوی به عنوان متغیر ورودی به الگوریتم پیشنهادی بدست آید. بنابراین طبق استراتژی الگوریتم ترکیبی، بهینه‌یابی به ۳ مرحله تقسیم می‌گردد. الف)یک دهه بهینه‌سازی با ICA ب) دو نسل بهینه‌سازی با GA ج) سه دهه بهینه‌سازی با ICA – در زیر به تفضیل اعضای هر مرحله آورده شده است:

مرحله صفر: اطلاعات ورودی به الگوریتم رقابت استعماری برای یک دهه بهینه‌سازی شامل کل اعضای بورس تهران

ردیف	نماد اوراق بهادار	قدرت کشورها	ردیف	نماد اوراق بهادار	قدرت کشورها
۱	رادیاتور ایران	۰٫۵۰۸۹۶۲	۲۷	ملی صنایع مس ایران	۸٫۲۱۵۹۰۹
۲	روغن نباتی پارس	۰٫۴۸۷۶۵	۲۸	مخابرات ایران	۹٫۸۹۲۸۶۱
۳	سرمالفرین	۰٫۵۶۱۵۳۷	۲۹	پتروشیمی خارک	۱۳٫۹۷۱۰۶
۴	سیمان ارومیه	۰٫۶۷۹۲۶۷	۳۰	مدیریت پروژه های نیروگاهی ایران(مپنا)	۴٫۲۵۹۲۹۷
۵	سیمان شمال	۲٫۶۴۶۱۴۲	۳۱	معدنی و صنعتی چادرملو	۴٫۲۵۵۹۸۵
۶	سیمان صوفیان	۰٫۶۸۲۶۴۹	۳۲	سرمایه گذاری غدیر	۲٫۳۰۹۵۲
۷	سیمان مازندران	۲٫۷۸۱۴۲	۳۳	سرمایه گذاری سایپا	۹٫۸۷۷۹۶۴
۸	صنایع ریخته گری	۰٫۶۶۱۹۶۹	۳۴	سنگ آهن گل گهر	۷٫۵۵۵۹۹۵
۹	صنایع شیمیایی ایران	۰٫۸۷۰۲۸۷	۳۵	بیمه دی	۹٫۳۳۳۶۹۶
۱۰	صنعتی مینو (خرمدره)	۰٫۵۶۰۲۲۱	۳۶	سبحان دارو	۹٫۳۷۵۷۰۱
۱۱	غذایی مشهد	۲٫۷۱۲۴۹۷	۳۷	سرمایه گذاری سایپا	۱۵٫۰۹۴۳
۱۲	فیبر ایران	۰٫۶۴۴۰۷۵	۳۸	شرکت شهرسازی و خانه سازی باغمیشه	۸٫۷۷۲۴۷۷
۱۳	[illegible] نقش جهان	۰٫۵۳۶۶۳۶	۳۹	سیمان شاهرود	۹٫۸۵۴۲۰۳
۱۴	کارتن مشهد	۰٫۶۲۹۵۰۵	۴۰	مدیریت پروژه های نیروگاهی ایران (مپنا)	۹٫۲۲۷۴۲۷
۱۵	کاشی الوند	۰٫۶۲۷۹۸۴	۴۱	لیزینگ غدیر	۰٫۸۰۸۸۶۲
۱۶	کاشی نیلو	۰٫۶۱۳۴۱۷	۴۲	پلاسکوکار سایپا	۱٫۰۶۵۵۴۴
۱۷	کربن ایران	۰٫۶۷۷۱۵۵	۴۳	پمپ ایران	۰٫۸۷۰۸۶۳
۱۸	لبنیات پاک	۰٫۷۸۷۹۸۹	۴۴	تأمین ماسه	۰٫۵۶۵۱۵۴
۱۹	لوله و ماشین سازی	۰٫۴۵۰۸۲	۴۵	تراکتورسازی	۰٫۷۹۲۰۰۱
۲۰	معدنی املاح ایران	۰٫۶۰۴۷۰۱	۴۶	جام دارو	۰٫۷۴۹۲۳۶
۲۱	نساجی بروجرد	۰٫۷۸۰۵۹۵	۴۷	جوش و اکسیژن	۰٫۷۲۵۸۸
۲۲	نفت بهران	۰٫۷۱۴۱۴۸	۴۸	چرخشگر	۰٫۵۲۲۹۲۹
۲۳	نورد آلومینیوم	۰٫۴۴۹۹۸۵	۴۹	چینی البرز	۰٫۵۲۷۵۷۹
۲۴	نورد قطعات فولادی	۰٫۴۲۰۹۷۶	۵۰	خاکچینی ایران	۰٫۶۶۴۲۹۵
۲۵	نیرومحرکه	۰٫۲۹۵۵۸۶	۵۱	دارو رازک	۰٫۷۲۰۰۹۶
۲۶	مس باهنر	۰٫۶۴۶۸۸۷	۵۲	دشت مرغاب	۰٫۸۴۴۸۲۲

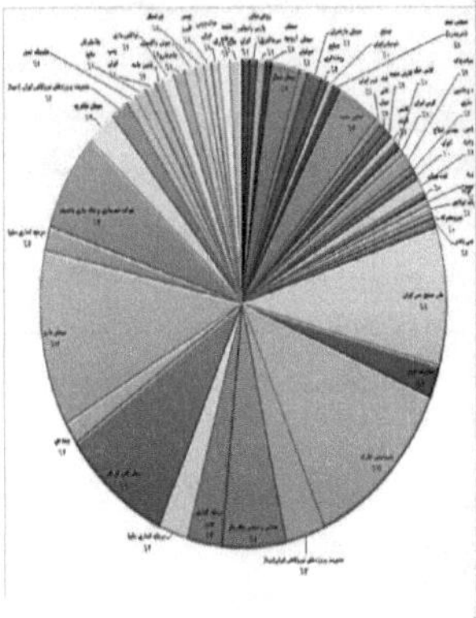

بهینه‌یابی سبد سرمایه‌گذاری توسط مدل قیمت‌گذاری ... ۵۸۹

بتای نرمالایز: مربوط به شرکتهای عضو بورس اوراق بهادار از تاریخ ۱۴ آذر ۱۳۸۶ لغایت ۱۴ آذر ۱۳۹۰

نماد	β نرمال	نماد	β نرمال	نماد	β نرمال	نماد	β نرمال	نماد	β نرمال	نماد	β نرمال	نماد	β نرمال	نماد	β نرمال	نماد	β نرمال
لابسا	۱.۴۸	ساذری	۰	فالوم	-۲.۴۴	فمراد	۱.۵۶	فایرا	۰.۸۹	خاهن	۱.۹۷	چافست	-۴.۲	دالبر	۱.۵۴	خشرق	۲.۱۷
مرقام	-۴.۱۴	بترانس	-۲.۳۱	خودرو	۱.۳۵	خاور	-۰.۴۶	دیران	۱.۷۷	کایکاچ	۲.۲	تمرینو	۲.۱۵	پاسا	۲.۱۵	ساپرا	۱.۸۴
رتکو	-۱.۷۲	کاما	۱.۸۳	ولوین	۱.۳۸	وانصار	۱.۴۶	وپارس	۱.۸۲	وپاسار	-۰.۹۱	وتجارت	۱.۸۲	وسینا	۲.۱۶	وبصادر	۲
وکار	۱.۵۵	وبملت	-۳.۳۳	چیسا	۲.۳۳	غبهنوش	۱.۸۳	غگرجی	۱.۸۵	اسیا	۱.۳۲	البرز	۲.۱۲	پارسیان	۱.۴۳	دانا	۱.۸۳
تاخت	۱.۲۹	شپارس	۱.۳۲	لپارس	۱.۲۴	خپارس	۱.۲۹	دپارس	۱.۲۹	کسرام	۱.۷	بسویچ	-۱.۶۸	شپاکسا	۱.۴۲	شپنا	-۱.۶۳
شبریز	۱.۶۶	شبترو	۲.۰۴	شسلها	۱.۶۹	شخارک	۱.۸۵	شاراک	۱.۲۱	شیراز	۱.۹۵	شفارا	۱.۳۷	شفن	۱.۴۲	سپرمی	-۱۵.۰۴
ویست	۱.۶۹	کبشیر	۱.۷۷	تنوس	۱.۶۹	پلاست	۱.۸۵	پلاسک	۲.۲۲	شیلی	۱.۶۶	کماسه	۱.۶۵	رتاپ	۰.۹۳	شزنگ	۱.۲۷
شهران	۲.۰۴	وبشهر	۱.۷۷	کروی	۲.۱۷	شتولی	۱.۹۸	تپکو	۱.۶۶	شسپو	۱.۳۲	قروم	۱.۷۵	چفیبر	۲.۱۲	خمحور	۱.۲۷
دتماد	۰.۹۶	پتایر	۱.۶۶	پشاهن	۲.۳۱	لجام	۱.۸۶	پلوله	۲	کهرام	۱.۹۷	خلنت	۱.۸۱	کابگن	۱.۴۴	پدرخش	۱.۶۹
جهرمش	۲.۱۶	حفاری	۱.۸	حپترو	۱.۹۲	حتوکا	۱.۷۴	رانفور	۱.۷۳	حتاید	۱.۶۹	غدام	۲.۰۴	مداران	۱.۸۱	وبخش	۲.۰۱
دابور	۲.۱۷	داسوه	۱.۹۴	دلر	۱.۶۶	دامین	۲.۰۲	دتهران	۲.۱۵	دجابر	۲.۰۰۵	ددام	۱.۲	دروز	۱.۸۳	درهراوی	۲.۲۱
دکوثر	۲.۰۷	دلقما	۲.۳۳	غدشت	۱.۴۸	شدوص	۱.۹۳	کطبس	۱.۸۵	ختور	۲.۱۸	ولساپا	۲.۲۲	غناب	۱.۷۷	ختراک	۱.۴۸
خزامیا	۲.۰۱	ثاصفا	۱.۶۵	غبوپلی	۱.۸۸	غسالم	۱.۸۹	ثامان	۲.۱۷	خسایا	۱.۸۴	خاذین	۱.۵۶	شکاوه	-۲۵.۶۳	کسایا	۲.۱۱
ثلازن	-۰.۹۸	کسرا	۱.۶۹	وآتی	۱.۵۷	خشنار	۲.۱۲	والبر	۱.۷	وبهمن	۱.۶۴	وبوعلی	۱.۵	ونوشه	۲.۲۱	پردیس	-۲.۱۶
وآذر	-۳.۸۶	وتوس	۱.۹۶	وتوصا	۲.۱	ومعادن	۱.۶۷	وتوسم	۱.۵۵	وتوکا	۱.۸۲	وساخت	۱.۱۷	وسایا	۱.۳۷	وسپه	۱.۹۷
وسنا	۰.۵۶	ورنا	۱.۵۹	ثمسکن	۱.۳۸	وملت	۰.۳۸	ونیکی	۲.۱۶	ولپرو	۲.۱۱	کگل	۲.۰۱	فسلیر	۰.۸۹	ساربیل	۱.۱۴
سپاها	۱.۴۱	ستیر	۱.۴۱	سرود	۱.۴۱	سشرق	۱.۱۱	سشمال	۱.۴۱	سصوفی	۱.۴۲	سغار	۱.۱۱	سفانو	۱.۴۲	سفارس	۱.۴۲
سکارون	۱.۴۲	سکرد	۱.۴۳	سکرما	۱.۴۳	سمازن	۱.۴۳	سهرمز	۱.۱۱	سهگمت	۱.۴۳	قشکر	۱.۴۴	غشهد	۱.۱۱	قشهد	۱.۴۵
غشصفا	۱.۱	قشان	۱.۴۵	کلزوی	۱.۱۱	کهمدا	۱.۴۶	ککاژ	۱.۴۶	دشیمی	۱.۱	شیمچا	۱.۴۷	فاذر	۱.۱	فیرا	۱.۴۷
لبنی	۱.۴۸	بکاب	۱.۰۹	کخاک	۱.۴۹	خریخت	۱.۰۹	لسرما	۱.۵	سدشت	۱.۵۱	سغرب	۱.۰۸	شسینا	۱.۵۲	شفارس	۱.۵۲
کلوند	۱.۵۲	کساوه	۱.۵۴	چکاوه	۱.۰۷	پسهند	۱.۵۴	فپاعنر	۱.۵۵	فاما	۱.۵۵	غبشهر	۱.۰۵	لخزر	۱.۵۷	لپنو	۱.۰۵
خمحرا	۱.۵۸	خوساز	۱.۵۸	خمحرکه	۱.۵۹	شرنگی	۱.۰۶	فپنتا	۱.۶	قشرین	۱.۶۱	ثفارس	۱.۶۱	سلامیت	۱.۰۷	دفرا	۱.۶۲
فیبرا	۱.۶۲	لجام	۱.۰۷	کاذر	۱.۶۴	کفرا	۱.۶۵	کلپارس	۱.۶۵	فراور	۱.۰۷	فروس	۱.۶۷	خفنر	۱.۰۸	خزر	۱.۶۹
فجر	۱.۷۱	فخوز	۱.۰۹	فوکا	۱.۰۹	فولاد	۱.۷۴	فسفها	۱.۱	فپارس	۱.۷۷	قزوین	۱.۱	قفرست	۱.۱۱	قمرو	۱.۸
قپنتا	۱.۱۲	قهکمت	۱.۱۳	پاپیر	۱.۸۷	پاکشو	۱.۱۲	بکام	۱.۹۲	خکار	۱.۹۴	چکارن	۱.۹۹	چکارم	۱.۹۹	کرازی	۲.۰۲
پاپکا	۲.۰۴	بنک	۲.۰۴	کحافظ	۲.۰۴	خکمک	۲.۰۴	لخانه	۲.۰۶	لکما	۲.۰۶	نبروج	۲.۱	کچینی	۲.۱	سفارود	۲.۱۱
لازما	۲.۱۹	کپارس	۲.۲۴	کترام	۲.۲۲	کتیلو	۱.۱۸	کسعدی	۱.۹۲	فاسمین	۲.۲۳	شکربن	۰.۰۹	زمگسا	-۱۲.۷	غاذر	۱.۹۲
حکشتی	۰.۲	شکف	۰.۳۳	تکمبا	-۰.۶۹	اکنتور	۰.۶۳	دکیمی	۰.۸۵	غیوان	۱.۰۱	خبهمن	-۲.۸۶	خمهرا	۰.۹۴	دسبحا	۱.۹۳
بکرمان	۰.۶	لوتان	-۰.۴۹	فسپا	-۱.۶۲	وسدید	۰.۰۵	ختوقا	-۲.۴۵	وملی	۰.۶۲	فنوال	۲	خکشتر	۱.۷	لپیام	۱.۷۶
تکشا	۱.۳۵	شگل	-۰.۵۴	غگل	۰.۵۷	دعبید	۰.۲۱	مرازک	۱.۸۹	دسینا	۰.۸	بشهاب	-۰.۱۲	فلامی	۱.۵۶	غپاک	۱.۸۴
شکلاب	۱.۳۶	فسدید	-۳.۱۵	فلوله	۱.۷	ولیز	۱.۲۵	والقدر	۱.۷۶	ولصنم	۰.۷	غمارک	۱.۳۲	تراک	۰.۹۳	فاراک	۱.۷۵
پارتا	۱.۳۷	نخاس	۰.۹۵	غجین	۰.۶۷	تاپاد	۰.۹۲	اخابر	۱.۲۵	رمپنا	-۰.۰۹	وامید	۰.۷۲	کیافق	-۰.۷۴	کمشکنز	۰.۱۳
شاملا	۱.۲۴	کدما	۰.۵۶	کچاد	-۰.۴۲	فسرب	۰.۷۹	فطی	۱.۴۵	خمهر	۱.۰۸	تکنو	۰.۸۹	لقبرو	-۵.۰۵	خنصیر	۱.۶۳
بموتو	۱.۲	چنوپا	۱.۴۴	شپهرن	۲.۱۲	شنفت	۰.۹۷	فنوره	۱.۲۳	لتوسا	-۰.۷۴	غنوش	۰.۵۵	بلبرو	۰.۷۸	شکلر	-۰.۲۵
وبترو	۱.۷۲	شپران	۱.۹۶	وصندوق	۲.۰۵	وبیمه	۱.۵۱	ونفت	۱.۹۶	وصنعت	۲.۲	وغدیر	۱.۲۹	وبانک	۱.۵۹	کورز	۱.۸۸
دفارا	۱.۳۹	فجوش	۱.۸۴	شسواد	-۱.۱۵	تایرا	۱.۷۳	کایتا	۱.۳۹	خرینگ	۱.۸	لشاهد	۱.۴۶	ستاین	۱.۱۱	لشاذر	۱.۴۵
ساروم	۰.۹۵	سمفها	۱.۴	سیلام	۱.۴	سیجنو	۱.۱۱	سپهان	۱.۴	ستران	۱.۴	سخاش	۱.۴	سخزر	۱.۴	ساراب	۱.۱۱
کاصفا	۱.۰۸	فجام	۱.۵۸	فولاژ	۱.۰۸	فنفتی	۱.۱۱	دارو	۲.۰۲	فیستم	۱.۴۸	فثابت	۲.۱۱	غالبر	۰.۱۱	شمحرکه	۰.۸۱
خموتور	۱.۱۵	کرماشا	۱.۷	شوش	۱.۳۷	صدور	۱.۴۱	شپدیس	۰.۱۴								

مرحله اول: یک دهه بهینه‌سازی با ICA: اطلاعات خروجی از الگوریتم رقابت استعماری و ورودی به الگوریتم ژنتیک برای دو نسل بهینه‌سازی شامل ۳۴۸ نماد از بورس تهران به همراه β نرمالایز شده

بهینه‌سازی با GA اطلاعات خروجی از الگوریتم ژنتیک و ورودی به رقابت استعماری برای سه دهه بهینه‌سازی، شامل ۶۸ کشور به همراه قدرتشان- نتایج بهینه‌سازی در جدول نمایان است.

مرحله سوم: سه دهه بهینه‌سازی با ICA- اطلاعات خروجی از الگوریتم رقابت استعماری و جواب نهایی پرتفوی بهینه شده، شامل ۶۸ کشور به همراه سهمشان از پرتفوی

جدول ۱۰-اطلاعات خروجی از الگوریتم رقابت استعماری و جواب نهایی پرتفوی بهینه

۵۹۰ مجموعه مقالات پنجمین کنفرانس توسعه نظام تأمین مالی در ایران

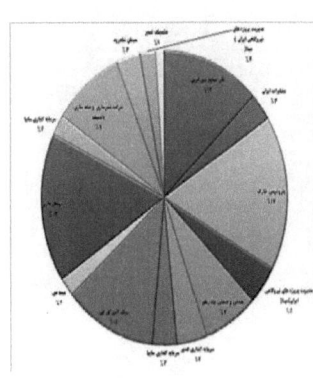

	نماد اوراق بهادار	درصد
۱	ملی صنایع ایران	۱۲/۸۴۶۰۴
۲	مخابرات ایران	۳/۱۲۰۰۷۱
۳	پتروشیمی مدیریت	۱۷/۳۲۹۹
۴	پتروشیمی پروژه‌های نیروگاهی ایران (شهنتا)	۲/۳۵۸۴۸۴
۵	معدنی و صنعتی چادرملو	۷/۱۱۵۱۰۷
۶	سرمایه‌گذاری غدیر	۳/۹۰۲۶۹۴
۷	سرمایه‌گذاری سایپا	۳/۲۳۹۲۱۷
۸	سنگ آهک گل‌گهر	۱۲/۰۰۴۹
۹	بیمه دی	۳/۱۱۸۱۸۷
۱۰	سبحان دارو	۱۶/۴۴۱۶۷
۱۱	سرمایه‌گذاری سایپا	۲/۲۷۹۷۱۹
۱۲	شرکت شهرسازی و خانه‌سازی باغمیشه	۹/۲۰۷۳۳۳
۱۳	سیمان شاهرود	۳/۲۱۷۱۸۲
۱۴	مدیریت پروژه‌های نیروگاهی ایران (مپنا)	۲/۰۶۹۱۵
۱۵	هلینگ غدیر	۱/۰۶۰۵۳۶

σ_p	مدل CAPEM								مدل سنتی							
	$E(R_p)$	اوزان اوراق						نمودار	$E(R_p)$	اوزان اوراق						نمودار
۱	۱۸.۳	۰.۳۳	۰.۳۰	۰.۰۷	۰.۱۰	۰.۰۵	۰.۲۹		۳.۸۲	۰.۱۵	۰.۲۴	۰.۰٤	۰.۱٤	۰.۱۵	۰.۲۹	
۲	۱۸.۹	۰.۱۳	۰.۰۱	۰.۲۰	۰.۰۳	۰.٤۰	۰.۰۷		۷.۷۵	۰.۱٦	۰.۱۳	۰.۰۳	۰.۲٦	۰.۳٤	۰.۰۷	
۳	۱۹.۲٤	۰.۰۳	۰.۳۰	۰.٤۰	۰.۱۰	۰.۱۳	۰.۰۹		۱۰.۳۷	۰.۰٤	۰.۰۱	۰.۳۰	۰.۳٦	۰.۳۰	۰.۰۹	
۵	۱۹.۳٤	۰.۳٦	۰.۳٦	۰.۰۸	۰.۱۰	۰.۱۵	۰.۰۵		۱۲.۵۳	۰.۰۷	۰.۲۰	۰.٤۰	۰.۰۸	۰.۲۰	۰.۰۵	
۷	۱۹.٤۱	۰.۳٤	۰.۳۰	۰.۰۱	۰.۰۸	۰.۱۲	۰.۲٤		۱٤.۱٤	۰.۱۰	۰.۰۳	۰.۱۰	۰.۱۰	۰.۳۳	۰.۳٤	
۹	۱۹.٤۹	۰.۰۷	۰.۰۹	۰.۰۵	۰.۳٤	۰.۱۵	۰.۱۵		۱۵.۳۸	۰.۰۵	۰.٤۰	۰.۱۳	۰.۱۵	۰.۱۲	۰.۱۵	
۱۱	۱۰.۵٦	۰.۳۲	۰.۱۰	۰.۱۰	۰.۰۸	۰.۰۲	۰.۰۸		۱٦.٤۸	۰.۳۰	۰.۰۸	۰.۳۷	۰.۰٤	۰.۱۳	۰.۰۸	
۱۳	۱۹.٦۲	۰.۱۵	۰.۰۲	۰.۲۱	۰.۰۵	۰.۲۰	۰.۱٤		۱۷.۳۳	۰.۰۷	۰.۱۹	۰.۱۵	۰.۱۳	۰.۳۲	۰.۱٤	
۱۵	۱۹.۷۱	۰.٦۳	۰.۰۰	۰.۰۳	۰.۰۰	۰.۰۰	۰.۰۹		۱۸.۰۷	۰.۰۹	۰.۱۰	۰.۰۲	۰.٤۰	۰.۳۰	۰.۰۹	
۱۷	۱۹.۷٦	۰.۳۲	۰.۳۰	۰.۱۰	۰.۱۰	۰.۰۵	۰.۳۳		۱۸.۵۷	۰.۰۵	۰.۱۰	۰.۲۱	۰.۲۱	۰.۱۰	۰.۳۳	

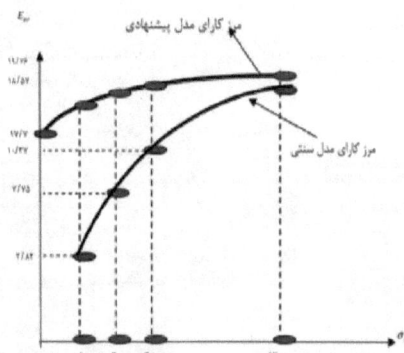

۱

-استخراج مرزکارای مدل پیشنهادی و سنتی:

پس از تخمین پارامترهای مدل پیشنهادی و مدل سنتی، و با توجه به آنچه مطرح شد، اینک می‌توان در هر یک از دو مدل از طریق اختیار نمودن مقادیر متفاوت برای ریسک پرتفولیوی تشـکیل شـده از اولین شش شرکت امپراطوری بهینه شده، از بین ۶ شرکت اول موجود در سبد، مقاد یر بازده‌های انتظاری متناظر و به دنبـال آن مرزکـارا را درهر یـک از دو مـدل پیشنهادی و سنتی به بدست آورد.

متناظر جدول فوق نمودارهای الگوی پیشنهادی و سنتی را ترسیم نمودیم. همانطور که ملاحظه می‌گردد مرز کارای مدل پیشنهادی به لحاظ عملی بر بالای مرز کارای سنتی واقع شده است. فلذا این امر اثبات عملی فرضیه تحقیق را نیز به همراه دارد.

منابع

۱- انواری رستمی؛ مدیریت مالی و سرمایه‌گذاری (تجزیه تحلیل پرتفولیو) ۱ .۱st edn. طراحان نشر، تهران (۱۳۷۸)

۲- هاگن، تئوری نوین سرمایه‌گذاری جلد دوم. انتشارات ترمه، تهران (۱۳۸۵)

۳- گائومینتز، ایوانز، آرچر؛ (۱۹۶۷)

۴- قدس، حاکمیت شرکتی و اصلاح ساختار هیأت مدیره. ماهنامه تدبیر شماره ۱۹۵، ص ۴۹ (مرداد ۱۳۸۷)

۵- فدایی‌نژاد، بررسی اثر نسبت B/M و اندازه شرکت با میزان سودآوری شرکت‌ها. تحقیقات مالی، ص ۱۲۳ (۱۳۷۵)

۶- عبده تبریزی، ح، گنابادی، م. تردید در اعتبار مدلهای مالی. مجله حسابدار شماره ۱۱۵، (۱۳۷۵)

۷- عبدالعلی‌زاده، ش، عشقی؛ کاربرد الگوریتم ژنتیک در انتخاب یک مجموعه دارایی از سهام بورس اوراق بهادار. فصلنامه پژوهش‌های اقتصادی ایران ۱۷, ۱۹۲ - ۱۷۵ (زمستان ۱۳۸۲)

۸- ظهوری؛ کاربرد روش‌های تحقیق علوم اجتماعی در مدیریت. انتشارات میر، تهران (۱۳۷۸)

۹- صادقی، م؛ بررسی سودمندی استراتژی‌های مومنتوم و معکوس در بورس اوراق بهادار تهران. دانش مدیریت شماره ۱۷, ۹ (۱۳۸۶)

۱۰-ص، ه. : (۱۹۷۹)

۱۱- شهرستانی، بیدآباد، ثوابی اصل: توسعه نظریه مارکوویتز – شارپ و مدر کارای جدید (مطالعه موردی: شرکت‌های سیمانی بورس تهران)، فصلنامه پژوهش‌های اقتصادی شماره دوم (سال دهم)، ۴۳-۶۰ (تابستان ۱۳۸۹)

۱۲- سینایی، خرم؛ بررسی رابطه اهرم مالی با ریسک سیستماتیک سهام عادی شرکت‌های سهامی عام در ایران. تحقیقات مالی، ص ۱۰۷ (۱۳۸۳)

۱۳- زینل همدانی، سجادی؛ بهینه‌سازی سبد سهام با استفاده از الگوریتم رقابت استعماری بر اساس ارزش در معرض خطر و ارزیابی آن ، Thesis، تهران (مهر ماه ۱۳۹۰)

۱۴- رودپشتی، رنجبران، ف، رنجبران، م؛ تبیین ضریب حساسیت با استفاده از مدل قیمت‌گذاری دارایی‌های سرمایه‌ای و مدل تعدیلی۲. مجله پژوهش‌های مدیریت شماره ۷۹ , ص ۱۴ (۱۳۸۷)

۱۵- راعی، ر، فلاح پور، س. : مالیه رفتاری رویکردی متفاوت در حوزه مالی. تحقیقات مالی شماره ۱۸، (۱۳۸۳)

۱۶- راعی،، علی بیگی،؛ بهینه سازی پرتفوی سهام با استفاده از روش حرکت تجمعی ذرات. تحقیقات مالی ۱۲ (۲۹)، ۲۱-۴۰ (بهار و تابستان ۱۳۸۹)

۱۷- دانایی فرد، الوانی، آذر ؛ روش شناسی پژوهش کمّی در مدیریت ؛ رویکردی جامع.، انتشارات صفّار- اشراقی، . تهران (۱۳۸۳)

۱۸- خالوزاده،، . ح. : مدل‌سازی غیر خطی و پیش‌بینی رفتار قیمت سهام در بازار بورس تهران.، رساله دکتری مهندسی برق، دانشگاه تربیت مدرس، دانشکده فنی و مهندسی.، ۰ (۱۳۷۷)

۱۹- تلنگی، ؛ تقابل نظریه نوین مالی و مالی رفتاری. مجله تحقیقات مالی شماره ۱۷, ص ۳ (۱۳۸۳)

۲۰- تکینی، ا.، شفیعی، ا.، گرشاسبی، ع. : «نقش بورس کالا در اصلاح ساختار اقتصادی بخش کشاورزی»،،. معاونت برنامه‌ریزی و امور اقتصادی وزارت بازرگانی (دی ماه ۱۳۸۸ ،)

۲۱- تقوی فرد، م، ت، منصوری، ط، خوش طینت، م؛ ارائه یک الگوریتم فرا ابتکاری جهت انتخاب سبد سهام با در نظر گرفتن محدودیت های عدد صحیح. فصلنامه پژوهش های اقتصادی ایران شماره ۴، صفحات ۶۹ - ۴۹ (زمستان ۱۳۸۶)

۲۲- بریلی؛ (۱۹۶۹)

۲۳- باوی، ، صالحی، ؛ الگوریتم های ژنتیک و بهینه سازی سازه های مرکب. انتشارات عابد، تهران (۱۳۸۷)

۲۴- آذر ، ع.، ستاری، ف.، انواری رستمی، ع. ا.، احمدی ، ؛ ، ‹بهینه‌سازی پورتفولیو با رویکرد متغیرهای تصادفی فازی. (۱۳۹۰)

۲۵- انواری رستمی،، ع. ا. ؛ انتخاب و ارزیابی عملکرد مجموعه‌های اوراق بهادار سرمایه گذاری چند معیاری با بهره گیری از مدلهای برنامه ریزی آرمانی. (۱۳۷۹)

۲۶-انواری رستمی، ع.، ختن لو، م.: بررسی مقایسه‌ای رتبه بندی شرکتهای برتر بر اساس نسبتهای سود آوری و شاخص‌های بورس اوراق بهادار تهران. (۱۳۸۵)

۲۷- انواری رستمی، ع. ا.، سراجی ، : سنجش سرمایه فکری و بررسی رابطه میان سرمایه فکری و ارزش بازای سهام شرکت‌های بورس اوراق بهادار تهران،. (۱۳۸۴)

۲۸- انواری رستمی، ع. ا.: بخش پنجم - تجزیه تحلیل پرتفولیو. In : مدبریت مالی و سرمایه‌گذاری، تجزیه تحلیل پرتفولیو. طراحان نشر، تهران (۱۳۷۸) ۷۶۷-۸۵۲

پیوست ۱:پرسشنامه

به نام خدا

استاد گرامی،

با سلام و تحیات الهی

همانطور که مستحضر میباشید، یکی از دغدغههای سرمایه‌گذاران در بورس تهران، «عدم اطمینان موجود در باب اندازه گیری ابهام» است و با فراز و نشیب‌های امروز ایران، سرمایه‌گذار بیش از پیش نیازمند ابزاری جهت براورد ابهام عدم قطعیت در دستیابی به بازده مورد انتظارش می‌باشد. صاحبنظران در شناسایی عوامل مؤثر بر مورد پیش گفته دچار تشکیک آرا می‌باشند که در این بین نیاز به تحقیق جامع ضروری به نظر می‌رسد. هدف این پژوهش، احصاء نظرات صاحبنظران دانشگاهی و دانشمندان بین المللی در باب بررسی آرا و رفع موانع و در نهایت دستیابی به ابزاری جامع از طریق فن آوری‌های نوین و ابتکاری می‌باشد. برای قسمتی از پژوهش نیاز به اندازه گیری عوامل کیفی دخیل در نگرش سرمایه‌گذار برای تصمیم گیری در انتخاب سرمایه‌گذاری داریم بدین منظور از شیوه ضریب الفای کرونباخ استفاده می‌گردد. اخذ دیدگاهها و نظرات از اساتید صاحب نظر در جهت روایی پژوهش معمولاً یک بار انجام میشود، نظرات خبرگان در باب مسأله پژوهش دریافت و اعمال می‌گردد.

موفقیت این روش بستگی به مشارکت خبرگان و کیفیت پاسخهای ایشان دارد. از آنجا که درک چالشها و موانع سرمایه‌گذاری در بورس برای اعتلای ایرانمان و اخذ تصمیمات و سیاستگذاری علمی قدمی بنیادی محسوب میگردد، خواهشمندیم ضمن پذیرش مشارکت در این پژوهش، نظرات و دیدگاههای خود را تا حد و شفاف اعلام فرمایید. در این دور، پاسخهای شما میتوانند هر چقدر که لازم میدانید لازم است میتوانید از مثالها و شواهد استفاده کنید. این امر، به درک و تحلیل پاسخها ر بعدی کمک میکند.

فرم الکترونیک تنظیم شده است و میتواند پاسخهای شما را تا هر حجمی که است. لطفاً پس از تکمیل آن را به نشانی الکترونیک

سطح تحصیلات	فوق دکتری ☐ دکتری ☐ فوق لیسانس ☐
رشته و مدرک تحصیلی	
تخصص (ها)	
درجه علمی	استاد ☐ دانشیار ☐ استادیار ☐
چند سال در ارتقاء دانش مدیریت مشارکت دارید؟	

MOASTAFA.EMAMI@MODARES.AC.IR ارسال فرمایید.

با تشکر از همکاری صمیمانه و عالمانه شما

مصطفی امامی جزه

دانشجوی دوره کارشناسی ارشد حسابداری

دانشگاه تربیت مدرس

ردیف	مانع	اهمیت برای سرمایه‌گذار					توضیحات
		خیلی کم	کم	متوسط	زیاد	خیلی زیاد	
1	نسبت قیمت به سود	☐	☐	☐	☐	☐	
2	نوسانات قیمت سهام	☐	☐	☐	☐	☐	
3	افزایش سرمایه	☐	☐	☐	☐	☐	
4	وضع بازار	☐	☐	☐	☐	☐	
5	روند قیمتی سهام	☐	☐	☐	☐	☐	
6	سود هر سهم	☐	☐	☐	☐	☐	
7	سود نقدی هر سهم	☐	☐	☐	☐	☐	
8	بازده	☐	☐	☐	☐	☐	
9	نوع صنعت	☐	☐	☐	☐	☐	

خواهشمندیم، در صورتی که به نظر شما موانع دیگری نیز در مقابل تولید دانش بومی مدیریت درایران وجود دارد، در جدول زیر مرقوم فرمایید(سطرهای جدول قابل افزایش هستند)

ردیف	مانع	توضیحات
1		
2		
3		

تعهد سازمانی و عوامل موثر بر آن

مصطفی امامی[۱]

چکیده

تعهد سازمانی یک نگرش مهم شغلی و سازمانی است که در طول سال‌های گذشته مورد علاقه بسیاری ازمحققان رشته‌های رفتار سازمانی و روانشناسی خصوصاً روانشناسی اجتماعی بوده است در دهه اخیر تحقیقات متعددی دراین زمینه و در ابعاد مختلف با آن انجام گرفته است این تحقیقات در دو مقوله دسته‌بندی می‌شوند. گروه اول سعی در شناخت ماهیت خود تعهد داشته‌اند و گروه دوم به بررسی عوامل مرتبط با تعهد پرداخته‌اند اگر چه این متغیر به نحو محسوس و کمی اندازه‌گیری نمی‌شود اما وجود آن علی‌الاخصوص دربرخی سازمان‌ها بسیارضروری است در این مقاله سعی شده به تعریف تعهد، انواع تعهد، دیدگاه‌های نوین درباره تعهد سازمانی، عواملی ازجمله خصوصیات شخصی وویژگی‌های شغلی که بر تعهد سازمانی کارکنان تأثیر گذاشته و تحقیقات صورت گرفته دراین مورد پرداخته شود.

---

۱ کارشناس ارشد حسابداری دانشگاه تربیت مدرس

واژگان کلیدی

تعهد، تعهد سازمانی، تعهد مستمر، تعهد هنجاری، خصوصیات شخصی، ویژگی‌های شغلی.

مقدمه

در ادبیات روانشناسی اجتماعی[1] مفهوم نگرش‌ها[2] از اهمیت ویژه‌ای برخوردار است. آلپورت[3] (۱۹۳۵) در مقاله‌ای که پژوهش‌های مربوط به نگرش‌ها را بازنگری می‌کرد، اظهار داشت که مفهوم نگرش شاید ممتازترین و ضروری‌ترین مفهوم در روانشناسی اجتماعی معاصر باشد. تصور این است که در محیط سازمانی نگرش‌های شخصی با شخصیت[4]، انگیزش[5]، و سایر فرایندهای او ارتباط دارند. نگرش‌ها عبارتند از تمایل یا آمادگی برای پاسخگویی به‌گونه‌ای مطلوب یا نامطلوب. این‌ها احساساتی آموخته و ارزشیابی کننده نسبت به افراد، اشیاء و مفاهیم موجود در دنیای پیرامونمان هستند. نگرش‌ها به‌گونه‌ای تنگاتنگ در بافت و ساختار روانی ما جا ی دارند آن‌ها با ارزش‌های اساسی‌تر مربوطند و باورهای ما را نسبت به موضوعات منعکس می‌کنند و اگر با دقت کافی سنجیده شوند و عوامل دیگر از قبیل هنجارهای اجتماعی نیز مورد نظر قرار بگیرند می‌توانند پیش‌بینی‌های نیرومندی از رفتار باشند و شالوده دانش ما را برای تعامل با دیگران و دنیای پیرامونمان فراهم کنند (میچل[6]، ۱۹۷۷). نگرش‌های متعددی در رابطه با فعالیت‌های شغلی وجود دارد که از مهم‌ترین آن‌ها می‌توان به خشنودی شغلی، تعهد سازمانی و دلبستگی شغلی[7] اشاره کرد. بیشترین تحقیقات در این خصوص درباره خشنودی شغلی و بعد از آن درباره تعهد

1 . Social psychology
2 . Attitudes
3 . Allport
4 . Personality
5 . Motivation
6 . Mitchell
7 . Job involvement

سازمانی بوده است (سال و نایت[1]، ۱۹۹۵). روانشناسان صنعتی و سازمانی[2] و مدیران منابع انسانی به‌دلایل متعددی به نگرش‌های شغلی توجه داشته‌اند. از جمله دلایل عمده آن‌ها نیاز به شناخت متغیرها و عواملی بوده است که بر رفتارهای کار[3] مثل عملکرد شغلی[4]، ترک شغل[5]، حضور[6]، دیر آمدن[7]، غیبت[8] و غیره اثر می‌گذارند (میچل، ۱۹۷۷) بر اساس نظریه‌های که پایه بسیاری از تحقیقات شده‌اند، بین نگرش‌های شغلی با متغیرهای رفتار کار، رابطه معنی‌داری وجود دارد مثلاً یفالدو و میوچینسکی[9] (۱۹۸۵) در تحقیقاتشان نشان دادند که بین خشنودی شغلی و عملکرد شغلی رابطه معنی‌داری وجود دارد. یافته‌های تحقیقاتی که رابطه معنی‌دار بین نگرش‌های شغلی با رفتارهای کار نشان داده‌اند، موجب گردیده‌اند که روانشناسان صنعتی و سازمانی به جستجوی متغیرهای برآیند که بر نگرش‌های شغلی تأثیر دارند. آن‌ها اضافه می‌کنند که با به‌دست آوردن این یافته‌ها می‌توان نظریه‌ها و الگوهایی در خصوص نگرش‌های شغلی پایه‌ریزی کرد و یا در جهت تکامل آن‌ها اقدام به‌عمل آورد. علاوه بر این می‌توان از این یافته‌ها در جهت توصیه به مدیران منابع انسانی به منظور مطلوب ساختن نگرش‌های شغلی و بالطبع بهبود رفتار کار و حذف رفتارهای کناره‌گیری[10] استفاده کرد (ریچارز[11]، ۱۹۸۵؛ کوهن و لوهنبرگ[12]،۱۹۹۰) از جمله متغیرهای متقدم و موثر بر نگرش‌های شغلی می‌توان از خصوصیات شخصی هم‌چون سن، جنسیت، وضعیت، تأهل، تحصیلات، سابقه استخدام، سطح مهارت[13]، اخلاق کار[14]، تعداد فرزندان و ویژگی‌های شغلی مانند تنوع مهارت[15]، هویت وظیفه، استقلال وظیفه[1] و

---

1 . Saol & Knight
2 . Industrial organization
3 . Work Behavior
4 . Job Performance
5 . Turnover
6 . Attendance
7 . Hardiness
8 . Absenteeism
9 . Iaffaldno & Muchinsky
10 . Withdrawal Behaviors
11 . Reichers
12 . Cohen & Lowenberg
13 . Skill Level
14 . Work Ethic
15 . Skill Variety

وظیفه[1] و خصوصیات سازمانی[2] مانند اندازه سازمانی[3]، مرکزیت‌گرایی سازمانی[4] (تمرکز سازمانی) حالات نقش مانند ابهام نقش[5]، تعارض نقش[6]، گرانباری نقش[7] و ده‌ها متغیر دیگر نام برد (ماتیو و زاجاک[8]، ۱۹۹۰). تعهد سازمانی یک نگرش مهم شغلی و سازمانی است که در طول سال‌های گذشته موردعلاقه بسیاری از محققان رشته‌های رفتار سازمانی و روانشناسی خصوصاً روانشناسی اجتماعی بوده است. این نگرش در طول سه‌دهه گذشته دستخوش تغییراتی شده است که شاید عمده‌ترین تغییر در این قلمرو مربوط به نگرش چند بعدی به این مفهوم تا نگرش یک بعدی به آن بوده است. هم‌چنین با توجه به تحولات اخیر در حیطه کسب‌وکار ازجمله کوچک سازی‌ها و ادغام‌های شرکت‌ها در یکدیگر عده‌ای از صاحب‌نظران را بر آن داشته تا اظهار کنند که اثر تعهد سازمانی بر دیگر متغیرهای مهم در حوزه مدیریت از جمله ترک شغل، غیبت و عملکرد کاهش یافته است و به همین جهت بررسی آن بی مورد است. اما عده‌ای دیگر از محققان این دیدگاه را نپذیرفته و معتقدند که تعهد سازمانی اهمیت خود را از دست نداده و هم‌چنان می‌تواند مورد تحقیق قرار گیرد از آنجا که طبق تحقیقات صورت گرفته رفتار کارکنان درسازمان می‌تواند متأثر از نگرش‌هایشان باشد، از این‌رو، آگاهی از آن‌ها برای مدیران سازمان‌ها ضروری به نظر می‌رسد. با وجود این، بایستی اذعان کرد، آگاهی از همه نگرش‌های کارکنان برای مدیران سازمان اهمیت چندانی نداشته و مدیران نیز علاقه‌ای به دانستن همه این نگرش‌ها ندارند. درواقع مدیران بیشتر علاقه‌مند به دانستن آن دسته از نگرش‌هایی هستند که با کار و سازمان مرتبط است. طبق تحقیقات انجام گرفته در این مورد سه نگرش عمده، بیشترین توجه و تحقیق را از سوی محققان به‌خود جلب کرده‌اند.

1 . Task Autonomy
2 . Organizational Characteristics
3 . Organizational Size
4 . Centralization
5 . Role Ambiguity
6 . Role Conflict
7 . Role Overload
8 . Mathieu & Zajac

این سه نگرش عبارتند از: ۱- رضایت شغلی[1]، ۲- وابستگی شغلی[2] و ۳- تعهد سازمانی[3] است. تعاریف زیادی از تعهد وجود دارد تعهد را می‌توان نوعی الزام دانست که آزادی عمل را محدود می‌کند (فرهنگ لغت آکسفورد، ۱۹۶۹). دلایل زیادی وجود دارد از این‌که چرا یک سازمان بایستی سطح تعهد سازمانی اعضایش را افزایش دهد (استیرز و پورتر، ۱۹۹۲: ۲۹۰). اولاً تعهد سازمانی یک مفهوم جدید بوده و به‌طور کلی با وابستگی و رضایت شغلی تفاوت دارد. برای مثال، پرستاران ممکن است کاری را که انجام می‌دهند دوست داشته باشند، ولی از بیمارستانی که در آن کار می‌کنند، ناراضی باشند که در آن صورت آن‌ها شغل‌های مشابه‌ای را در محیط‌های مشابه دیگر جستجو خواهند کرد. یا بالعکس پیشخدمت‌های رستوران‌ها ممکن است، احساس مثبتی از محیط کار خود داشته باشند، اما از انتظار کشیدن در سر میزها یا به‌طور کلی همان شغلشان متنفر باشند (گرینبرگ و بارون: ۲۰۰۰، ۱۸۲). ثانیاً تحقیقات نشان داده است که تعهد سازمانی با پیامدهایی از قبیل رضایت شغلی (باتمن و استراسر، ۱۹۸٤)، حضور (ماتیو و زاجیک،۱۹۹۰)، رفتار سازمانی فرا اجتماعی (اریلی و چتمن، ۱۹۸٦) و عملکرد شغلی (می‌یر، آلن و اسمیت، ۱۹۹۳) رابطه مثبت و با تمایل به ترک شغل (مودی، پورتر و استیرز، ۱۹۸۲) رابطه منفی دارد (شیان‌چنج و همکاران، ۲۰۰۳: ۳۱۳).

دو دیدگاه درباره تعهد سازمانی

۱. تعهد سازمانی در دنیای امروز چیز بی ربطی است: بعضی از نویسندگان جدید معتقدند که تعهد سازمانی موضوع بی‌ربطی است و نیازی به تحقیق و بررسی ندارد. باروچ[4] یکی از این افراد است. به اعتقاد باروچ با توجه به روندهای اخیر در مورد کوچک‌سازی سازمان‌ها مثل فرایند مهندسی مجدد، ماهیت روابط کار در سه دهه اخیر به نحو چشم‌گیری تغییر کرده است به‌طوری که تعهد کارمند به سازمان موضوع بی‌ربطی

1 . Job Satisfaction
2 . Job Involvement
3 . Organizational Commitment
4 . Baruch

شده است. او می‌گوید که اهمیت تعهد سازمانی به‌عنوان یک مفهوم عمده در مدیریت و رفتار سازمانی در حال کاهش است و این روند هم‌چنان ادامه دارد. اساس بحث باروچ این است که تعهدسازمانی برای کارکنان یک پیش شرط مهم است، اما مهم‌ترین نیست. سازمان‌ها با توجه به فعالیت‌های کوچک‌سازی در سال‌های اخیر نسبت به استخدام کارکنان با تعهد یکسان نسبت به سازمان یا ناتوان و یا بی‌میل بوده‌اند. حتی دراکر[1] برجسته‌ترین نویسنده مدیریت نیز نسبت به شرکت‌هایی که می‌گویند، برای کارکنانشان ارزش قائلند، بدبین است چرا که آن‌ها خلاف آن را ثابت کرده‌اند. دراکر می‌گوید، همه سازمان‌ها هر روزه اذعان می‌کنند که کارکنان بزرگترین دارایی آن‌ها هستند، ولی با وجود این به آن‌چه که می‌گویند کمتر عمل می‌کنند چه رسد به آن‌که واقعاً معتقد به آن باشند. اکثر سازمان‌ها معتقدند همان‌طور که تعهد سازمان به کارمند، کاهش یافته این انتظار وجود دارد که تعهد کارمند هم نسبت به سازمان کاهش یافته باشد.

به‌طور کلی نمی‌توان به منطق باروچ ایراد گرفت. تحقیقات نشان می‌دهند که حمایت سازمانی از کارمند با تعهد کارمند به سازمان به وضوح مرتبط است. هم‌چنین شواهد زیادی وجود دارد مبنی بر اینکه بسیاری از سازمان‌ها کارکنانشان را بازخرید می‌کنند تا هزینه‌ها را کاهش دهند و از این طریق توانایی رقابت در بازارهای جهانی را به‌طور فزاینده‌ای افزایش دهند. امشوف[2] (تخمین می‌زند که بالغ بر ۹۰ ٪ شرکت‌های بزرگ، کوچک شده‌اند. درباره تغییرات در محیط‌های کاری در روزنامه نیویورک تایمز تخمین زده شده است که ۴۳ میلیون شغل در آمریکا بین سال‌های ۱۹۷۹ تا ۱۹۹۵ از بین رفته است.

اکثر شغل‌هایی که در این دوره به‌وجود آمده‌اند از بین رفته‌اند. این رقم ترک شغل کارکنان را آشکار می‌کند و این بی‌نظمی ممکن است، اثر منفی را بر تعهد سازمانی تشدید کند. هم‌چنین مشخص شده است که شرکت‌ها نه تنها در زمان ورشکستگی یا رکود کارکنانشان را بازخرید می‌کنند، بلکه آن‌ها در زمان سودآوری و رونق نیز دست به این عمل می‌زنند. آن‌ها با انجام این کار علامت مثبتی را برای تحلیل‌های مالی ارائه و بنابراین،

1 . Drucker
2 . Emshoff

از این به‌عنوان حربه‌ای برای افزایش سهام‌داری در کوتاه‌مدت استفاده می‌کنند. برای مثال به گفته ریچهیلد[1] شرکت زیراکس در دوران سودآوری، برنامه‌هایی را برای کاهش کارکنانش اعلام کرد به‌طوری که تعداد آن‌ها را به ۱۰هزار کارمند در سال ۱۹۹۳ کاهش داد و این کار به افزایش ۷ ٪ سهام این شرکت در روز بعد منجر شد. تعجب‌آور خواهد بود اگر تعهد کارکنان به شرکت زیراکس درنتیجه چنین عملی کاهش نیابد. تعدادی از ادغام شرکت‌ها و به مالکیت درآوردن شرکتی توسط شرکت دیگر نیز توسط باروچ ذکر شده‌اند که هم‌چنین تعهد سازمانی کارکنان را کاهش داده‌اند. همان‌طور که سازمان‌های بزرگ مالکیت سازمان‌های دیگر را به‌دست آورده یا دارایی‌های خود را می‌فروشند آن‌چه که به‌طور فزاینده‌ای به شکل غالب ظاهر می‌شود موضوع کانون تعهد است. کاملاً به آسانی می‌توان دریافت که برای کارکنان در این شرایط درک این‌که چه چیزی و کدام سازمانشان است، مشکل است. در نتیجه ایجاد و شکل‌گیری تعهد در این شرایط برای آن‌ها مشکل خواهد بود. برای مثال آیا کارمندی که متعهد به شرکت مک دونل داگلاس[2] است می‌تواند به آسانی تعهدش را به شرکت بوئینگ منتقل کند.

۲. تعهد سازمانی واقعاً مهم است: چه‌طور می‌توان بحث باروچ را که معتقد است تعهد سازمانی یک مفهوم مدیریتی بی‌ربطی است را ارزیابی کرد. شواهدی وجود دارد که بسیاری از سازمان‌ها استراتژی‌های کوچک‌سازی و کاهش هزینه‌ها را دنبال می‌کنند. برای این شرکت‌ها ایجاد سطح بالایی از تعهد کارمند ظاهراً به‌عنوان یک استراتژی نه چندان مهم برای کسب موفقیت اقتصادی نسبت به شرکت‌هایی که به این استراتژی متوسل می‌شوند درک می‌شود. بنابراین، بر اساس تجربه واقعی مدیریت، ممکن است، صاحب‌نظری استدلال کند که تعهد کارمند چیز بی‌ربطی است، به‌خاطر این‌که سازمان‌های کمتری استراتژی‌هایی را برای افزایش تعهد کارکنان ادامه می‌دهند. در این دیدگاه باروچ ممکن است تاحدودی درست بگوید. با این حال، از طرف دیگر شواهدی دال بر این وجود دارد که سازمان‌ها درپی عملکرد بالا و استراتژی‌های منابع انسانی برای افزایش تعهد

---

1 . Richhield
2 . Mc Donnell Douglas

کارکنانشان هستند که می‌تواند سود اقتصادی بیشتری را برای آن‌ها فراهم کند. از این دیدگاه تعهد کارمند نه تنها بی‌ربط نیست، بلکه به‌عنوان یک مفهوم مدیریتی به‌خاطر این‌که می‌تواند به مزیت رقابتی و موفقیت مالی منجر شود، خیلی مهم است. درحقیقت تعهد از این دیدگاه ممکن است، به‌عنوان کلیدی برای مزیت رقابتی محسوب شود. در این دیدگاه تعهد کارمند به عنوان یک استراتژی رقابتی، کاملاً برخلاف آن‌چه که باروچ می‌گوید، چیز بی‌ربطی نیست (مودی، ۱۹۹۸: ۳۹۶- ۳۹۲).

سوال بسیار مهمی که این‌جا مطرح شده است که آیا معیار تعهد که به تعبیر بعضی‌اندیشمندان مدیریت آن را تقوی و فضیلت نامیده‌اند به‌خاطر برخی ملاحضات مدیریتی و فنی، کنار رفته، معیار تخصص و کارآمدی جایگزین آن شده است یا خیر؟ برای پاسخ به این سوال، ابتدا، تفکیکی میان تخصص و تعهد مطرح می‌گردد اما این تفکیک در ادامه پژوهش، قابل توجیه نیست. به این معنی که، به رغم تمایز آکادمیک میان این دو (که یکی ریشه درفلسفه اخلاق - بعد اخلاقی و دیگری ریشه در توسعه مدیریت ـ بعد مدیریتی دارد) درعمل، دو معیار فضلیت وکارآمدی، بسیار به یکدیگر مرتبط و نزدیک هستند. این نزدیکی و شباهت تئوریک میان دو معیار مذکور، درعمل، در دیدگاه و عملکرد جامعه مورد بررسی پژوهش (متصدیان نظارتی)، نمود یافته است.

به لحاظ تاریخی، حکمرانی خوب مستلزم حکمرانانی خوب و به همراه شهروندانی خوب است. اما بوروکراسی دولت‌های مدرن، تأکید بیشتری بر کارایی مدیریتی نسبت به تقوی و فضایل فردی دارد. به‌طور شهودی، می‌توان میان این دو مفهوم تمایزاتی قائل شد، این امتیازات در جدول (۱) خلاصه شده‌اند.

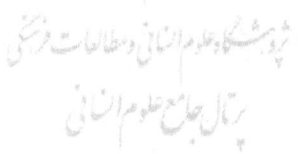

تعهد، تقوی، فضیلت	کارآمدی، شایستگی
ریشه در اخلاقیات و جهان‌بینی دارد.	ریشه در مهارت‌های کسب شده و کارایی فنی دارد.
حاکی از صفات و ویژگی‌های درونی، نـه ذاتـی است هر چند که نمود بیرونی دارد.	به‌جـای صـفات و ویژگـی‌هـا، حـاکی از اعمـال و عملکردهاست که نشان دهنـده ظرفیـت و توانـایی فرد است.

جدول ۱ : مقایسه شهودی تعهد و کارآمدی (آلن لاوتن[1] و میشائیل ماکیابلی[2]، ۲۰۰٦: ۷۰۳)

این تمایز، خود از لحاظ آکادمیک و علمی نیز در دو حوزه جداگانه دنبـال مـی‌شـود: یکی فلسفه اخلاق و دیگری توسعه مدیریت. البته این تمایز به معنای مانعه‌الجمع بودن این دو نیست. چه آن‌که، مدیریت خدمات عمومی، یکی از نقاط تلاقی این دو مفهوم است کـه از یک‌سو، ناظر بر بعد مدیریتی و ارتقاء کارایی است و از سوی دیگر در معرض دیگران و عامه مردم قرار دارد، عامه‌ای که از مدیران و مسئولان بخش عمومی، انتظار رفتار و اعمـال نیک را دارند. تحقیقات و پژوهشی بیشتر این امر را روشن می‌سازد که دو مفهـوم فـضیلت (تعهد) و شایستگی (تخصص) بیش از این به یکدیگر گره خورده‌اند. شایـستگی در درون خود، حاکی از یک‌سری از ارزش‌ها و فضائل است، و درمقابل نیـز، فـضیلت و تعهـد هـم مستلزم شایستگی است تا بتواند از مجرای اعمـال نیـک و فاضـلانه در تحقـق شایـستگی مذکور، توفیق داشته باشد. در این میان، می‌توان دو رویکرد را دنبال نمـود: رویکـردی کـه قائل به جدایی این دو مفهوم به‌طور کلی است و این دو را همانند سیب و پرتقـال مقایـسه می‌کند. رویکرد دوم، این دو را با یکدیگر مرتبط دانسته و هم‌زیست یکـدیگر مـی‌خوانـد، بدین معنی که بسیاری از شایستگی‌های مدیریتی، درون خـود دارای یـک‌سـری از فـضائل اخلاقی‌اند.

---

[1]. Alan Lawton
[2]. Michael Macaulay

انواع تعهد سازمانی

در ادبیات تعهد سازمانی چند تعریف مسلط وجود دارد که شرح آن در زیر آمده است:

الف. تعهد نگرشی یا اخلاقی[1]:

از همانندسازی و دلبستگی نسبتاً بالای فرد با یک سازمان خاص به‌دست می‌آید. این تعریف به‌طور مفهومی می‌تواند حداقل به‌وسیله سه عامل:

۱. اعتقاد قوی به پذیرش اهداف و ارزش‌های سازمان؛
۲. تمایل به انجام تلاش‌های قابل ملاحظه برای سازمان؛
۳. تمایاً به ادامه عضویت در سازمان، مشخص می‌شود (مودی و همکاران[2]، ۱۹۸۲).

ب. تعهد حسابگرانه یا رفتاری[3]:

این تعهد بر اساس الگوی مبادله[4] یا پاداش ـ ارزش هومنز و گولدنر[5] پایه‌ریزی شده است. تعهد حسابگرانه به‌عنوان پدیده‌ای ساختاری که نتیجه معامله فرد و سازمان و هم‌چنین دگرگونی در مزایای جانبی و سرمایه‌گذاری‌هایی که برای فرد در طول زمان به‌وجود می‌آید، تعریف شده است (هربی نیاک و الوتو[6]، ۱۹۷۲)

ج. تعهد هنجاری:

این تعهد فرایندی است که به موجب آن کنش‌های سازمانی مثل گزینش‌ها و روش‌های اجتماعی شدن[7] و ویژگی‌های درونی فرد[8] هم‌چون وفاداری تعمیم‌یافته[9]،

---

1 . Moral or Attitudinal Commitment
2 . Mowday et al.,
3 . Behavioral or Calculative
4 . Exchange Model
5 . Homans & Goulnr
6 . Hrebiniak & Alutto
7 . Socialization Procedures
8 . Individual Predispositions
9 . Generalized Loyalty

ارزش‌های مورد توافق سازمان مشخص و نگرش‌های وظیفه‌ای باعث ایجاد تعهد سازمانی می‌شود (واینر و واردی[1]، ۱۹۸۰)

در تحقیقی که توسط فریس وارنیا[2] (۱۹۸۳) با عنوان بررسی متغیر تعهد سازمانی با متغیرهای مثل ترک شغل، تمایل به ترک شغلی و خصوصیات شخصی مشتمل بر سن، جنسیت، وضعیت تأهل، تعداد فرزندان به‌عمل آمده است.

تعداد ۱۱۰۵ حسابدار حرفه‌ای در کانادا و ۲۴۷۸ حسابدار در کالیفرنیا به‌صورت تصادفی انتخاب شدند. در این پژوهش از دو نوع ابزار سنجش تعهد سازمانی (OCQ)[3] و مقیاس (H-AS)[4] استفاده شده است و نتایج برای هر دو ابزار سنجش تقریباً یکسان بود. سن با OCQ رابطه معنی‌دار با H-AS این رابطه معنی‌دار نبود. هم‌چنین جنسیت و تعداد فرزندان با مقیاس H-AS رابطه معنی‌داری داشتند اما با پرسشنامه تعهد سازمانی رابطه معنی‌دار نداشتند. در تحقیق دیگر که توسط بیتمن و استرسر[5] (۱۹۸٤) با عنوان بررسی رابطه میان تعهد سازمانی با خصوصیات عملکرد تعارض نقش، ابهام نقش، فضای سازمانی، حمایت سازمانی، نگرش نسبت به سازمان، فرصت رشد و هم‌چنین ابعاد مشاغل کارکنان را دربر می‌گیرد. مطابق گزارش‌های ارائه شده، عوامل موقعیتی بیش از عوامل شخصی در تبیین واریانس تعهد سازمانی نقش دارند (مارو، ۱۹۸۳). لوسکوکو[6] (۱۹۸۹)، عقیده دارد که نیرومندی تعهد سازمانی حاصل ترکیب کلی تجربه‌های مرتبط با کار، و غیرمرتبط با آن است. محیط کار نقش اساسی در سطح تعهد سازمانی بسیاری از گروه‌های کارکنان دارد.

1 . Winer & Vardi
2 . Ferris & Aranya
3 . Organizational Commitment Questionnaire
4 . Hrebiniak - Alutto Scale
5 . Bateman & Stressor
6 . Loscocco

بر اساس گفته‌های آلن و می‌یر[1] (۱۹۹۶)، عوامل پیش‌بینی کننده تعهد عـاطفی بـه‌طـور کلی در سه مقوله جای می‌گیرند:

الف) ویژگی‌های شخصی؛

ب) ویژگی‌های سازمانی؛

پ) تجربه‌های کاری.

با این حال بیشتر تحقیقات مرتبط با تعهد سازمانی به منظـور کـشف پـیش‌بینـی‌هـا و بازده‌های تعهد سازمانی هدایت شده‌انـد (هـاوکینز، ۱۹۹۸). ریچـاردز، اوبـرین و آکـروی[2] (۱۹۹٤)، در خصوص پیش‌بینی تعهد سازمانی معلمان از طریـق عوامـل بیرونـی و درونـی مرتبط با کار نشان می‌دهد که ۲ عامل درونی و ۳ عامل بیرونـی بـا تعهـد سـازمانی رابطـه معنادار دارند و آن را پیش‌بینی می‌کننـد ایـن پژوهـشگران یـادآور مـی‌شـوند کـه مـدیران می‌توانند با تغییر و اصلاح عوامل بیرونی در محیط کار، اثر عوامل درونی را افزایش دهنـد. آوامله[3] (۱۹۹٦)، گزارش می‌کند که مدیران در تعیین عوامل موثر در افزایش تعهد سازمانی، متغیرهای انگیزش ،سطح تحصیلات، برقراری معیارهای عادلانـه، بهبـود فـضای سـازمانی، امنیت و ثبات شغلی را در اولویت قرار دادند. هم‌چنین مطالعات نشان می‌دهد که شـاغلان در محیط‌های دانشگاهی متناسب با رشته‌های تحصیلی و تکالیـف آموزشی و پژوهشی خود از درون برای انجام دادن تکالیف شغلی برانگیخته می‌شوند (مک اینـیس[4]، ۲۰۰۰). بـا ایـن حال عوامل بیرونی مربوط به کار نظیر بودجه و منابع ناکـافی و مـدیریت ضـعیف، انگیـزه کاری آن‌ها را کاهش می‌دهد (گیلسپی، والش، وینفلـد، دواو اسـتاف[5]، ۲۰۰۱). **بـه سـخن دیگر اعضای هیأت علمی در صورتی نگرش مثبت به شغل و دانـشگاه خـود خواهنـد داشت که:**

۱. نقش‌ها روشن و دست یافتنی باشند؛

---

1 . Allen & Meyer
2 . Richards, Obrien & Akroyd
3 . Awamleh
4 . McInnis
5 . Gillespi , Walsh , Winefield , Dua & Cstough

۲. تکالیف شغلی چالش برانگیز باشد؛

۳. سرپرستان از سبک‌های رهبری حمایتی پیروی کنند؛

٤. ساختار سازمانی به‌گونه‌ای باشد که کارکنان را در تصمیم‌گیری مشارکت دهد و برعکس، زمانی‌که نقش‌های کاری مبهم باشد، تکالیف یکنواخت و انعطاف‌ناپذیر باشد، سرپرستان پشتیبانی و حمایت لازم را نشان ندهند و ساختار دانشگاه مشارکت کارکنان را در تصمیم‌گیری محدود کند، دانشگاهیان انگیزش کاری ضعیفی را نشان خواهند داد (وینتر و ساروس، ۲۰۰۲).

وینتر و ساروس (۲۰۰۲) طی پژوهشی روی ۱۰٤۱ عضو هیات علمی دانشگاهی استرالیا دریافتند که متغیرهای ابهام نقش، گرانباری نقش، تعارض نقش، سلسله‌مراتب اداری با تعهد سازمانی همبستگی منفی و معنادار دارند. در عین حال متغیرهای مرتبط با ویژگی‌های شغل، سبک رهبری حمایتی و میزان مشارکت اعضای هیأت علمی با تعهد سازمانی همبستگی مثبت و معنادار نشان می‌دهند. استیرز (۱۹۷۷)، نیز با بررسی رابطه بین تعهد سازمانی و ٤ ویژگی اصلی شغل (آزادی عمل، تنوع شغل، بازخورد و هویت شغل) با استفاده از تحلیل رگرسیون نشان داد که این ٤ ویژگی با تعهد سازمانی همبستگی معنادار دارند نشان داد. علاوه بر این بونیان، الشماری و جفری[1] (۱۹۹٦)، کولبرت و کوان (۲۰۰۰) و کوان و بنکز (۲۰۰٤) و نیز بین بازخورد و تنوع تکالیف و تعهد سازمانی همبستگی معنادار به‌دست آورند.

استیونز، بی‌یر و ترایس[2] (۱۹۷۸)، عقیده دارند که در زمینه تعهد، به ویژه‌اندازه‌گیری آن دو رویکرد متفاوت مطرح شده است. رویکرد تبادلی[3] که از سوی پژوهشگرانی نظیر استیونز و همکاران (۱۹۷۸)، حمایت شده است آنان بر این باورند که تعهد سازمانی تحت تاثیر عواملی نظیر برنامه‌های بازنشستگی و سایر مزایای مربوط به یک شغل، پس از دوره طولانی اشتغال است. سایر پژوهشگران نظیر پورتر، استیرز، ماودی و بولیان[4] (۱۹۷٤) بر

1 . Bhuian , Al - Shammari & Jefri
2 . Sterens , Beyer & Trice
3 . Exchange
4 . Boulian

اساس پیشنهاد اولیه پورتر و اسمیت که در مقاله موریس و شرمن[1] (۱۹۸۱) آورده شده است، یک رویکرد روانشناختی ارائه کرده‌اند این گروه از پژوهشگران برای آزمون اعتباررویکرد خود پرسشنامه‌ای را طراحی کرده و مطالعات بسیاری را طراحی کرده و مطالعات بسیاری را تدارک دیدند (ماودی و همکاران، ۱۹۷۹). در حال حاضر، در خصوص اعتبار این رویکرد تحقیقات بسیاری وجود دارد (کولبرت، کوآن[2]، وینتر، ساروس[3]، ۲۰۰۲)

پژوهش‌های مرتبط با تعهد کارکنان بسیار نویدبخش هستند. تت و می‌یر (۱۹۸۹)، با مرور مطالعات زیادی که بر رابطه بین تعهد کارکنان و برخی از بازده‌های سازمانی متمرکز بودند به این نتیجه رسیدند که روابط بین تعهد کارکنان و رضایت شغلی و ترک خدمت قوی است (میتو و زایاک[4]، ۱۹۹۰؛ هالنبک و ویلیامز[5]، ۱۹۸٦) هم‌چنین ماودی و همکاران (۱۹۷۹) و ساگی[6] (۱۹۹۸)، بین تعهد سازمانی و میزان غیبت از کار همبستگی معنادار به‌دست آوردند. مطابق پژوهش‌های انجام شده، کارکنان که تعهد سازمانی بالایی را نشان می‌دهند: ۱) در کارشان شادمان‌ترند، ۲) وقت کمتری را در کارهای غیرمرتبط با شغل خود صرف می‌کنند، ۳) احتمال کمتری دارد که سازمان خود را ترک کنند (رابینسون، سایمورد، و پورپورینو[7]، ۱۹۹۲) یافته مهم در خصوص تعهد سازمانی این است که این پدیده صفتی پایدار یا خصوصیت ثابت در طول زندگی فرد نیست (مارو، ۱۹۸۳). بدین سان تعهد سازمانی حاصل عوامل سازمانی مهم هستند که توجه به آن‌ها سودمند است. مرور متون مربوط به تعهد سازمانی نشان می‌دهد که تعهد تابعی است از ویژگی‌های شخصی و عوامل موقعیتی مرتبط با محیط کار. ویژگی‌های شخصی شامل عواملی نظیر سن (مارو، ۱۹۸۳؛ کولبرت و کوآن، ۲۰۰۰؛ میتو و زایاک، ۱۹۹۰؛ کوآن و بنکز[8]، ۲۰۰٤؛ آل ـ کواِتان[1]، ۱۹۸۷؛

1 . Morris & Sherman
2 . Collbert & Kwon
3 . Winter & Sarros
4 . Mathieu & Zajac
5 . Hollenbeck & Williams
6 . Sagie
7 . Robinson, Simourd & Porporino
8 . Banks

استیرز، ۱۹۷۷؛ استیونز و همکاران، ۱۹۷۸؛ موریس و شرمن، ۱۹۸۱؛ انجل و پری[2]، ۱۹۸۱؛ زینی‌وند، ۱۳۸۳؛ کوزه چیان، زارعی و طالب پور، ۱۳۸۲)، سابقه کار (ساوری و سایم[3]، ۱۹۹۶؛ آل و کوآتان، ۱۹۸۷؛ رابینسون و همکاران، ۱۹۹۲؛ النجار[4]، ۱۹۹۹؛ هاوکنیز[5]، ۱۹۹۸؛ رضایی، ۱۳۷۹)، جنس (آنجل و پری، ۱۹۸۱؛ ساوری و سایم، ۱۹۹۶) و سطح تحصیلات (رابینسون و همکاران، ۱۹۹۲؛ میترز و زایاک، ۱۹۹۰؛ زینی‌وند، ۱۳۸۳؛ رضایی، ۱۳۷۹) است.

حال آن‌که عوامل موقعیتی زمینه‌هایی نظیر در تحقیق دیگری که توسط هاکت، باسیو، هاسدورف (۱۹۹٤) صورت گرفته است به بررسی رابطه میان انواع تعهد سازمانی با سایر متغیرها مثل سن و سابقه استخدام پرداخته‌اند.

آن‌ها برای سنجش تعهد سازمانی از مقیاس تعهد عاطفی (ACS) و تعهد مستمر (CCS) و تعهد هنجاری NCS و پرسشنامه (OCQ) استفاده شد. تعداد شرکت کننده‌ها در این پژوهش ۲۳۰۱ پرستاری بودند که پرسشنامه‌های دریافتی توسط پست را بعد از تکمیل عودت دادند. گروه دوم هم شامل ۸۰ متصدی اتوبوس بودند ولی نتایج آن حاکی از همبستگی مثبت بین تمام متغیرها بوده است. ایرونیک و همکارانش(۱۹۹۸) در یک تحقیق به بررسی فرضیه‌هایی که تاثیر تجربه‌های کار اولیه و اهمیت آنان با تعهد سازمانی را مورد بررسی قرار می‌داد پرداختند. این محققان به‌اندازه‌گیری تجربه‌های کاری اولیه و هویت وظیفه[6] با ۳ شکل از تعهد (عاطفی، هنجاری، مستمر) پرداختند و پس از تجزیه‌وتحلیل نشان دادند که ارزش‌ها و تجربه‌ها و اهمیت آن اثر متقابل در پیش‌بینی تعهد عاطفی، مستمر و هنجاری دارد.

وایت و همکارانش (۲۰۰۲) در یک تحقیق که بر روی ٤۰۰ کارمند یکی از کارخانجات تولیدی ایالات متحده انجام دادند به بررسی رابطه بین ویژگی‌های شخصی با

1 . Al - Qattan
2 . Angle & Perry
3 . Savery & Syme
4 . Alnajjar
5 . Howkins
6 . Task Identity

عملکرد شغلی وتعهد سازمانی پرداختند و پس از تجزیه‌وتحلیل نتایج متوجه شدند افرادی که در مقیاس شخصی نمره بالایی داشتند از تعهد سازمانی بالایی هم برخوردارند که نشان دهنده این مسأله است که بین ویژگی‌های شخصی با عملکرد شغلی و تعهد سازمانی رابطه معناداری وجود دارد در تحقیق دیگری با عنوان بررسی رابطه بین سبک‌های رهبری مدیران با تعهد سازمانی و رضایت شغلی در بین کارکنان شرکت نفت جمهوری اسلامی ایران انجام شده است نتایج حاکی از این بوده که بین سبک‌های رهبری مشارکتی با انواع تعهد سازمانی (عاطفی، مستمر و هنجاری) رابطه معنادار وجود داشته است. در تحقیق دیگری که با عنوان بررسی رابطه سبک رهبری مدیران با تعهد سازمانی و عملکرد شغلی زیردستان با توجه به ویژگی‌های شخصی آن‌ها انجام شده است تعداد ۲۸۰ نفر از کارکنان شهرداری تهران مورد بررسی قرارگرفتند و در نهایت به این نتایج نایل شدند که بین سبک رهبری مدیران و تعهد سازمانی و عملکرد شغلی زیردستان رابطه معنی‌داری وجود دارد.

نتیجه گیری

نیروی انسانی مهم‌ترین سرمایه سازمان‌ها است و هر چه این سرمایه از کیفیت مطلوب و بالاتری برخوردار گردد، موفقیت، بقاء، و ارتقاء سازمان بیشتر خواهد شد لذا باید درمورد بهبود کیفی نیروی انسانی سعی فراوان نمود چرا که این اقدام هم به نفع سازمان است هم به نفع افراد اما تنها آموزش‌های تخصصی شامل این اقدام نمی‌گردد. بلکه بهبود نگرش‌ها وتعدیل ارزش‌های افراد را نیز شامل می‌شود، با توجه به این‌که هر چه اعضای سازمان، بیشتر ارزش‌های سازمان را بپذیرند و بیشتر خود را متعلق به سازمان بدانند و خود را ملزم با تلاش در راه نیل به اهداف آن بدانند، احتمال موفقیت سازمان بیشتر خواهد شد و از طرفی یکی از برجسته‌ترین عوامل موثر برموفقیت سازمان، چگونگی عملکرد آن است لذا سعی بر آن است تا عوامل مرتبط و موثر بر عملکرد کارکنان را شناسایی و تقویت نمود همان‌طور که در شکل (۱) مشاهده می‌گردد یکی ازعناصر اصلی عملکرد مجموعه، ارزش‌ها و نگرش‌های فرد است.

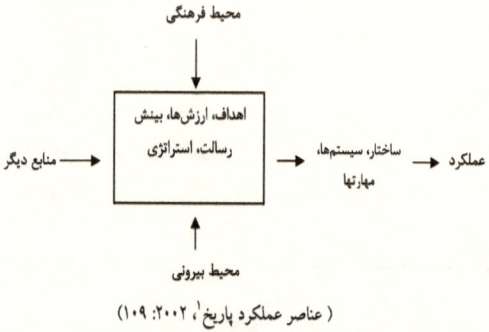

(عناصر عملکرد پاریخ[1]، ۲۰۰۲: ۱۰۹)

از طرفی دیگر تعهد، نوعی نگرش و احساس درونی فرد نسبت به سازمان، شغل یا گروه است که در قضاوت ها، عملکرد ووفاداری وی نسبت به سازمان تأثیرگذار است. بسته به ماهیت یک سازمان، میزان وفاداری آن درسرنوشت و بقایش تأثیرگذار است حال اگر این سازمان به اقتضای ماهیت خود با مسائل انسانی، مالی وحساسیت‌های ازاین نوع روبرو باشد. اهمیت تعهد کارمندان نسبت به آن دوچندان خواهد شد. لازمه‌ی اعتماد به کارکنان از یک‌سو و رقابت بین سازمان‌ها از سوی دیگر، لزوم کارکنان متعهد را ضروری می‌سازد. در این مقاله به دیدگاه‌های نوین در مورد تعهد سازمانی اشاره شد، دیدگاه یک بعدی و چند بعدی، انواع تحقیقات که در مورد رابطه بین خصوصیات شخصی و ویژگی‌های شغلی با تعهد سازمانی کارکنان صورت گرفته بود بیان شد که اکثر یافته‌ها نشان می‌دهد که بین بعضی ازخصوصیات شخصی و ویژگی‌های شغلی با تعهد سازمانی رابطه معنی‌دار وجود دارد.

---

1. Parikh

منابع و مآخذ

۱. پورشائمی، احمد، اسفند ۱۳۷۸ و فروردین ۱۳۷۹، «رابطه بین تعهد و وجدان کاری با تعهد سازمانی»، توسعه مدیریت، شماره ۱۱و۱۲.

۲. کاظمی حقیقی، ناصرالدین، ۱۳۷۸، «روانشناسی برای کار و مدیریت»، تهران، سایه نما.

۳. کریم زاده، مجید، ۱۳۷۸، «تعهد سازمانی مدیریت»، نشریه انجمن مدیریت ایران، شماره ۳۹.

۴. میچل، ترانس آر، ۱۳۷۳، «مردم در سازمان‌ها؛ زمینه رفتار سازمانی»، ترجمه شکرکن، حسین، تهران: انتشارات رشد.

5. Allen ,N.J .& Meuer J.P (1990). The measurement and antecedents effective continuance and normative commitement to the organization. Journal of Occupational Psychology,63,1-18.

6. Bateman.T.S.& Stasser, S.(1984). Alongitudinal; analysis of Antecedents of organizational commitement. Academy of management Jounal,27(1), 95-112

7. Neyer, John, P. Jrving. Gregory ,Allen.Natalie,J., (1929)."Examination of the Combined Effects of Work Values and Early Work Experiences on organizational commitement". Journal of Organizational Behavior,Vol 0,P:5.

8. Michael Macaulay & Alan Lawton; (2006); From Virtue Tocompetence: Changing The Pricipls Of Public Service, Journal Of Public Administration Review, September / October 2006

9. Sinclair.Robert , R.,Tetrick. Lois. E. Scial (1995). "Exchange and union Commitment ". Journal of Organizational Behavior,Vol 16,No6,PP:669-681

ساختار قانونی نظارت بر فعالیت شرکتهای دولتی و واگذاری آنها

دکتر امرالله امینی
مصطفی امامی

مقدمه

برای ورود به بحث ابتدا لازم است موضوع مورد بررسی به‌طور کامل شناسایی و ماهیت حقوقی آن تبیین شود. مهمترین تعریف شرکت دولتی که استنادپذیری دارد و در حال حاضر ملاک عمل است، ماده ۴ قانون محاسبات عمومی کشور مصوب سال ۱۳۶۶ است. مطابق این ماده قانونی، شرکت دولتی واحد سازمانی مشخصی است که با اجازه قانون به صورت شرکت ایجاد یا مصادره شده و به‌عنوان شرکت دولتی شناخته شده و بیش از ۵۰ درصد سرمایه آن متعلق به دولت باشد. هر شرکت تجاری که از طریق سرمایه‌گذاری شرکتهای دولتی ایجاد شود، تا زمانی که بیش از ۵۰ درصد سهام آن متعلق به شرکتهای دولتی است، شرکت دولتی تلقی می‌شود. البته در این قانون شرکتهای زیرمجموعه بانکها، موسسه‌های اعتباری و شرکتهای بیمه، مستثنا شده‌اند.

باید به این نکته توجه کرد که موسسه دولتی مطابق ماده ۳ قانون محاسبات و موسسه‌ها و نهادهای عمومی غیردولتی به استناد ماده ۵ قانون یادشده، دارای تعریفهای جداگانه بوده و به‌طور کامل از شرکتهای دولتی متمایز شده‌اند.

بند ۱۱ ماده ۱ قانون برنامه و بودجه کشور (مصوب سال ۱۳۵۱)، شرکت دولتی را به‌عنوان یکی از مصداقهای دستگاه اجرایی بیان کرده است. بنابراین هرجا قانونگذار به دستگاه اجرایی اشاره می‌کند، شرکت دولتی را نیز شامل می‌شود.

از سوی دیگر، با توجه به ماده ۲۰ قانون تجارت (مصوب ۱۳۱۱/۲/۱۳)، شرکتهای تجارتی به ۷ دسته تقسیم می‌شوند؛ شرکت سهامی، شرکت با مسئولیت محدود، شرکت تضامنی، شرکت مختلط سهامی، شرکت مختلط غیرسهامی، شرکت نسبی و شرکت تعاونی تولید و مصرف. بنابراین هر شرکت تنها در قالب یکی از انواع یادشده قرار می‌گیرد و در خارج از این انواع، سازمانی به‌عنوان

شرکت از نظر قانون تجارت اعتبار قانونی ندارد.

همچنین اصل ۴۴ قانون اساسی، نظام اقتصادی جمهوری اسلامی‌ایران را بر پایه سه بخش دولتی، تعاونی و خصوصی تعریف می‌کند و بخش دولتی را شامل تمام صنایع بزرگ، صنایع مادر، بازرگانی خارجی، بانکداری، بیمه، تامین نیرو، سدها و شبکه‌های بزرگ آب‌رسانی، رادیو و تلویزیون، پست و تلگراف و تلفن، هواپیمایی، کشتیرانی، راه و راه‌آهن بیان کرده است.

هرچند در اصل مزبور از لفظ شرکت دولتی استفاده نشده است، اما تمام فعالیت‌های ذکرشده در این اصل از مصداقهای فعالیت شرکتهای دولتی در ایران است. به‌رغم اینکه محدوده تعریف‌شده در این اصل بسیار وسیع است، اما در حال حاضر حیطه فعالیت شرکتهای دولتی در ایران بسیار گسترده‌تر از چارچوب مورد اشاره است به‌طوری که می‌توان محدوده مزبور را حداقل فعالیت شرکتهای دولتی در ایران قلمداد کرد.

دستگاه‌های نظارت‌کننده بر شرکتهای دولتی

بر اساس قوانین مختلف مرتبط با نظارت بر شرکتهای دولتی، ۹ نهاد نظارتی می‌توانند به‌طور مستقیم بر فعالیت شرکتهای دولتی نظارت کنند که در ادامه به بررسی آنها می‌پردازیم.

سازمان مدیریت و برنامه‌ریزی کشور

سازمان مدیریت و برنامه‌ریزی کشور که از ادغام دو سازمان امور اداری و استخدامی‌کشور و سازمان برنامه و بودجه تشکیل شده است، دارای وظایف نظارتی متعددی در خصوص شرکتهای دولتی است که در این قسمت سعی خواهد شد به منشا قانونی آنها اشاره شود.

عمده وظایف نظارتی سازمان مدیریت و برنامه‌ریزی کشور سرچشمه‌گرفته از قانون برنامه و بودجه است. براساس ماده ۵ قانون برنامه و بودجه، یکی از وظایف سازمان مزبور نظارت مستمر بر اجرای برنامه‌ها و پیشرفت سالانه آنهاست. از سوی دیگر، براساس ماده یک همین قانون برنامه‌ها به ۳ گروه اصلی درازمدت، پنجساله و سالانه تقسیم شده‌اند که لازم است وظایف و عملیات اجرایی تمام دستگاه‌های اجرایی در آنها مشخص و تعیین شده باشد.

بنابراین در تمام برنامه‌های توسعه‌ای (اعم از درازمدت، پنجساله و سالانه) باید وظایف دستگاه‌های اجرایی (ازجمله شرکتهای دولتی) تعیین شود و سازمان مدیریت نیز بر حسن اجرای آنها نظارت کند.

همچنین در فصل نهم قانون برنامه و بودجه موارد متعددی به نظارت سازمان مدیریت بر دستگاه‌های اجرایی (ازجمله شرکتهای دولتی) اختصاص دارد؛ از جمله به استناد ماده ۳۴ قانون یادشده، سازمان مدیریت موظف است در مورد اجرای فعالیت‌ها و طرح‌های عمرانی که هزینه آنها از محل اعتبارات جاری و عمرانی دولت تامین می‌شود به منظور ارزشیابی و از نظر مطابقت عملیات و نتیجه‌های به‌دست آمده با هدف‌ها و سیاست‌های تعیین‌شده در قوانین برنامه عمرانی و قوانین بودجه کل کشور، دستورالعمل‌ها و مشخصات طرح‌ها و مقایسه پیشرفت کار با جدولهای زمانی فعالیت‌های جاری و طرح‌های عمرانی مربوط نظارت کند و برای انجام این منظور به‌طور پیوسته از عملیات طرح‌ها و فعالیت‌های دستگاه‌های اجرایی (از جمله شرکتهای دولتی) بازدید و بازرسی کند و دستگاه اجرایی را به‌طور مرتب در جریان نظارت و نتیجه‌های به‌دست آمده از آن بگذارد.

همچنین به استناد ماده ۳۵ همان قانون، دستگاه‌های اجرایی (ازجمله شرکتهای دولتی) موظفند در پیشرفت فعالیت‌های جاری و طرح‌های عمرانی مراقبت پیوسته به عمل آورند و به‌طور منظم به ترتیبی که از طرف سازمان مدیریت تعیین می‌شود، اطلاعات لازم را به سازمان مزبور بدهند و تمام تسهیلات و همکاری‌های لازم برای نظارت و ارزشیابی سازمان مدیریت بر نتایج

نظارت وزارت امور اقتصادی و دارایی بیشتر نظارت حین خرج است و توسط ذیحسابان مستقر در دستگاه‌های اجرایی از جمله شرکتهای دولتی اعمال می‌شود

اجرای فعالیت‌ها و طرح‌ها را از هر حیث فراهم سازند.

با توجه به دو ماده یادشده، سازمان مدیریت در اجرای طرح‌های عمرانی که هزینه آن از محل اعتبارات جاری و عمرانی دولت تامین می‌شود، موظف به نظارت است و دستگاه‌های اجرایی از جمله شرکتهای دولتی نیز در زمینه پیشرفت فعالیت‌های جاری و طرح‌های عمرانی ملزم به فرستادن گزارش به این سازمان هستند.

همچنین مطابق ماده ۳۸ قانون برنامه و بودجه، دستگاه‌های اجرایی که بیش از ۲۵ درصد منابع مالی خود را از محل بودجه عمومی دولت دریافت می‌کنند، از نظر پرداخت حقوق و مزایای کارکنان خود موظف به رعایت تصمیمهای شورای حقوق و دستمزد هستند و درباره آنها، نظارت طبق مفاد فصل ۹ قانون مزبور به عمل خواهد آمد. در واقع این ماده قانونی، نظارت سازمان مدیریت را بر شرکتهای دولتی از منظر استفاده از اعتبارات جاری دولت تبیین می‌کند. نکته دارای اهمیت این است که به استناد احکام قانون برنامه و بودجه، سازمان مدیریت می‌تواند تنها بر طرح‌های عمرانی و فعالیت‌های جاری شرکتهایی نظارت داشته باشد که به نوعی از بودجه عمومی استفاده می‌کنند. حال آنکه بسیاری از شرکتهای دولتی از این محل استفاده نمی‌کنند و از این حیث تحت نظارت سازمان مدیریت قرار نمی‌گیرند.

به جز موارد یادشده، برخی دیگر از مواد قانون برنامه و بودجه نیز به نوعی به وظایف نظارتی سازمان مدیریت اختصاص دارند که در ادامه به آنها اشاره می‌شود.

مواد ۱۷ و ۱۹ قانون یادشده با مکلف کردن شرکتهای دولتی به ارسال برنامه سرمایه‌گذاری سال بعد خود که از محل منابع داخلی شرکتهای مزبور تامین اعتبار می‌شود، نظارت سازمان مدیریت بر شرکتهای دولتی را تقویت کرده است.

به استناد ماده ۲۲ این قانون نیز وظیفه تشخیص صلاحیت و طبقه‌بندی مهندسان مشاور و پیمانکاران، براساس آیین‌نامه مصوب هیئت وزیران، به عهده سازمان مدیریت است. با توجه به اینکه تعداد زیادی از شرکتهای دولتی در حال حاضر در بسیاری از طرح‌های عمرانی مشغول به انجام فعالیت‌های پیمانکاری و مشاوره هستند، از این‌رو، مکلف به انطباق شرایط خود با مفاد آیین‌نامه‌های مصوب در این خصوص هستند. با توجه به اینکه این آیین‌نامه‌ها به پیشنهاد سازمان مدیریت به تصویب هیئت‌وزیران می‌رسند، سازمان مدیریت می‌تواند از طریق تدوین مقررات و ضوابط مناسب در بحث تشخیص صلاحیت و ارزشیابی پیمانکاران و مشاوران بر شرکتهای دولتی که در این زمینه فعالیت می‌کنند، نظارت کند.

قانونگذار در ماده ۲۳ قانون برنامه و بودجه با الزام دستگاه‌های اجرایی (از جمله شرکتهای دولتی) به رعایت استانداردها و اصول کلی و شرایط عمومی قراردادهای مربوط به طرح‌های عمرانی مطابق آیین‌نامه مصوب هیئت‌وزیران، تهیه‌شده توسط سازمان مدیریت، بحث نظارت این سازمان را به صورت قویتری پیش‌بینی کرده است.

نظارت سازمان مدیریت و برنامه‌ریزی کشور بر شرکتهای دولتی از بعد امور اداری و استخدامی نیز به‌طور عمده بر حوزه استخدام و طبقه‌بندی مشاغل متمرکز بوده و بسیاری از امور مربوط به کارکنان به مجمع عمومی یا شورای عالی شرکتها تفویض شده است.

براساس ماده ۳ مقررات استخدامی شرکتهای دولتی (مصوب ۱۳۵۲/۳/۵)، تعیین مشاغل کارگری به عهده شرکت و با تایید سازمان مدیریت و برنامه‌ریزی کشور است. همچنین به موجب تبصره ۱ ذیل ماده ۱۱ قانون مزبور، طرح طبقه‌بندی مشاغل که شامل دستورالعمل ارزیابی مشاغل و همچنین دستورالعمل اجرایی طرح و شرح وظایف و شرایط احراز طبقات مشاغل و فهرست تخصیص طبقات مشاغل به گروه‌هاست، پس از تایید سازمان مدیریت قابل اجرا خواهد بود.

بدین‌ترتیب سازمان مدیریت و برنامه‌ریزی کشور قادر است بر امور استخدامی شرکتهای دولتی نظارت کند. این موضوع در ماده دیگری از قانون یادشده، تقویت می‌شود. مطابق ماده ۷۸ مقررات استخدامی شرکتهای دولتی تمام دستورالعمل‌های اجرایی که در حدود مقررات قانون مزبور تهیه می‌شود، پس از تایید سازمان مدیریت و تصویب مجمع عمومی یا شورای عالی شرکت اجراشدنی است و شرکت مکلف است مصوبات مجمع عمومی یا شورا را در امور استخدامی به سازمان مدیریت ارسال کند.

یکی دیگر از موارد نظارتی سازمان مدیریت، قانون حداکثر استفاده از توان فنی و مهندسی و تولیدی و صنعتی و اجرایی کشور در اجرای پروژه‌ها و ایجاد تسهیلات به منظور صدور خدمات (مصوب ۱۳۷۵/۱۲/۱۲ مجلس شورای اسلامی) است. ماده ۱ قانون یادشده بیان کرده است: "*به‌منظور استفاده بیشتر از توان فنی و مهندسی، تولیدی و صنعتی و اجرایی کشور، تمام وزارتخانه‌ها، سازمانها، موسسه‌ها و شرکتهای دولتی یا وابسته به دولت (موضوع ماده ۴ قانون محاسبات عمومی) در ارجاع کارهای خدمات مهندسی مشاور، پیمانکاری، ساختمانی، تاسیساتی و تجهیزاتی پروژه‌های خود اعم از اینکه از بودجه عمومی دولت یا از درامدهای خود یا اعتبارات و تسهیلات ارزی و ریالی دستگاه‌های مزبور استفاده می‌کنند باید براساس این مصوبه اقدام کنند.*"

براساس ماده ۳ قانون یادشده نیز ارجاع کارهای خدمات مهندسی مشاور و پیمانکاری ساختمانی، تاسیساتی، تجهیزاتی و خدماتی تنها به موسسه‌ها و شرکتهای داخلی مجاز است و در صورت ناممکن بودن، با پیشنهاد دستگاه اجرایی و تصویب شورای اقتصاد، از طریق مشارکت شرکتهای ایرانی خارجی مجاز خواهد بود که حداقل سهم ارزشی کار طرف ایرانی ۵۱ درصد باشد.

از آنجا که دبیرخانه قانون یادشده و همچنین دبیرخانه شورای اقتصاد که بر حسن اجرای این قانون نظارت دارد در سازمان مدیریت قرار دارند، سازمان مدیریت به استناد این قانون می‌تواند بر نحوه ارجاع کار شرکتهای دولتی به سایر شرکتها نظارت داشته باشد.

از موارد دیگری که سازمان مدیریت به استناد آن می‌تواند بر فعالیت شرکتهای دولتی نظارت کند، قانون برگزاری مناقصات (مصوب ۱۳۸۳/۱۱/۳ مجمع تشخیص مصلحت نظام) است. در بند «ب» ماده ۱ قانون یادشده یکی از موارد شمول قانون را شرکتهای دولتی عنوان و شرکتهای دولتی را مکلف کرده است در مراحل برگزاری مناقصه به استناد موارد یادشده در این قانون عمل کنند. همچنین به استناد ماده ۳۰ این قانون، تمام قوانین و مقررات مغایر در شرکتهای دولتی در این‌خصوص از تاریخ تصویب آن منسوخ شده‌اند. از این‌رو، تدوین آیین‌نامه‌های موضوع ماده ۸ درخصوص تهیه آیین‌نامه هیئت رسیدگی به شکایات، ماده ۱۲تهیه آیین‌نامه ارزیابی کیفی مناقصه‌گران، ماده ۲۳ تهیه آیین‌نامه مستندسازی و اطلاع‌رسانی مناقصات، بند «الف» ماده ۲۶ تهیه آیین‌نامه نحوه تهیه فهرست مناقصه‌گران صلاحیتدار و بند «هـ» ماده ۲۹ تهیه آیین‌نامه خرید خدمات مشاوره‌ای به عهده سازمان مدیریت است. با پیش‌بینی ضوابط و مقررات مناسب، سازمان مدیریت می‌تواند به‌طور موثر در بحث مناقصه‌های تمام شرکتهای دولتی به‌خصوص در مورد واگذاری کار توسط شرکتهای مزبور یا انجام کار مشاوره‌ای و پیمانکاری توسط شرکتهای دولتی کنترل و

نظارت داشته باشد.

در برنامه چهارم توسعه نیز برخی از وظایفی که به عهده سازمان مدیریت گذاشته شده است، جزو وظایف نظارتی سازمان مزبور محسوب می‌شوند که در ادامه به بررسی آنها خواهیم پرداخت.

ماده ۱ قانون برنامه سوم توسعه که در برنامه چهارم توسعه نیز تنفیذ شده به تشکیل شورای عالی اداری منجر شده است. براساس این ماده قانونی، رییس سازمان مدیریت و برنامه‌ریزی کشور، دبیر شورای عالی اداری و مسئول نظارت بر حسن اجرای مصوبات آن نیز خواهد بود. از آنجا که مصوبه‌های شورای‌عالی اداری بر اساس شرح وظایف و اختیارات آن، حوزه وسیعی از امور مربوط به شرکتهای دولتی را در برمی‌گیرد، از این‌رو حیطه نظارت سازمان مدیریت در این خصوص بسیار وسیع است. برخی از این امور عبارتند از ساختار داخلی شرکت‌ها، تفکیک وظایف حوزه‌های ستادی و استانی، شناسایی و واگذاری وظایف تصدی‌گری شرکتهای دولتی، اصلاح و مهندسی مجدد نظام‌ها و روش‌های مورد عمل و ارتقای کارایی و بهره‌وری.

در ماده ۱۰۵ قانون برنامه سوم توسعه (تنفیذی در برنامه چهارم توسعه) نیز تمام طرح‌ها و پروژه‌های بزرگ تولیدی و خدماتی باید پیش از اجرا و در مرحله انجام مطالعات امکان‌سنجی و مکان‌یابی، براساس ضوابط پیشنهادی شورای عالی حفاظت محیط‌زیست و مصوب هیئت وزیران مورد ارزیابی زیست‌محیطی قرار گیرند. رعایت نتایج ارزیابی توسط مجریان طرح‌ها و پروژه‌های یادشده الزامی‌است. نظارت بر حسن اجرای این ماده نیز برعهده سازمان مدیریت و برنامه‌ریزی کشور گذاشته شده است.

همچنین مطابق مفاد ماده ۱۵۷ قانون برنامه چهارم توسعه، رییس جمهوری موظف شده است گزارش نظارت و ارزیابی پیشرفت سالانه برنامه چهارم توسعه را به مجلس شورای اسلامی ارائه کنند. از آنجا که مطابق ماده ۵ قانون برنامه و بودجه وظیفه نظارت مستمر بر اجرای برنامه‌ها و پیشرفت سالانه آنها بر عهده سازمان مدیریت است، این گزارش نیز در طول سال‌های اجرای برنامه چهارم توسعه، باید به‌طور سالانه توسط سازمان مزبور تهیه و تنظیم شود. در واقع، این ماده قانونی نیز به نوعی اشاره به وظیفه نظارت عملیاتی و برنامه‌ای سازمان مدیریت و برنامه‌ریزی کشور دارد.

وزارت امور اقتصادی و دارایی

وظیفه نظارتی وزارت امور اقتصادی و دارایی به‌طور عمده ریشه در قانون محاسبات عمومی‌کشور (مصوب ۱۳۶۶/۶/۱ مجلس شورای اسلامی) دارد. مطابق مفاد این قانون، نظارت وزارت امور اقتصادی و دارایی بیشتر نظارت حین خرج است و توسط ذیحسابان مستقر در دستگاه‌های اجرایی (از جمله شرکتهای دولتی) اعمال می‌شود. در این قسمت موادی از قانون یادشده که ناظر بر وظایف نظارتی وزارت امور اقتصادی و دارایی است، بیان می‌شود.

به استناد ماده ۱۵ قانون محاسبات عمومی کشور، درامد شرکتهای دولتی عبارت است از درامدهایی که در برابر ارائه خدمت یا فروش کالا و سایر فعالیت‌هایی که شرکتهای یادشده به موجب قوانین و مقررات مجاز به انجام آنها هستند، عاید آن شرکتها می‌شود که به استناد ماده ۳۹ همان قانون باید به حسابهای خزانه که در بانک مرکزی جمهوری اسلامی‌ایران افتتاح می‌شود، تحویل شود. در مورد شرکتهای دولتی که قسمتی از سهام آنها متعلق به بخش غیردولتی است، در صورتی که اساسنامه آنها با هریک از مواد این قانون مغایر باشد با موافقت صاحبان سهام یادشده اجراپذیر است و در غیر این‌صورت، مواد این قانون نسبت به سهام مربوط به بخش دولتی لازم‌الاجرا خواهد بود.

ماده ۳۱ قانون محاسبات عمومی‌کشور مهمترین ماده در خصوص نظارت وزارت امور اقتصادی و دارایی بر شرکتهای دولتی است. به موجب مفاد این ماده، ذیحساب از سوی وزارت امور اقتصادی و دارایی به‌منظور اعمال نظارت و تامین هماهنگی لازم در اجرای مقررات مالی و محاسباتی در وزارتخانه‌ها و موسسه‌ها و شرکتهای دولتی و دستگاه‌های اجرایی محلی منصوب می‌شود. به استناد این

ماده، وزارت دارایی قادر است بر امور مالی و محاسباتی، نگهداری حساب اموال دولتی، نظارت بر اموال یادشده و مواردی از این قبیل در شرکتهای دولتی نظارت کند.

در ماده ۴۰ قانون مزبور شرکتهای دولتی موظف شده‌اند روشهای اجرایی وصول درامدهای خود را به تایید وزارت امور اقتصادی و دارایی برسانند.

آیین‌نامه نحوه اجرای مواد ۴۱ و ۴۲ قانون محاسبات عمومی که به بحث واریز سپرده یا وجه‌الضمان یا وثیقه و نظایر آن از سوی شرکتهای دولتی به حساب مخصوص اشاره دارند، توسط وزیر امور اقتصادی و دارایی تصویب و ابلاغ شده است. همچنین در ماده ۴۴ قانون مزبور، شرکتهای دولتی به پرداخت مالیات و سود سهام دولت مکلف شده‌اند و تخلف از این امر را در حکم تصرف غیرمجاز در وجوه عمومی تلقی کرده است.

آیین‌نامه اجرایی ماده ۶۲ قانون یادشده نیز که به الزام تامین اعتبار از سوی شرکتهای دولتی برای افتتاح اعتبار اسنادی برای خدمات و کالاهای وارداتی اشاره کرده است، توسط وزارت امور اقتصادی و دارایی تهیه شده و به تصویب هیئت وزیران رسیده است.

به موجب تبصره ماده ۷۱ قانون محاسبات عمومی، دولت مکلف است بر مصرف اعتباراتی که به‌عنوان کمک از محل بودجه شرکتهای دولتی یا از محل اعتبارات منظور در سایر ردیفهای بودجه کل کشور به موسسه‌های غیردولتی پرداخت می‌شود، نظارت مالی اعمال کند.

تبصره ۲ ماده ۷۲ قانون یادشده نیز به شمول قانون محاسبات عمومی نسبت به اجرای طرحهای عمرانی شرکتهای دولتی از نظر مقررات مالی و معاملاتی تصریح کرده است.

همچنین در ماده ۷۶ قانون محاسبات عمومی، شرکتهای دولتی ملزم شده‌اند تمام پرداخت‌هایشان را از طریق حسابهای بانکی که از طرف خزانه در یکی از بانک‌ها برای آنان افتتاح می‌شود، انجام‌دهند.

به استناد ماده ۹۰ قانون یادشده، اعمال نظارت بر مخارج شرکتهای دولتی از نظر انطباق پرداختها با مقررات این قانون و سایر قوانین و مقررات مربوط،

به‌عهده وزارت امور اقتصادی و دارایی است. ماده ۹۶ قانون محاسبات نیز به الزام ارسال گزارش عملیات انجام‌شده از سوی دستگاه‌های اجرایی به دیوان محاسبات کشور، سازمان مدیریت و برنامه‌ریزی کشور و وزارت امور اقتصادی و دارایی تاکید کرده است. همچنین به استناد مواد ۹۸ و ۹۹ قانون محاسبات، شرکتهای دولتی مکلفند ترازنامه و حساب سودوزیان خود و صورتحساب دریافت و پرداخت طرح‌های عمرانی (اعتبارات تملک دارایی‌های سرمایه‌ای) خود را به وزارت امور اقتصادی و دارایی ارسال کنند.

موارد یادشده همگی نشان‌دهنده نظارت مالی و حین خرج وزارت امور اقتصادی و دارایی هستند. این وزارتخانه از طریق سازمان حسابرسی نیز نظارت ویژه‌ای بر شرکتهای دولتی دارد که به‌دلیل اهمیت ویژه این سازمان، جداگانه به آن پرداخته شده است.

بازرس (حسابرس) شرکتهای دولتی
یکی از ارکان نظارتی در شرکتهای دولتی، بازرس (حسابرس) است. به استناد ماده ۱۴۴ قانون تجارت مجمع عمومی‌عادی در هرسال یک یا چند بازرس انتخاب

می‌کند تا به وظایف خود عمل کنند. به استناد مواد ۱۴۸، ۱۴۹، ۱۵۰و ۱۵۱ قانون تجارت، بازرس یا بازرسان مکلفند درباره درستی صورت دارایی و صورتحساب دوره عملکرد و حساب سودوزیان و ترازنامه‌هایی که مدیران برای تسلیم به مجمع عمومی‌تهیه می‌کنند و همچنین درباره صحت مطالعات و اطلاعاتی که مدیران در اختیار مجامع عمومی‌گذاشته‌اند، اظهارنظر کنند. بازرسان باید اطمینان یابند که حقوق صاحبان سهام در حدودی که قانون و اساسنامه شرکت تعیین کرده است، به‌طور یکسان رعایت شده باشد و در صورتی که مدیران اطلاعاتی برخلاف حقیقت در اختیار صاحبان سهام قرار دهند، بازرسان مکلفند که مجمع عمومی‌را از آن آگاه سازند و در این‌خصوص گزارش جامعی راجع‌به وضع شرکت به مجمع عمومی‌تسلیم کنند. بازرس می‌تواند در هر موقع، هرگونه رسیدگی و بازرسی لازم را انجام دهد و اسناد و مدارک و اطلاعات مربوط به شرکت را مطالبه و رسیدگی کند. همچنین باید هرگونه تخلف یا تقصیری راکه در امور شرکت از ناحیه مدیران مشاهده می‌کند به اولین مجمع عمومی‌اطلاع دهد و در صورتی که ضمن انجام ماموریت خود از وقوع جرمی‌مطلع شود باید موضوع را به مراجع قضایی صلاحیت‌دار اعلام کند و جریان را به اولین مجمع عمومی‌گزارش دهد.

به موجب قانون تشکیل سازمان حسابرسی (مصوب ۱۳۶۲/۱۰/۵ مجلس شورای اسلامی)، وظیفه حسابرسی و بازرسی قانونی تمام شرکتهای دولتی را سازمان حسابرسی بر عهده دارد. به موجب این قانون، دولت مکلف شده است سازمان حسابرسی را تاسیس و تمام کادر متخصص را از واحدهای حسابرسی وزارتخانه‌ها، موسسه‌ها و شرکتهای دولتی به سازمان یادشده منتقل کند.

این سازمان وابسته به وزارت امور اقتصادی و دارایی است و وظایف آن عبارتند از انجام وظایف بازرسی قانونی و حسابرسی تمام شرکتهای دولتی، موسسه‌ها و سازمان‌های انتفاعی دولتی و ارائه خدمات مالی به تمام دستگاه‌های اجرایی (از جمله شرکتهای دولتی) در صورت درخواست آنها.

مهمترین وظیفه‌های این سازمان در برابر شرکتهای دولتی مطابق اساسنامه آن عبارتند از انجام وظایف بازرسی قانونی و حسابرسی تمام شرکتهای دولتی که صددرصد سرمایه آن متعلق به دولت، وزارتخانه‌ها، موسسه‌ها یا شرکتهای دولتی است. انجام وظایف بازرسی قانونی و حسابرسی سایر شرکتهایی که بیش از ۵۰ درصد سرمایه آنها به‌طور مستقیم یا غیرمستقیم متعلق به وزارتخانه‌ها، موسسه‌ها یا شرکتهای دولتی به تشخیص وزارت امور اقتصادی و دارایی باشد. انجام وظایف بازرسی قانونی و حسابرسی شرکتهای فرعی، بانک‌ها، موسسه‌ها و نهادهای عمومی‌غیردولتی و نهادهای انقلاب اسلامی. حسابرسی طرح‌های تملک دارایی‌های ثابت و سایر قراردادهای ایجاد دارایی ثابت مورد اجرا در شرکتهای دولتی.

بدین ترتیب از سال ۱۳۶۲و در عمل، سازمان

تمام مسئولان
شرکتهای دولتی
مکلف به همکاری لازم و
ارائه اطلاعات و
مدارک مورد نیاز
هیئت‌های بازرسی هستند

حسابرسـی در تمام شـرکتهای دولتی و وابسته به دولت وظایـف بازرسـی قانونی مصـرح در قانون تجـارت را بر عهـده داشـته و در واقع نوعی انحصـار در این فعالیت به وجود آمده است. از سال ۱۳۷۲ با تصویب قانون استفاده از خدمـات تخصصـی و حرفه‌ای حسـابداران ذی‌صلاح به عنوان حسـابدار رسـمی، بـه دولت اجازه داده شـد از حسابداران ذی‌صلاح در امور حسابرسی و بازرسی قانونی شـرکتهای دولتی نیز استفاده کند. در واقع با تصویب این قانون نه‌تنها انحصار سـازمان حسابرسـی شکسـته شد، بلکه امور حسابرسی در یک فضای رقابتی قابل واگذاری بـه بخش خصوصی شـد. البته براسـاس قانـون مزبور، شـرایط و ضوابط مربوط به تعیین صلاحیت حسـابداران رسمی و چگونگی انتخاب آنان مطابق آیین‌نامه‌ای است که به تصویب هیئت وزیران رسیده است.

دیوان محاسبات کشور

مبنای قانونی تشـکیل دیوان محاسـبات کشور به قانون اساسـی باز می‌گردد. به موجب اصل ۵۴ قانون اساسـی، دیوان محاسـبات کشور به‌طور مسـتقیم زیر نظر مجلس شـورای اسـلامی اسـت و در اصل ۵۵ قانون اساسی در شـرح وظایف این دیوان محاسـبات آمده است: "*دیوان محاسـبات به تمام حسـابهای وزارتخانه‌ها، موسسه‌ها و شرکتهای دولتی و سایر دستگاه‌هایی که به‌نحوی از انحا از بودجه کل کشـور استفاده می‌کنند، به ترتیبی که قانون مقـرر می‌دارد، رسـیدگی یا حسابرسـی می‌کنـد که هیچ هزینـه‌ای از اعتبارات مصوب تجـاوز نکرده و هر وجهی در محل خود به مصرف رسـیده باشد. دیوان محاسبات، حسابها و اسناد و مدارک مربوط را برابر قانون، جمع‌آوری و گـزارش تفریـغ بودجه هر سـال را به انضمـام نظرات خـود به مجلس شـورای اسـلامی، تسـلیم می‌کند. این گزارش باید در دسـترس عموم گذاشـته شود.*" ماده یک قانون دیوان محاسبات کشـور (مصوب ۱۳۶۱/۱۱/۱۱ و اصلاحیه‌های بعدی آن) اعمال کنترل و نظارت مسـتمر مالی از طریق کنترل عملیات و فعالیتهای مالی شرکتهای دولتی و همچنین بررسی و حسابرسی وجوه مصرف‌شده و درامدها و سـایر منابع اعتبار در ارتباط با سیاسـت‌های مالـی تعیین‌شـده در بودجه مصـوب با توجه بـه گزارش عملیاتی و محاسباتی دریافت‌شده از دستگاه‌های مربوط را از هدفهای دیوان محاسبات عنوان کرده است.

ماده ۲ قانون یادشـده نیـز دوباره تاکید کـرده که یکی از مصداقهای دسـتگاه‌ها در این قانون شـرکتهای دولتی است و سـپس بررسـی عملیات مالی، اختلاف حسابها، تفریـغ بودجه و مواردی از این قبیل دسـتگاه‌ها (از جمله شـرکتهای دولتـی) را در مـواد ۳ تـا ۸ از وظایـف دیوان محاسـبات عنـوان کرده اسـت. دیوان محاسـبات با دارا بودن دادسرا، دادیاران و در راس آن دادستانی و همچنین هیئت‌های مستشاری (مرکب از ۳ مستشار) وظایف خود را بـه انجام می‌رسـاند. هیئت‌های مستشـاری به موارد یادشده در قانون رسیدگی و انشای رای می‌کنند. ماده ۲۳ قانون یادشـده ضمن بیـان موارد تخلـف، مجازات‌های اداری راکه توسـط هیئت‌های مستشاری صادر می‌شود، در تبصره آن ماده برشـمرده اسـت. پـس همان‌گونه که در قانـون بیان شـد، دیوان محاسـبات ضمـن نظارت و بررسـی تمام امـور مالی مربوط به شـرکتهای دولتی، در صورت وقوع تخلف، خودش می‌تواند ضمن صدور رای، متخلفـان را نیز به مجازات‌های مقرر محکوم و همچنین در صـورت احراز وقوع جرم ضمـن اعلام رای، پرونده را از طریق دادسـرای دیوان بـرای تعقیب به مراجع قضایی ارسال کند.

مطابـق ماده ۲۶ قانون دیوان محاسـبات، آرای دیوان محاسـبات کشـور را دادسـتان یا نماینده او برای اجرا به دسـتگاه‌های مربوط ابلاغ و نسـخه‌ای از آن را به وزارت امور اقتصادی و دارایی ارسـال و در اجـرای آنها مراقبت می‌کنـد. در صورتی که آرا اجرا نشـود، دادسـتان دیوان محاسبات کشور موظف است مراتب را به مجلس شورای اسلامی اعلام کند.

سازمان بازرسی کل کشور

به استناد اصل ۱۷۴ قانون اساسی و براساس حق نظارت قوه قضاییه نسـبت به حسن جریان امور و اجرای صحیح

قوانین در دستگاه‌های اداری، سازمانی به نام سازمان بازرسی کل کشور زیر نظر رییس قوه قضاییه تشکیل شده که حدود اختیارات و وظایف این سازمان را قانون تشکیل سازمان بازرسی کل کشور مصوب سال ۱۳۶۰ و اصلاحات آن مصوب سال ۱۳۷۵، تعیین کرده است.

به استناد بند «الف» ماده ۲ قانون یادشده، بازرسی مستمر تمام وزارتخانه‌ها و اداره‌ها و نیروهای نظامی و انتظامی و موسسه‌ها و شرکتهای دولتی و شهرداری‌ها و موسسه‌های وابسته به آنها و دفترهای اسناد رسمی و موسسه‌های عام‌المنفعه و نهادهای انقلابی و سازمانهایی که تمام یا قسمتی از سرمایه یا سهام آنان متعلق به دولت است یا دولت به‌گونه‌ای بر آنها نظارت یا کمک می‌کند و تمام سازمانهایی که شمول این قانون نسبت به آنها مستلزم ذکر نام آنها بوده، از وظایف سازمان بازرسی کل کشور است.

مطابق ماده ۲ قانون مزبور، بازرسی سازمان از شرکتهای دولتی می‌تواند به دو صورت مستمر و فوق‌العاده باشد و وظایف و مسئولیتهای سازمان بازرسی برای نظارت بر حسن جریان امور و اجرای صحیح قوانین از یکی از دو طریق یادشده صورت می‌پذیرد. به استناد بند «ج» این ماده، تخلف و نارسایی‌ها و سوءجریانهای اداری و مالی درخصوص شرکتهای دولتی از طریق سازمان بازرسی به وزیر ذی‌ربط اعلام خواهد شد. همچنین به استناد بند «د» ماده یادشده در صورتی که گزارش بازرسی حاکی از سوءجریان مالی یا اداری باشد، رییس سازمان یک نسخه از آن را با دلایل و مدارک برای تعقیب و مجازات مرتکب، به‌طور مستقیم به مرجع قضایی صالح و مراجع اداری و انضباطی مربوط منعکس و تا دستیابی به نتیجه نهایی پیگیری خواهد کرد.

بازرسی در سازمان بازرسی کل کشور توسط بازرس یا هیئت‌های بازرسی مطابق مقررات قانون یادشده به‌عمل می‌آید و رسیدگی به گزارش‌های سازمان در مراجع قضایی و هیئت‌های رسیدگی به تخلفات اداری خارج از نوبت است. به استناد ماده ۸ قانون مزبور، تمام مسئولان شرکتهای دولتی مکلف به همکاری لازم و ارائه اطلاعات و مدارک مورد نیاز هیئت‌های بازرسی هستند و همکاری نکردن در این زمینه توسط کارکنان شرکتهای دولتی به‌موجب تبصره ۱ ماده ۸ این قانون موجب حبس از ۳ ماه تا ۶ ماه یا انفصال موقت از خدمات دولتی تا یک سال خواهد بود. همچنین وزیر یا مسئول دستگاه یا مدیریت شرکتهای دولتی ملزم به رعایت پیشنهادهای مندرج درگزارش بازرسی هستند. به استناد ماده ۱۲ قانون مزبور سازمان حسابرسی، مسئولان حراست و نظارت و بازرسی وزارتخانه‌ها و موسسه‌های مشمول بازرسی چنانچه به سوءجریانی در رسیدگی به عملکرد مالی و اداری دستگاه‌های اجرایی و شرکتهای دولتی و وابسته به دولت برخورد کنند که مربوط به وظایف سازمان بازرسی باشد، باید مراتب را به اطلاع سازمان بازرسی کل کشور برسانند. ماده ۱ آیین‌نامه اجرایی قانون تشکیل سازمان بازرسی کل کشور (مصوب سال ۱۳۶۰ و اصلاحات مصوب ۱۳۷۵) بازرسی سازمان را به بازرسی مستمر، فوق‌العاده و رسیدگی به شکایتها تقسیم کرده است. بازرسی مستمر حداقل سالی یک‌بار صورت می‌پذیرد که وظایف بازرسان یا هیئت‌های بازرسی در بازرسی‌های مستمر در ماده ۶ آیین‌نامه یادشده، عنوان شده است (بررسی وضع سازمان‌ها و موسسه‌های مورد بازرسی از حیث حسن جریان امور اداری، اجرای قوانین و طرح‌ها و برنامه‌های مربوط، طرز رفتار رییسان و....)

به استناد ماده ۹ آیین‌نامه یادشده، هرکسی می‌تواند شکایت خود علیه شرکتهای دولتی را به‌طور مستقیم به سازمان بازرسی کل کشور تسلیم کند. در قسمت‌های مختلف قانون تشکیل سازمان بازرسی کل کشور و آیین‌نامه اجرایی آن، ضمانت‌های اجرایی مختلفی برای انجام مناسبتر وظایف سازمان عنوان شده و همکاری نکردن از سوی مسئولان دستگاه‌های مشمول را تحت عنوان تخلف درخور تعقیب دانسته است. سازمان مزبور به استناد ماده ۲۹ آیین‌نامه اجرایی خود می‌تواند پیشنهادهای اصلاحی خود را به شرکتهای دولتی و سایر دستگاه‌های مشمول برای اصلاح ساختار و رفع نقایص ارائه دهد.

به استناد ماده ۴۹ آیین‌نامه اجرایی قانون تشکیل سازمان بازرسی کل کشور، مسئولان اداره‌های نظارت و بازرسی و حراست‌های مستقر در وزارتخانه‌ها و شرکتهای دولتی و وابسته به دولت مکلف‌اند به‌طور مستقیم موارد سوءجریان و تخلفات و نارسایی‌های دستگاه مربوط را هر چه زودتر حسب مورد به سازمان بازرسی کل کشور اعلام کنند.

ماده ۳۵ آیین‌نامه یادشده به سازمان اجازه می‌دهد بازرسی را از سازمان‌هایی که تمام یا قسمتی از سرمایه یا سهام آنها متعلق به دولت است یا دولت به‌گونه‌ای بر عملکرد آنها نظارت دارد یا به آنها کمک می‌کند، هرچند که این قبیل سازمانها غیردولتی باشند، به‌عمل آورد. از این‌رو، همان‌گونه که مشاهده می‌شود بر خلاف دیوان محاسبات کشور، حیطه اختیارات سازمان بازرسی کل کشور بسیار وسیع‌تر است و می‌تواند علاوه بر شرکتهای دولتی، شرکتهای غیردولتی یا شرکتهایی راکه قسمتی از سهام آنها متعلق به دولت است یا دولت تنها برعملکرد آنها نظارت دارد یا به آنها کمک می‌کند نیز مورد بررسی قرار دهد.

دیوان عدالت اداری

بر اساس اصل ۱۷۳ قانون اساسی، به منظور رسیدگی به شکایت‌ها، تظلم‌ها و اعتراض‌های مردم نسبت به ماموران یا واحدها یا آیین‌نامه‌های دولتی و احقاق حقوق آنها، دیوانی به نام دیوان عدالت اداری زیر نظر رییس قوه قضاییه تاسیس شده است.

در قانون دیوان عدالت اداری (مصوب ۱۳۶۰/۱۱/۴ با اصلاحیه‌های بعدی) حدود اختیارات و نحوه عمل این دیوان تعیین شده است.

به استناد ماده ۱۱قانون یادشده از موارد صلاحیت دیوان، رسیدگی به شکایت‌ها، تظلم‌ها و اعتراض‌های اشخاص حقیقی یا حقوقی از تصمیم‌ها و اقدام‌های واحدهای دولتی اعم از وزارتخانه‌ها، سازمان‌ها، موسسه‌ها و شرکتهای دولتی، شهرداری‌ها و همچنین تصمیم‌ها و اقدام‌های ماموران واحدهای یادشده در امور راجع به وظایف آنها است. بنابراین اشخاص حقیقی و حقوقی می‌توانند با ابزار دیوان عدالت اداری نسبت به اقدامهای خلاف مقررات شرکتهای دولتی پیگیری لازم را به عمل آورند و شعبه مامور رسیدگی نیز می‌تواند در حدود قانون، هرگونه تحقیقی راکه ضروری است، به عمل آورد یا انجام آن را از هر یک از مراجع قضایی یا اداری درخواست کند. شرکتهای دولتی نیز به استناد ماده ۱۶ قانون یادشده موظفند با دیوان همکاری لازم را داشته باشند و مدارک مورد نیاز را برای آن ارسال کنند.

ماده ۲۱ این قانون درخصوص ضمانت اجرای احکام

آیین‌نامه اجرایی قانون تشکیل سازمان بازرسی کل کشور بازرسی سازمان را به بازرسی مستمر فوق‌العاده و رسیدگی به شکایتها تقسیم کرده است

دیوان بیان داشته است که واحدهای دولتی اعم از وزارتخانه‌ها، سازمان‌ها، موسسه‌ها و شرکتهای دولتی مکلف‌اند احکام دیوان را در آن قسمت که مربوط به واحدهای یادشده است، اجرا کنند و در صورت استنکاف، با حکم رییس کل دیوان به انفصال از خدمات دولتی به مدت یک تا ۵ سال محکوم می‌شوند.

دستگاه‌ها و نهادهای نظارت‌کننده بر فرایند واگذاری سهام شرکتهای دولتی

خصوصی‌سازی و واگذاری شرکتهای دولتی به بخش غیردولتی، یکی از هدفهای برنامه‌های توسعه پس از انقلاب است. هدف از اجرای برنامه خصوصی‌سازی، کوچک‌سازی دولت و واگذاری امور به بخش غیردولتی بوده است. بدین‌ترتیب ضمن افزایش مشارکت عمومی در فعالیت‌های اقتصادی، انتظار می‌رود بازدهی و بهره‌وری شرکت‌ها نیز افزایش یابد و در نهایت باعث افزایش سرعت رشد و توسعه اقتصادی کشور شود. اما از آنجایی که همواره در انتقال اموال و سهام دولتی به بخش غیردولتی امکان بروز فساد و تخلف وجود دارد، دولت‌ها همواره در کنار اعمال سیاست‌های خصوصی‌سازی سعی در تحکیم نهادها و مبانی نظارتی دارند. در ایران و در برنامه‌های اول و دوم توسعه کشور، هیئت وزیران و دستگاه‌های اجرایی واگذارکننده به‌طور عام وظیفه نظارت بر واگذاری را به عهده داشته و مسئول حسن اجرای آن بوده‌اند.

با بروز مشکلات و شبهه‌هایی که در فرایند خصوصی‌سازی در طول سال‌های اجرای برنامه‌های اول و دوم توسعه رخ داد، دولت اقدام به تشکیل نهادهایی خاص کرد که علاوه بر سیاستگذاری و راهبری فرایند خصوصی‌سازی در کل کشور، وظیفه نظارت را نیز بر عهده دارند.

هیئت عالی واگذاری

به استناد ماده ۱۲ قانون برنامه سوم توسعه (تنفیذی در برنامه چهارم توسعه)، هیئت عالی واگذاری به

ریاست وزیر امور اقتصادی و دارایی و با عضویت رییس سازمان مدیریت و برنامه‌ریزی کشور، رییس کل بانک مرکزی جمهوری اسلامی‌ایران، وزیر دادگستری، وزیر وزارتخانه ذی‌ربط و دو نفر از نمایندگان مجلس شورای اسلامی‌تشکیل شده است. این هیئت علاوه بر هماهنگی و کنترل فرایند واگذاری، وظیفه نظارت بر خصوصی‌سازی را نیز برعهده دارد.

مطابق بند «ج» ماده ۱۴ قانون یادشده، نظارت بر فرایند واگذاری و ارائه گزارش‌های نظارتی شش ماهه به رییس جمهور و مجلس شورای اسلامی‌شامل تجزیه و تحلیل‌ها، بررسی نقاط ضعف و بازخوردهای فرایند و راهکارهای پیش‌برنده از وظایف و اختیارات هیئت عالی واگذاری است.

هیئت داوری

هیئت داوری نهاد دیگری است که به موجب قانون برنامه سوم توسعه ایجاد شده و در فرایند واگذاری، مسئول رسیدگی به شکایت‌ها و تخلف‌هاست.

به موجب ماده ۲۰ قانون برنامه سوم توسعه (تنفیذی در برنامه چهارم توسعه)، رسیدگی، اظهارنظر و

تصمیم‌گیری در مورد شکایت اشخاص حقیقی و حقوقی از هر یک از تصمیم‌ها در امر واگذاری، در صلاحیت هیئت داوری است. این هیئت مرکب از ۷ نفر شامل پنج نفر از متخصصان امور اقتصادی، مالی، بازرگانی، فنی و حقوقی (به پیشنهاد مشترک وزیر امور اقتصادی و دارایی، وزیر دادگستری و رییس سازمان مدیریت و برنامه‌ریزی کشور و تصویب هیئت وزیران) و رییس اتاق تعاون و رییس اتاق بازرگانی و صنایع و معادن است.

سازمان خصوصی‌سازی

سازمان خصوصی‌سازی نیز یکی از نهادهای موثر در فرایند خصوصی‌سازی بوده که در اجرای مفاد فصل سوم قانون برنامه سوم توسعه تشکیل شده است. وظیفه اصلی این سازمان در چرخه و فرایند خصوصی‌سازی، واگذاری سهام شرکتهای دولتی به وکالت از صاحبان سهام آنهاست. به‌عبارت دیگر، دولت و شرکتهای مادرتخصصی برای واگذاری سهام خود در شرکتهای دولتی و وابسته به دولت، به سازمان خصوصی‌سازی وکالت فروش داده‌اند و سازمان یادشده نیز پس از تعیین قیمت پایه در چارچوب مقررات، اقدام به فروش سهام می‌کند. اما در کنار این وظیفه مطابق شرح وظایف این سازمان مندرج در بند «ز» ماده ۵ اساسنامه آن، نظارت بر اجرای دقیق مفاد قراردادهای مربوط به واگذاری سهام، واگذاری مدیریت و اجاره و انجام سایر اموری که طبق قراردادها به این سازمان محول می‌شود، از وظایف آن است.

براساس این بند، سازمان خصوصی‌سازی موظف است حتی پس از واگذاری شرکت‌ها، بر فعالیت و نحوه مدیریت آنها نظارت داشته باشد تا از مفاد قراردادهای واگذاری تخلف نشود. از آنجاکه در متن بسیاری از قراردادها، افزایش بازدهی و بهره‌وری و حفظ نیروی انسانی از تعهدات خریداران است، این‌گونه نظارت می‌تواند از عواقب منفی خصوصی سازی بکاهد.

سایر مراکز نظارتی

سازمان‌ها و نهادهای یادشده، همگی سازمان‌هایی هستند که به موجب نص صریح قانون مکلفند بر فعالیت شرکتهای دولتی و وابسته به دولت و همچنین فرایند واگذاری سهام شرکتهای یادشده به بخش غیردولتی، نظارت کنند. تمام سازمان‌ها و نهادهای بررسی‌شده به‌طور مستمر بر فعالیت شرکتهای دولتی و فرایند واگذاری سهام آنها نظارت داشته و در برخی مواقع موظفند گزارشهای ادواری یا سالانه تهیه کنند و به آگاهی مراجع صلاحیتدار برسانند. علاوه بر سازمان‌ها و نهادهای یادشده، برخی دیگر از ارگان‌ها یا نهادها وجود دارند که در مواقع خاص یا به‌موجب دستور ویژه اقدام به نظارت و بازرسی بر شرکتهای دولتی و دستگاه‌های دخیل در امر واگذاری سهام شرکتهای دولتی و وابسته به دولت می‌کنند.

این در حالی است که در متن قوانین، به‌طوردقیق به این وظایف برای مراجع یادشده، اشاره‌ای نشده است. به عنوان مثال، می‌توان از وزارت اطلاعات، بازرسی ویژه ریاست جمهوری و مجلس شورای اسلامی‌نام برد. مراکز و سازمان‌های مزبور و مراجع مشابه نیز بنا به ضرورت و به‌صورت مقطعی اقدام به نظارت بر شرکتهای دولتی

سازمان خصوصی‌سازی موظف است حتی پس از واگذاری شرکت‌ها بر فعالیت و نحوه مدیریت آنها نظارت داشته باشد تا از مفاد قراردادهای واگذاری تخلف نشود

و دستگاه‌های مجری واگذاری سهام شرکتهای مزبور می‌کنند. اما به‌دلیل آنکه وظیفه اصلی آنها نظارت مستمر بر دستگاه‌های اجرایی یادشده است، در این گزارش از بررسی و ذکر قوانین خاص سازمان‌های یادشده، پرهیز می‌شود.

جمع‌بندی

در این گزارش مبانی قانونی نظارت بر شرکتهای دولتی و دستگاه‌های مسئول واگذاری سهام شرکتهای مزبور مورد بررسی قرار گرفت و وظایف هر کدام از آنها شناسایی شد. طبیعی است که نظارت بر شرکتهای دولتی ابعاد گوناگونی دارد؛ نظارت بر اجرای برنامه‌هایی که شرکتها موظف به انجام آن هستند، نظارت بر اجرای طرحهای عمرانی که شرکتها به نمایندگی دولت مسئول اجرای آنند، نظارت بر کیفیت و نوع کالاها و خدماتی که این شرکتها عرضه می‌کنند، نظارت بر نیروی انسانی فعال در شرکتهای دولتی و مواردی از این دست مقوله‌هایی هستند که لازم است به آن توجه شود.

بررسی ساختار قانونی نظارت بر فعالیت شرکتهای دولتی حاکی از آن است که در این زمینه در برخی موارد دستگاه‌های نظارتی به وظایف قانونی خود به خوبی عمل نمی‌کنند. برای مثال می‌توان به سازمان بازرسی کل کشور اشاره کرد که به موجب ماده ۳۵ آیین‌نامه اجرایی قانون تشکیل خود، مجاز به بازرسی از سازمان‌هایی هرچند غیردولتی است که تمام یا بخشی از سرمایه یا سهام آنها متعلق به دولت است یا دولت به‌گونه‌ای بر عملکرد آنها نظارت دارد یا به آنها کمک می‌کند. سازمان بازرسی کل کشور بر اساس این مجوز قانونی می‌تواند در صورت لزوم بر عملکرد شرکتهای غیردولتی که بخشی از سهام آنها متعلق به دولت است، نظارت و از ایجاد فساد اداری و مالی در شرکتهای یادشده جلوگیری کند. این موضوع از آنجایی حایز اهمیت است که طبق قانون، شرکتهای مزبور تحت نظارت سایر مراجع نظارتی همچون دیوان محاسبات، سازمان مدیریت و برنامه‌ریزی کشور و وزارت امور اقتصادی و دارایی قرار ندارند. در صورتی

که به‌نظر می‌رسد سازمان بازرسی کل کشور فعالیت چندانی در این زمینه نداشته و شرکتهای غیردولتی که به شیوه‌های مختلف به دولت و شرکتهای دولتی وابسته بوده و از امکانات و مزایای این ارتباط نیز بهره‌برداری می‌کنند، تحت هیچ‌گونه نظارت و بازرسی نیستند. بنابراین، پیشنهاد می‌شود سازمان بازرسی کل کشور از تمام ظرفیت قانونی خود استفاده و نظارت قانونمند و مستمری را بر شرکتهای یادشده اعمال کند.

همچنین خلاءهای قانونی متعددی نیز در این ساختار وجود دارد، از جمله اینکه برخی از شرکتهای دولتی به موجب قانون خاص تشکیل شده‌اند و قوانین تشکیل آنها به گونه‌ای تدوین شده است که قدرت نظارتی دستگاه‌های ناظر بر فعالیت آنها را کاهش می‌دهد. برای مثال می‌توان به پیروی نکردن برخی از شرکتهای دولتی از قانون محاسبات عمومی اشاره کرد. بنابراین پیشنهاد می‌شود با اصلاح قوانین موجود، تمام شرکتهای دولتی که به موجب قوانین خاص یا اساسنامه خود از شمول قانون محاسبات عمومی و سایر قوانین و مقررات عمومی مربوط به شرکتهای دولتی مستثنا شده‌اند، تابع قوانین و مقررات عمومی یادشده قرار گیرند.

رییس گروه مطالعات و بررسی‌های دفتر ریاست، روابط عمومی و بین‌الملل

منابع:

- رسول دشتی، مهدی رضایی، علی‌اکبر دشتی، **مجموعه قوانین و مقررات کشور در حوزه مالی**، انتشارات نسیم دانش کهن، چاپ اول، ۱۳۹۰.
- جعفر باباجانی، **حسابداری و کنترلهای مالی دولتی**، انتشارات دانشگاه علامه طباطبایی، چاپ اول، ۱۳۸۵.

راهبرد

سال اول، شماره دوم، زمستان ۱۳۸۷

صفحه ۱۷۰ - ۱۴۵

فرهنگ سازمانی مدیران از دیدگاه قرآن و نهج‌البلاغه

مصطفی امامی[۱]

کارشناس ارشد حسابداری دانشگاه تربیت مدرس

عبدالغنی رستگار

دانشجوی کارشناسی ارشد مدیریت دولتی گرایش تحول؛ دانشگاه تهران، پردیس قم.

چکیده

هنگام بررسی نظرات و نوشته های پژوهشگرانی که ویژگی‌های سازمان‌های موفق را بیان می‌کنند، به طور مکرر بر مفهوم فرهنگ سازمانی و قدرت و سرایت ارزش‌های معنوی آن بر عملکرد سازمان تأکید می‌کنند. دگرگونی‌های اجتماعی و فن‌آوری پرشتاب و چالش‌زا، ضرورت توجه به فرهنگ سازمانی را امری اجتناب‌ناپذیر ساخته است. محققان دانشگاهی نیز رمز موفقیت ژاپنی‌ها را در فرهنگ سازمانی می دانند که مبتنی بر مبانی مذهبی برگرفته از مذهب شینتو و کنفسیوس می‌دانند، در این پژوهش سعی شده به بررسی ویژگی‌های رهبران و مدیران به‌عنوان پایه‌گذاران فرهنگ سازمان، با استفاده از آموزه‌ها و کتب دینی (قرآن و نهج‌البلاغه) پرداخته شود.

واژگان کلیدی

فرهنگ، فرهنگ سازمانی، کارکردهای فرهنگ سازمانی، فرهنگ قرآنی.

---

1 Mostafa.Emami@modares.ac.ir

مقدمه

فرهنگ از کلماتی است که در طول تاریخ دارای بار ارزشی مثبت بوده و هر کسی سعی می‌کند خود را واجد آن و مطلع از آن بداند لذا افراد بسیاری با تفکرات و دیدگاه‌های مختلف سعی کرده‌اند نسبت به آن اظهار نظر نمایند و ضمن ارایه تعریفی از آن، نقش و محدوده آن را مشخص نمایند. فرهنگ، واژه‌ای پارسی و از دو جزء «فر» به معنی بالا و پیش و «هنگ» به معنی کشیدن، وزن و سنگینی می‌باشد. اصطلاح فرهنگ در ادبیات کهن، «پندنامه آتورپات اسپنتامان» به معنی دانش و حرفه و علم آمده است، فردوسی واژه فرهنگ را، در اندرزنامه انوشیروان به معنی و مترادف با دانش و هنر آورده است. تعریف جامع و معروف فرهنگ از تایلر[1] دانشمند انگلیسی گرفته شده که در سال ۱۸۷۱ در کتاب معروف فرهنگ ابتدایی آورده عبارتند از «فرهنگ مجموعه پیچیده‌ای که شامل معارف، معتقدات، هنرها، صنایع، فنون، اخلاق، قوانین، سنت ها و بالاخره تمام عادت ها، رفتارها و ضابطه ها که فرد به‌عنوان عضو جامعه از جامعه خود فرامی‌گیرد و در برابر جامعه وظیفه‌ها و تعهدهایی را بر عهده دارد (نوروزی، ۱۳۸۷: ۲۳).

اتوکلاین برگ[2] در تعریف و تبیین فرهنگ می‌نویسد فرهنگ از نظر عامه مردم به معنی موفقیت هنری و فکری و متعالی است ولی از نظر جامعه‌شناسان و مردم‌شناسان، فرهنگ افزون بر همه این‌ها شامل تمام چیزهایی است که فرد از جامعه خود کسب می‌کند، یعنی همه عادات و اعمالی که فرد از راه تجربه و سنت آموخته است. و نیز تمام اشیاء مادی که به‌وسیله گروه تولید می‌شود. به‌علاوه آن‌چه که می‌خوریم، می‌آشامیم و می‌پوشیم و در انواع خانه‌هایی که بنا می‌کنیم و در روابطمان با اعضای خانواده خود و با سایر افراد جامعه، در آن‌چه می‌آموزیم، و تصورمان از خوب و بد، در آرزوهایمان، در نظرمان نسبت به سایر جامعه ها و ... تجلیات فرهنگ مشهود است، به این ترتیب فرهنگ دو جنبه متمایز مادی و معنوی دارد یکی به‌دست اعضای جامعه و در طول تاریخ ساخته می‌شود و برای انسان‌های

1 . E.Tylor.
2 . O.Klineberg.

موجود به ارث رسیده و دیگر فرهنگ معنوی که خلقیات، روحیات، معتقدات و علوم و هنرهاست (استانلی، ۱۳۷۶: ٤١).

«فرهنگ عصاره زندگی اجتماعی است و در تمامی افکار، اهداف، معیارها، ارزش‌ها، و فعالیت های فردی و اجتماعی انسان منعکس می‌شود». تعریف دیگری است که براساس اصل اجتماعی بودن انسان و تحقق اهداف خلقتش همراه دیگر انسان‌ها، ارائه شده است. براساس این تعریف بشر به اتکای فرهنگ خود با جهان و جامعه برخورد می‌کند. بنابراین چگونگی تفسیر قضایای جهان و مقابله با تحریکات محیط طبیعی و راه‌های تغییر شرایط در جهت اهداف و امیال بستگی به دیدگاه‌های فرهنگی دارد. یکی از الزامات جهان کنونی ظهور و حضور سازمان‌ها در زندگی انسان‌ها است به‌طوری‌که زندگی امروز انسان‌ها بدون وجود سازمان‌ها تقریباً امر غیرممکن و بدیهی به‌نظر می‌رسد، فرهنگ سازمانی به‌عنوان یکی از عناصر فرهنگ نقطه عطفی است که در آن نقطه، فلسفه سازمان بر مسایل سازمان تأثیر می‌گذارد، و محل تلاقی اخلاق با سازمان می‌شود زیرا در فرهنگ سازمان است که انسان باورها و ارزش‌ها را می‌یابد (نوروزی، ۱۳۸۷: ٢٤). در دهه‌های گذشته، تأکید بیش از حد بر ساختار پیچیده سیستم‌های سازمانی و طح‌ریزی شرکت‌ها، نشان داده است که روش های ثابت، پاسخگوی زمان تغییر و تحول نیست. «فرهنگ سازمانی» یکی از جدیدترین واژه های ادبیات مدیریت است که در سال‌های اخیر بسیار مورد توجه اندیشمندان و صاحب‌نظران مدیریت قرار گرفته است. پیدایش و رشد فن‌آوری‌های نوین و دگرگونی های حاصل از آن و مطرح شدن پارادایم ها و دیدگاه‌های جدید در دنیای فراصنعتی سازمان‌ها را به تکاپوی جدی واداشته است تا عوامل کارآمدی و اثربخشی را در جهان فراپیچیده امروز شناسایی نماید و تغییرات متناسب با آن‌را در خود به‌وجود آورند. ضرورت این اقدام متأثر از این موضوع است که سازمان‌ها می‌بایست خود را برای پاسخگویی به نیازهای متغیر و شرایط متحول کنونی آماده کنند، تا بتوانند مأموریت‌ها و رسالت‌های نوین خویش را به انجام برسانند. مقوله‌هایی مانند فن‌آوری اطلاعات و ارتباطات، پدیده جهانی شدن و چگونگی برخورد با آن، دگرگونی های جمعیت شناختی، آموزش مداوم، انفجار دانش، بحران های اخلاقی، دگرگونی انتظارات اجتماعی و پیدایش

رقیبان، تغییرات بنیادی در بازار کار و مواردی از این نوع، ضرورت بهبود و بازسازی سازمان‌ها را آشکار می‌کند و بر همین اساس آن‌ها باید به خلق محیط های جدید بپردازند و بیش از هر چیز بسترسازی کنند تا هم‌چنان در متن تحولات بمانند. برای تحقق این موضوع، توجه به فرهنگ سازمانی به‌عنوان چسب سازمانی که تار و پود سازمان را به‌هم پیوند می‌دهد و از اهمیت کلی برخوردار است. در نتیجه، شناسایی ابعاد مولفه های فرهنگ سازمانی اثربخش یعنی فرهنگی که بتواند زمینه‌ساز تحقق رسالت های جدید سازمان‌ها باشد ضرورت می‌یابد. به‌عبارت دیگر می‌بایست مشخص گردد که فرهنگ سازمانی از چه اجزا و عناصری برخوردار باشد تا آن‌ها بتوانند رسالت‌های خود را به انجام رسانند (زارعی‌متین، ۱۳۸۳: ٤٦ - ٤٥).

او چی، پیترز و واترمن در پرفروش ترین کتاب‌هایشان بر اهمیت فرهنگ سازمان به‌عنوان شرط موفقیت سازمان‌ها تأکید کرده‌اند. پژوهشگران در زمینه فرهنگ سازمانی معتقد هستند که نسبت فرهنگ به سازمان مانند نسبت شخصیت است به فرد. و اعتقاد دارند که برای ایجاد بالندگی در افراد جامعه باید در زمینه شخصیتی آن‌ها کاوش صورت گیرد. بر این اساس برای ایجاد بالندگی سازمانی که منجر به بالندگی جامعه می‌گردد باید در فرهنگ سازمان تحقیق شود. با توجه به تعاریف متعددی که در مورد فرهنگ سازمانی صورت گرفته است، می توان گفت؛ فرهنگ سازمانی به مجموعه‌ای از ارزش‌ها، باورها، اعتقادات، فرضیات و هنجارهای مشترک حاکم بر سازمان اشاره می کند (الوانی، ۱۳۸۳: ۲۱۸). مدیران عالی، شیوه گزینش و جامعه‌پذیری، فاکتورهایی است که فرهنگ سازمانی را می‌سازد و عموماً فرایند ایجاد و حفظ فرهنگ سازمانی از فلسفه بنیان‌گذاران سازمان نشأت می‌گیرد. به‌گونه‌ای که این فلسفه بر شاخص‌های گزینش کارکنان اثر می‌گذارد. فرهنگ سازمانی به‌دلیل ماهیت اثرگذاری قوی که می‌تواند بر رفتار و عملکرد اعضای سازمان داشته باشد و نقش مهمی را در کنترل درونی رفتارهای کارکنان و پیشگیری از بروز فساد اداری دارد. فرهنگ سازمانی که پیوندی نزدیک با فرهنگ عمومی جامعه دارد، عامل مهمی در شکل دهی به رفتار سازمانی محسوب می‌شود و از نقش مهمی در پدید آوردن دگرگونی در رفتارهای نامطلوب و ایجاد ثبات در رفتارهای مورد نظر سازمان

برخوردار است (استانلی، ۱۳۷۶: ٤٢). فرهنگ سازمانی در قالب مجموعه‌ای از باورها و ارزش‌های مشترک که بر رفتارهای اعضا و سازمان اثر می‌گذارد، می‌تواند به‌عنوان سرچشمه‌ای برای دست‌یابی به محیط سالم اداری و یا فضایی که ترویج کننده فساد اداری است به‌شمار می‌آید (زارعی‌متین، ۱۳۸۳: ٤٩). فرهنگ را به‌عنوان یک خرده‌نظام در درون نظام بزرگتری مانند جامعه متولد، رشد و بلوغ می‌یابد و از فرهنگ هر جامعه‌ای به‌وسیله ارزش‌ها و هنجارهای آن جامعه شکل می‌گیرد و یکی از آن ارزش‌ها مبانی و آموزه‌های دینی جامعه می‌باشد به‌طوری که بسیاری از محققان دانشگاهی نیز رمز موفقیت ژاپنی‌ها را در فرهنگ سازمانی می دانند که مبتنی بر مبانی مذهبی برگرفته از مذهب شینتو و کنفسیوس می‌دانند (کاظمی، ۱۳۷۵: ۱۱۲ - ۸۹) و از آن‌جایی که رهبران و مدیران هر سازمانی به‌عنوان بانیان فرهنگ آن سازمان شناخته می‌شوند و خود آن‌ها از ارزش‌های جامعه متأثر می‌شوند، در جامعه ایرانی که ارزش‌های آن‌ها منبعث از دین اسلام و سیره پیامبر و معصومین است، بالطبع این ارزش‌ها تعیین کننده فرهنگ غالب جامعه خواهد بود لذا مطالعه و بررسی ویژگی‌های یک رهبر و مدیر از دیدگاه قرآن و نهج‌البلاغه که به‌عنوان دو منبع اصلی ارزش‌های اسلامی مورد استفاده می‌شود لازم و ضروری به‌نظر می‌رسد که در این پژوهش ضمن تعاریف مختلف از فرهنگ و فرهنگ سازمانی این ویژگی‌ها و خصایص بررسی و تشریح خواهد شد.

تعاریف فرهنگ سازمانی از دیدگاه صاحبنظران مدیریت :

فرهنگ سازمانی، انباشته‌ای از آموخته‌های مشترک در طول تاریخ مشترک است و آن اشاره به استحکام ساختاری و الگویی بودن و تکامل سازمان دارد (شاین، ۱۹۹۷: ۳۹).

فرهنگ سازمانی شامل پیش‌فرض‌ها، ارزش‌ها، هنجارها و علایم ملموس اعضای سازمان و رفتارهای آن‌ها می‌باشد (کارترومک نامارا[1]، ۱۹۹۳: ۷).

1 . Carter & Mac Namara.

نوعی احساس هویت در وجود اعضای سازمان تزریق می‌کند و باعث می‌شود که در بین افراد نوعی تعهد نسبت به چیزی به‌وجود آید که آن چیز بیش از منابع شخصی فرد است (رابینز[1]، ۱۳۸۱: ۳۷۹).

برای درک درست فرهنگ سازمانی، باید آن‌قدر به سازمان نزدیک باشیم که ظرایف فرهنگی را به‌درستی دریابیم و آن‌قدر از آن دور باشیم که بتوانیم همه‌ی جوانب آن‌را هم‌چون نظاره‌گری خارجی حس و درک کنیم (زارعی‌متین، ۱۳۸۳: ۵۰).

بسیاری از علمای مدیریت فرهنگ را عبارت از آداب، رسوم، عقاید و باورهای مشترک یک جامعه تعریف کرده‌اند. و دارای ویژگی‌های زیراست:

۱. فرهنگ آموختنی است. فرهنگ خصوصیتی غریزی است و ذاتی نیست.

۲. فرهنگ آموخته می‌شود. انسان می‌تواند عادت‌های آموخته شده خود را به دیگران منتقل کند.

۳. فرهنگ اجتماعی است عادت‌های فرهنگی، ریشه‌های اجتماعی دارند.

٤. فرهنگ پدیده‌ای ذهنی و تصوری است.

٥. فرهنگ خشنودی بخش است. عناصر فرهنگی تا زمانی که بر افراد یک جامعه خشنودی نهایی می‌بخشد می‌توانند پایدار بمانند.

٦. فرهنگ سازگاری می‌یابد. فرهنگ دگرگون می‌شود و فراگرد دگرگونی آن همراه با تطبیق و سازگاری است.

۷. فرهنگ یگانه‌ساز است. عناصر هر فرهنگ گرایش به آن دارند تا پیکری یکپارچه و به‌هم بافته و سازگار پدید آورند.

سازمان‌ها هم مانند افراد دارای شخصیت‌اند و می‌توان با صفات ویژه‌ای چون: خشکی، مهربانی، گرمی، نوآوری یا محتاط بودن مشخص کرد (شاین، ۱۹۹۷: ۲۱).

فرهنگ سازمانی، پدیده‌ای ملموس نیست و به‌راحتی قابل شناسایی نمی‌شود، کوه یخی است که تنها قله‌ی آن آشکار است و بخش عمده‌ی آن ناپیدا و پنهان است، ولی در حقیقت، نمایان‌گر شیوه زندگی واقعی اعضای آن سازمان است.

1 . Robins.

همه توافق دارند که فرهنگ؛

۱. کلی است که از مجموع اجزای آن بیشتر است.
۲. تاریخچه سازمان را منعکس می‌کند.
۳. به مطالعه‌ی انسان‌شناسی مانند رسوم و نهادها مربوط می‌شود.
٤. توسط افرادی که یک سازمان را تشکیل داده‌اند شکل می‌گیرد.
٥. حرکت آن کند و سخت است.
٦. تغییر آن به سختی صورت می‌گیرد.

تقریباً تمامی پژوهشگران از فرهنگ سازمانی به‌عنوان مجموعه‌ای از ارزش‌ها، باورها، عقاید، فرضیات و هنجارهای مشترک حاکم بر سازمان یاد می‌کنند (نوروزی، ۱۳۸۷: ٩٦).

در واقع فرهنگ سازمانی همان چیزی است که به‌عنوان یک پدیده‌ی درست به اعضای تازه وارد آموزش داده می‌شود و آن بیانگر بخش نانوشته و محسوس سازمان است.

فرهنگ سازمانی دارای کارکردهای زیراست:

۱. فرهنگ سازمانی به کارکنان سازمان هویت سازمانی می‌بخشد.
۲. فرهنگ سازمانی تعهد گروهی را آسان می‌سازد.
۳. فرهنگ سازمانی ثبات نظام اجتماعی را ترغیب می‌کند.
٤. فرهنگ سازمانی به شکل دادن رفتار کارکنان کمک می‌کند.
٥. فرهنگ سازمانی بر وظایف و نحوه‌ی عملکرد مدیریت تأثیر می‌گذارد (زارعی‌متین، ۱۳۸۱: ٥١).

عوامل مؤثر بر فرهنگ سازمان

با توجه به وسعت موضوعات مرتبط با فرهنگ عوامل بی‌شماری را می‌توان معرفی کرد که هریک به نحوی بر فرهنگ یک جامعه در نتیجه یک سازمان تأثیر می‌گذارد. این عوامل اصلی و عمده عبارتند از:

اوضاع اقلیمی، موقعیت جغرافیایی، مذهب، نظام حاکم بر جامعه (در سطح خرد و کلان) هر یک از عوامل فوق در ایجاد و تقویت یا توسعه فرهنگی مؤثر می‌باشند. عامل

تاریخی نیز در هر یک از عوامل فوق در ایجاد و تقویت یا توسعه فرهنگی مؤثر می باشد، عامل دیگری که بر فرهنگ سازمان تأثیر دارد، فرهنگ جامعه است. باید توجه داشت که فرهنگ سازمانی با فرهنگ جامعه رابطه دوطرفه ظریفی دارد. هر سازمانی فرهنگ ویژه و خاص خود را به‌وجود می آورد که با فرهنگ دیگر سازمان‌ها تفاوت‌هایی دارد. فرهنگ سازمان مجموعه معانی و معارفی است که در داخل سازمان ساخته و پرداخته می‌شود. اما همیشه از طرف فرهنگ وسیع جامعه فرآیندهای اجتماعی و تاریخی مورد تأثیر و تأثر قرار می گیرد. فرهنگ جامعه بر فرهنگ سازمان‌ها تأثیر می گذارد و فرهنگ‌های سازمانی نیز بر روند حرکت فرهنگی جامعه تأثیر خود را دارند (کاظمی، ۱۳۷۵: ۱۱۲ - ۸۹).

فرهنگ جامعه ⟺ فرهنگ سازمان (ارتباط بین فرهنگ جامعه و سازمان)

رابطه‌ی فرهنگ سازمانی با رضایت شغلی و عملکرد

آیا همیشه نوع فرهنگ در رضایت کارکنان وعملکرد آن‌ها اثری یکسان دارد؟ نتایج تحقیقات به پرسش فوق پاسخ منفی می‌دهد. به استناد پاره‌ای از تحقیقات، بین نوع فرهنگ و رضایت افراد همبستگی وجود دارد ولی این همبستگی تابع تفاوت‌های فردی است. به‌طور اجمال می‌توان گفت هنگامی‌که بین نیازهای فردی و فرهنگ سازمان هم‌خوانی وجود داشته باشد، رضایت بالاست. مثلاً در سازمانی‌که فرهنگ آن بر وظایف فردی تأکید دارد، میزان سرپرستی و کنترل، شدید نیست و به افراد بنابر موفقیت در کارشان امتیاز داده می‌شود که این برای افرادی که در آن‌ها درجه‌ی نیاز به موفقیت بیشتر است، دارای استقلال بیشتری می‌باشند. گرچه سازمان‌ها همگی دارای فرهنگ هستند ولی همه آن‌ها بر کارکنان تأثیر برابر ندارند. وجود فرهنگ قوی و مثبت است که منجر به افزایش رضایت شغلی کارکنان شده و احتمال این‌که آن‌ها کارشان را ترک کنند، کاهش می‌یابد. این نوع فرهنگ ثبات رفتاری را افزایش می‌دهد و راهنمایی می‌شود برای نوع رفتار در سازمان و ابزاری قدرتمند است برای رسمی سازی سازمان و جانشینی است برای قوانین و مقررات به‌طوری که حتی می‌تواند نافذتر از کنترل رسمی سازمان عمل کند. زیرا فرهنگ ذهن و روح را مانند بدن کنترل می‌کند و باعث می‌شود که افراد در سازمان احساس بهتری نسبت

به کاری که انجام می‌دهند پیدا کنند، به‌گونه‌ای که منجـر بـه کـار بهتـر و عملکـرد بیشـتر می‌شود. در صورتی که فرهنگ منجر به عملکرد بهتر و بهره‌وری بالاتر می‌شـود آن فرهنـگ قوی و مثبت است، فرهنگ قوی از آن سازمانی است که در آن تعـداد اعضـای متعهـد بـه ارزش‌های حاکم زیاد و میزان تعهد آن‌ها قـوی باشـد. هنگـامی‌کـه ارزش‌هـا، باورهـا و هنجارهای یک سازمان به طور روشن و واضح بیان شوند و حفاظت و نگهـداری شـوند و از سوی تعداد زیادی از افراد حمایت شوند به‌سرعت گسترش پیدا می کنـد، چنـین فرهنگـی، یک فرهنگ قوی است و مشخص‌کننده‌ی توافق در میان اعضـای یـک سـازمان در اهمیـت بـه باورها و ارزش‌های فرهنگ است. بنابراین سازمان‌هـایی کـه در آن‌هـا ارزش‌هـای کلیـدی سازمان بیشتر مورد قبول واقع گردد و باعث شود کارکنان تعهدشان به آن ارزش‌هـا بیشـتر شود، آن فرهنگ قوی‌تر است (داولاتران[1]، ۲۰۰۳: ۱۸).

استیفن رابینز در مورد تأثیر فرهنگ قوی می نویسد از نتایج عمده وجود فرهنـگ قـوی این است که جابه‌جایی کارکنان را کاهش می‌دهد و موجب می‌شـود کـه اعضـای سـازمان درباره جایگاه و محل آن اتفاق نظر کامل داشته باشـند، ایـن اتفـاق نظـر باعـث انسـجام، وفاداری و ایجاد تعهد زیاد نسبت به سازمان می شود. یک فرهنـگ قـوی سـازمانی موجـب می گردد تا تداوم رویه در رفتار تشدید شود و جایگزین قوانین و مقررات رسمی سـازمان گردد. اما فرهنگ‌های ضعیف از آن سازمان‌هایی است که در آن‌ها افراد سازمان تعهد انـدک و ضعیفی نسبت به ارزش‌های سازمان خواهند داشت. مدیریت بر مبنای ارزش‌ها، شـیوه‌ای برای اجرای تحول سازمانی است. بدین ترتیب که تصمیمات استراتژیک و اقدامات روزانه با ارزش‌های راهنما هم راستا خواهد شد. مدیر بایـد فرهنـگ‌هـای مختلـف را بـه تفـاهم دوجانبه ترغیب کند و طرح‌های متنوع سطوح مختلف فرهنگی را بـرای ورود بـه سـطوح دیگر با اعمال تغییرات مقتضی آماده کنند. در دهـه گذشـته شـاهد تغییـرات اساسـی در شرکت‌های مختلف بوده‌ایم که این تغییرات روزبه‌روز افزایش مـی‌یابـد. ایـن تغییـرات و تحولات اساسی با کمک نیروی قوی فرهنگ انجام می‌شود. بـدون تغییـر فرهنـگ هرگـز شاهد تحولات همراه با موفقیت نخواهیم بـود. لـذا توجـه کلیـه مـدیران در تمـام سـطوح

---

1 . Daulatran.

سازمانی به ابعاد مختلف ریشه‌های فرهنگ سازمانی جلب ضروری است چون در محیط‌های کاری امروزی با پیچیدگی‌ها، ادغام سازمانی، افزایش انتظارات شریانی، جهانی شدن اقتصاد، افزایش رقابت در محیط جهانی و رشد سریع تکنولوژی‌ها در شرکت‌ها چاره‌ای جز تغییر و تطبیق خود با محیط ندارند (رابینز، ۱۹۸۹: ۲۸۲).

شکل زیر نحوه تأثیرگذاری فرهنگ سازمانی را بر رضایت شغلی نشان می‌دهد.

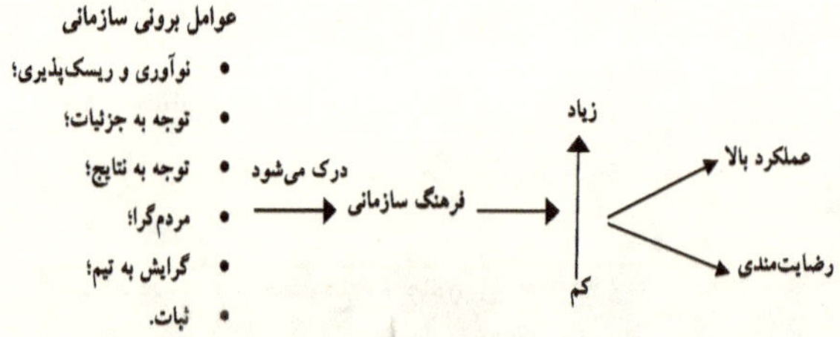

عوامل برونی سازمانی
- نوآوری و ریسک‌پذیری؛
- توجه به جزئیات؛
- توجه به نتایج؛
- مردم‌گرا؛
- گرایش به تیم؛
- ثبات.

فرهنگ سازمانی ← درک می‌شود ← زیاد / کم ← عملکرد بالا / رضایت‌مندی

(رابینز، رفتار سازمانی، ۱۹۸۹: ۲۸۲)

اندیشمندان زیادی از جمله کوئین، استانلی و دیویس، هرسی و بلانچارد، چارلزهندی، جردن، شاین در مورد فرهنگ سازمانی مطالعات و تألیفاتی داشته‌اند که در این پژوهش به معرفی مفروضات و شاخص‌های که رابینز معرفی می‌کند، می‌پردازیم.

رابینز مدل فرهنگ سازمانی خود را بر مبنای مفروضات هفت‌گانه زیر پایه‌گذاری کرده است:

۱. توجه به نوآوری و خلاقیت
میزان تشویق کارکنان به نوآوری و خطرپذیری.

۲. توجه به جزیی‌نگری
میزان دقتی که کارکنان باید در کار داشته باشند و بتوانند مسایل را تجزیه و تحلیل کنند.

۳. توجه به ره‌آوردها

میزان توجه مدیریت به نتایج کار، در مقابل روش‌ها و فرآیند.

٤. توجه به اعضای سازمان

میزان توجه به مشارکت کارکنان از سوی مدیران و این که مدیریت اجازه بدهد، کارکنان در تصمیم‌گیری‌ها شرکت کنند.

۵. توجه به سیستم

میزان توجه به کارهای گروهی و تیمی.

٦. جاه‌طلبی

میزان بلند پروازی کارکنان و جسارتی که در تحول آفرینی دارند.

۷. پایداری

میزان تأکید سازمان بر حفظ وضع موجود (نوروزی، ۱۳۸۷: ٤۳ – ۳۰).

رابینز در کتاب تئوری سازمان وجوه ممیزه فرهنگ‌های سازمانی را ده مورد می‌شمارد که در مواردی با مفروضات فرهنگ سازمانی پیش بیان شده یکی است. این وجوه تمایز فرهنگی عبارتند از:

۱. نوآوری فردی؛
۲. تحمل مخاطره؛
۳. جهت‌دهی؛
٤. یک‌پارچگی و وحدت؛
۵. روابط مدیر با زیردستان؛
٦. کنترل؛
۷. هدف؛
۸. سیستم پاداش؛
۹. تحمل تعارض؛
۱۰. الگوهای ارتباطات (رابینز، ۱۳۷۹: ۳۸۲).

ویژگی‌های رهبران و مدیران از دیدگاه قرآن و نهج البلاغه

از آن‌جایی که رهبران و مدیران هر سازمانی به‌عنوان بانیان فرهنگ آن سازمان شناخته می‌شوند و خود آن‌ها از ارزش‌های جامعه متأثر می‌شوند و در جامعه ایرانی که ارزش‌های آن‌ها منبعث از دین اسلام و سیره پیامبر و معصومین است، در ادامه به ویژگی‌های یک رهبر و مدیر از دیدگاه قرآن و نهج البلاغه که به‌عنوان دو منبع اصلی ارزش‌های اسلامی مورد استفاده می‌شود، مورد بررسی قرار خواهد گرفت که اهم آن ویژگی‌ها به‌شرح زیر است:

- **اهمیت دادن به مشورت**

برای بیان اهمیت مشورت همین بس که خداوند در قران خطاب به پیامبر (ص) می‌فرمایند: «و شاورهم فی الامر»[1] (آل عمران، آیه ۱۵۹) و یا فرموده‌اند: «و امرهم شوری بینهم»[2] (شوری، آیه ۳٦). بنابراین هنگامی‌که پیامبر (ص) با وجود بی نیازی به امت خود مشورت می‌کند و به طریق اولی پیروان او ملزم به مشورت هستند و امام علی (ع) هم در اهمیت مشورت می‌فرمایند: «لاظهیرکالمشاوره»[3] (شهیدی، حکمت ٥٤)، پس یکی دیگر از اصول مدیریت در اسلام مشاوره در مسایل مهم و استفاده از فکر دیگران است. اتخاذ رأی صحیح و قوی با پشتوانه محکم از فواید مشورت و مشارکت افراد در تصمیم‌گیری است (طبرسی، ۱۳٦٦: ٦۹).

- **حفظ سنت‌ها و ارزش‌های خوب گذشته**

مدیر در هر رده‌ای موظف است افکار و سنن و روش‌های خوب گذشته را حفظ نماید و به آن احترام بگذارد. اصولاً گذشته بر حال سایه افکنده و حال نیز بر آینده. مدیر موظف است که روش‌های ناپسند را تدریجاً، نه یک‌باره، تغییر دهد و سنن خوب را حفظ و تقویت نماید. گذشته را نباید به‌طور کلی کنار گذاشت. گذشته جزیی ازحال است،

---

1. با مردم در امور مشورت کن.
2. کار مومنین پیوسته، شور و مشورت است.
3. هیچ پشتیبانی هم‌چون مشورت نیست.

یعنی سنن و افکار و آداب گذشته، در زمـان حـال هـم جریـان دارد. شکـستن معیارهـا و ارزش‌های گذشته و قطع کردن رابطه مردم با گذشـته، موجـب بـه‌هـم ریختگـی جامعـه و سرخوردگی و بی‌تفاوتی مردم می‌شود (خنیفر، ۱۳۸۰: ۷٦ - ٤٥).

حضرت علی (ع) وقتی مالک اشتر را به فرمان‌روایـی مـصر برگزیـد در مـورد حفـظ سنت‌ها و رسوم خوب گذشته مردم مصر، طی دستور صریحی فرمودند: آیـین پـسندیده‌ای را برهم مریز که بزرگان این امت بدان رفتار نموده‌اند، و مردم بدان وسیلت به‌هم پیوسته‌اند و رعیت با یک‌دیگر سازش کرده‌اند و آیینی را منه که چیزی ازسنت هـای نیـک گذشـته را زیان رساند تا پاداش از آن نهد، سنت باشد و گناه شکستن آن بر تو ماند» (مجلـسی، ۱٤۰۳ ه.ق، جلد ۷: ۱۲٦).

- **خوش پیمانی**

وعده و پیمان بستن اجباری نیست ولی عمل به آن واجـب اسـت یعنـی اگـر عهـد و پیمانی بسته شد باید بدان عمل گردد هر چند برای مدیر سخت باشد. اسلام بـرای عهـد و پیمان و عمل به آن ارزش و احترام فراوانی قایل است (مکارم شـیرازی، ۱۳۷۲: ۸٤ - ٦۷). تأکید و اشارات زیر از آن جمله است «یا ایها الذین آمنو اوفوا بالعقود[1] (مائـده، آیـه ۱). «و اوفو بالعهد ان العهد کان مسؤولا»[2] (اسراء، آیه ۳٤).

- **ایجاد امید و اطمینان**

امید و اطمینان یکی از مهم‌ترین عوامل حرکت و بقا در زندگی انسان است. ناامیدی مرگ است انسان هنگامی‌که همه درها را به‌روی خود بسته می‌بیند و در آرزوی مرگ می‌نشیند امید به آینده بهترین عاملی است که انسان را به حرکت و تلاش وامی‌دارد. امید دادن به انسان‌ها و ایجاد اطمینان نسبت به آینده از وظایف مهم مدیر است (علی‌آبادی، ۱۳۷٦: ۲۵۸ - ۲۵۷). حضرت علی (ع) در این‌باره می‌فرمایند: «کسی‌که همه توانش را به‌کار گیرد به

1. ای کسانی‌که به خدا ایمان آورده‌اید، به عهد و پیمان‌های خود عمل کنید.
2. به میثاق و پیمان خود عمل کنید که از عهد و پیمان بازخواست می‌گردد و مورد سؤال قرار می‌گیرد.

حقیقت خواسته‌اش قطعاً خواهد رسید» (آمدی، ۱۳٦۸، جلد ۲: ۱۲۳). انسان ناامید فقط آیه یاس می‌خواند و امید و اطمینان را از بین می‌برد.

- **حفظ تعادل در همه‌ی امور**

یکی از ویژگی‌های مدیر حفظ تعادل در امور مختلف است. مدیر باید اعتدال را در همه مسایل و شرایط مراعات کند. اعتدال و میانه‌روی (خیرالامور اوسطها) در گام‌های اولیه، کار نه چندان ساده‌ای نیست. از افراط و تفریط جدا باید پرهیز کرد و مدیر باید دقت نماید، به افراط و تفریط کشیده نشود. حضرت علی (ع) در این زمینه می‌فرمایند: «نه هنگام نعمت سخت شادمان باش و نه در دشواری سست رأی و ترسان» (دشتی، ۱۳۸۲، نامه ٤۲). مدیر موظف است در همه مسایل تعادل را حفظ کند هر جا که تعادل از بین رفته است، انسان‌ها، سازمان‌ها و جوامع دچار پیچیدگی و مشکل شده‌اند.

- **پرهیز از ظلم**

وقتی جاه‌طلبی و فزون‌طلبی و حرص و طمع بر انسان مسلط می‌گردد، انسان ظلم می‌کند و چون از راه‌های مشروع و منطقی قادر به تأمین این خواهش‌های بی‌پایان نیست و ضعف دارد ظلم و ستم می‌کند تا به خواهش‌های خود دست یابد. مدیر نباید برای رسیدن به خواسته‌ها و اهداف و برنامه‌های خود از ظلم و ستم استفاده کند حتی اگر اهداف و برنامه‌های خوبی داشته باشد (نبوی، ۱۳۷۲: ۱۰۱). خداوند در قرآن مکرر به ظالمین وعده عذاب سخت داده است؛ «فویل للذین ظلموا من عذاب یوم الیم»[1]. هر قدر سطح ظلم بالاتر می‌رود میزان همکاری و انگیزه و عشق به کار افراد پایین‌تر می‌آید و متقابلاً عکس‌العمل‌های منفی و واکنش‌های خشونت‌بار آن‌ها بالاتر می‌رود (مکارم شیرازی، ۱۳۷۲: ۸٤ – ٦۷).

- **رفق و مدارا**

مدیر باید بتواند با افراد مدارا کرده، آن‌ها را تحمل کرده تا جذب شوند. نرمش مدیر با مردم سبب نفوذ در افکار و قلوب شده، سخنش نافذ می‌گردد. حضرت علی (ع)

---

1. پس وای بر آنان‌که ستم کردند، از عذاب روزی دردناک.

می‌فرمایند: «رأس السیاسه استعمال الرفق»[1] (شهیدی، حدیث ۵۰۹۱). مدیر باید ازخطاهای افراد، در صورتی‌که خطری متوجه سازمان نمی‌کند، درگذرد. گاهی گذشت باعث تشویق و اصلاح افراد می‌گردد (خویی، ۱۳۸۶: ۵۳).

- **پذیرش اشتباه**

پذیرش اشتباه از ویژگی‌های خوب هر مدیر است. مدیر باید تلاش نماید تا این صفت را در خود پرورش و تقویت نماید. مدیر برای اصلاح خود و سازمان موظف است در هر جایی‌که احتمال اشتباه است فوراً آن‌را بپذیرد و از سماجت دست بردارد تا راه برای حل مشکلات فراهم شود و نیز موظف است این ویژگی را در افراد سازمان نیز پرورش دهد. «یکی ازبزرگ‌ترین تجلی گام‌های انسانیت آن‌جایی است که انسان حاضر باشد بعد ازثبوت غلط بودن نظرش، از آن دست بردارد و تسلیم شود» (باهنر، ۱۳۶۸: ۱۰۰). مؤمن موظف است حق را بگوید و بپذیرد اگرچه علیه خودش باشد.

- **احترام گذاشتن به افراد**

هر جا که به شخصیت انسان احترام گذاشته، و به او اعتبار بخشیده‌اند، استعداد ها و توانایی‌های انسان پرورش یافته است. باید از تحقیر افراد در هر حد، به‌شدت خودداری کرد. تحقیر و بی‌عرضه خواندن انسان، اعتماد به‌نفس را ضعیف کرده، توانایی‌های او را خفه می‌کند. انسان جانشین و خلیفه خداوند در زمین است به حکم نص قرآن، خداوند انسان را جانشین خودش در زمین قرار داده است «و اذ قال ربک للملائکه انی جاعل فی الارض خلیفه ...»[2]، پس انسان قابل احترام است (نبوی، ۱۳۷۲: ۱۰۶).

- **عیب پوشی**

یکی ازوظایف مدیر پوشاندن معایب افراد است. مدیر حتی‌المقدور باید معایب کارکنانش را پوشیده نگه دارد. این حقی است که افراد بر گردن مدیر دارند. آشکار شدن معایب افراد سبب شکستن شخصیت و روحیه آنان می‌گردد. حضرت علی (ع) به مالک

---

1. سر سیاست به‌کار گرفتن رفق است.

2. و هنگامی‌که پرودگار تو به فرشتگان گفت که همانا جانشینی بر روی زمین قرار خواهم داد ... .

اشتر دستور می‌فرمایند: «و از رعیت آن‌را از خود دورتر دار و با او دشمن باش که عیب مردم را بیشتر جوید، که همه مردم را عیب‌هاست و مرامی از هر کس سزاوارتر به پوشیدن آن‌هاست. پس مبادا آن‌چه را که بر تو نهان است آشکار گردانی و باید آن‌را که برایت پیداست بپوشانی، و داوری در آن‌چه از تو نهان است با خدای جهان است. پس چندان که توانی زشتی را بپوشان، تا آن‌را که دوست داری بر رعیت پوشیده ماند، بر تو بپوشاند (محمودی، ۱۳۵۸ ه.ق: ۱۳۲).

- **استفاده از انتقادات و پیشنهادات**

ایجاد محیط انتقادگری و انتقادپذیری ازضروریات مدیر است نه تنها نباید جلو هر انتقاد گرفته شود، بلکه باید افراد را تشویق کرد تا بدون پنهان کاری و ترس، انتقادات و نظریات خویش را ابراز نمایند. بدون وجود انتقاد اصلاحات کمی صورت می‌گیرد و اشتباهات تکرار می‌شود. انتقاد در سازمان عاملی است که جلو هرگونه اشتباه یا ادامه آن‌را می‌گیرد. حضرت علی (ع) با آن همه شایستگی و مقام عصمت، باز یاران و افراد تحت فرمان خود را دستور می‌دهد که بدون واهمه از او انتقاد بکنند. «در دیده مردم پارسا، زشت‌ترین خوی والیان آن است که می‌خواهند مردم آنان را دوست‌دار بزرگ‌منشی شمارند و کارشان را به‌حساب کبر و خودخواهی بگذارند، و خوش ندارم که در خاطر شما بگذرد که من دوستدار ستودنم، و خواهان ستایش شنودن. سپاس خدا که چنین صفت نزادم و به مردم که ستایش را دوست دارند، از آن پس که در کاری کوشش آرند لیکن مرا به نیکی ستایند تا از عهده حقوقی که مانده است، برآیم و واجب‌ها که برگردنم باقی است ادا نمایم» (دشتی، ۱۳۸۲، خطبه ۱۱۹). در داخل سازمان‌ها برای این‌که افراد اصلاح گردند باید زمینه انتقاد از هم‌دیگر بدون غرض‌ورزی فراهم گردد.

- **مدیریت بر مبنای اصل خوش‌بینی**

به‌طور طبیعی وجود بدبینی و کینه‌توزی، نه تنها راه‌حل غیبت، بلکه باعث مشکلات ناخواسته نیز می‌شود. براساس این اصل مدیران به‌دنبال عیب‌جویی و سرزنش و کینه‌توزی نبوده بلکه افعال و حرکات کارگنان را حمل بر صحت و نیت اصلاح نموده و سعی در اصلاح رفتارهای کج آن‌ها خواهند نمود. با چنین دیدگاهی جو سازمان مطلوب، اطمینان

بخش و آرامش یافته خواهد بود و بدبینی‌ها و خورده‌گیری‌ها جای خود را به صمیمیت و وفاداری و امنیت خاطر می‌دهد. البته اصل خوش‌بینی را تا جایی باید مراعات کرد که جنبه های سازنده آن چشم‌گیر باشد و به چارچوب‌ها و اصول ارزشمند دیگر، در مدیریت خدشه وارد نسازد. یعنی چشم‌پوشی از انحرافات و خطاها که سبب اصلاح افراد می‌باشد و موجب نشود از دشمنان غافل شویم و نیز چشم‌پوشی و تغافل «ومنهم الذین یوذون النبی و یقولون هواذن قل اذن خیر لکم»[1] (سوره توبه، آیه ٦٧). ای پیامبر بگو شنوایی و حسن تلقی (حمل بر صحت) من به خیر و صلاح شماست. مزایای استفاده از این اصل را می‌توان کاهش تنش و جو بدبینی، اصلاح افراد و ایجاد جو آرامش و اعتماد به‌نفس، ایجاد صمیمیت بین مدیریت و کارکنان، باعث تداوم حرکت پویای سازمان، توجه به فعالیت‌های مهم و اهداف عالی سازمان دانست (مکارم شیرازی، ۱۳۷۲: ٨٤ - ٦٧).

- **امنیت شغلی**

در دنیای پر از تغییر و تحول امروزی امنیت شغلی یکی از دغدغه های افراد در جوامع می‌باشد. امام علی (ع) در ١٤٠٠ سال قبل در فرمان تاریخی خود به مالک اشتر درباره ی بازرگانان، صاحبان صنایع و کشاورزان، دستوراتی می‌دهد که از آن می‌توان به تأمین امنیت شغلی آن‌ها می‌باشد:

ایشان می‌فرمایند: سفارش مرا به بازرگانان و صاحبان صنایع بپذیر و آن‌ها را به نیکوکاری سفارش کن، بازرگانانی که در شهر تجارت می‌کنند یا آنان که همواره در سیر و کوچ کردن می‌باشند و بازرگانانی که با نیروی جسمانی کار می‌کنند، چرا که آنان منابع اصلی منفعت و پدید آورندگان وسایل زندگی و آسایش و آورندگان وسایل زندگی از نقاط دوردست و دشوار می‌باشند، از بیابان‌ها و دریاها ودشت‌ها وکوهستان‌ها، جاهای سخت که مردم در آن اجتماع نمی‌کنند یا برای رفتن به آنجاها شجاعت ندارند، بازرگانان

---

1 . بعضی از منافقین کسانی هستند که پیامبر (ص) را می‌آزارند و چون از کار ناروای آنان تغافل می‌کند و با حلم و بردباری اعتذار دروغشان را می‌پذیرد، می‌گویند: او گوشی است شنوا (سخن شنو) و مردی زودباور است.

مردمی آرامند. مردمی آشتی طلبند که فتنه انگیزی ندارنـد، در کـار آنـان بینـدیش، چـه در شهری باشند که تو به سر می‌بری، یا در شهرهای دیگر (محمودی، ۱۳۵۸ ه.ق: ۹۶).

درباره کشاورزان که خراج دهندگانند، می‌فرماید: «خراج را به‌گونه‌ای وارسی کـن کـه صلاح اهل آن باشد، زیرا بهبودی خراج و خراج دهندگان، عامل اصلاح امور دیگـر اقـشار جامعه می‌باشد و تا امور خراج دهندگان اصلاح نشود کار دیگران سامان نخواهـد گرفـت، زیرا همه نان خور خراج و خراج دهندگاننـد. بایـد تـلاش نـو در آبـادانی زمـین پـیش از جمع‌آوری خراج باشد که خراج جز با آبادانی فراهم نمی‌گردد. و آن‌که بخواهـد خـراج را بدون آبادانی مزارع به‌دست آورد شهرها را خراب و بندگان خدا را نابود و حکـومتش جـز اندک مدتی دوام نمی‌آورد (مجلسی، ۱٤۰۳ ه.ق: ۷۰).

- **تأکید بر کار و وجدان کاری**

تاریخ اسلام گویای اهتمام و ارج‌گذاری پیامبر و امامان بر کار، کارگر و وجدان کاری می‌باشد به‌طوری که کار را معادل جهاد دانـسته و آن‌را سـتوده مـی‌داننـد. انـس بـن مالـک می‌گوید موقعی که رسول اکرم ازجنگ تبوک مراجعت می‌کرد سعد انصاری به اسـتقبال آن حضرت آمد در مصـافحه با او دست او را زبر و خشن دید فرمود چه صـدمه و آسـیبی بـه دستت رسیده است؟ عرض کرد یا رسوالله مـن کـار مـی‌کـنم و در آمـدم را خـرج معـاش خانواده‌ام می‌نمایم، پیامبر اکرم کف دست او را بوسید و فرمود: «هذه یده لا تمسها النهـار» (ابن اثیر، ۱٤۰۷ ه.ق، جلد ۲: ۸٤). پیامبر اکرم نه تنها کار و تلاش کـارگران را مـی‌سـتود و آنان را تشویق می‌نمود بلکه در مقـام رسـالت و سرپرسـتی حکومـت اسـلامی علـی‌رغـم وظایف سنگین نبوت در عمل توجه و اهتمام ویـژه‌ای را بـه ارزش و فـضیلت کـار نـشان می‌داد و هیچ‌گونه امتیازی را برای خود قایل نبود. در انجام کارهـا عمـلاً پرهیـز از سـست کاری و توجه به وجدان کاری را به اصحاب می‌آموخت تا آن‌جا که در جریان دفـن سـعد معاذ همین مسأله باعث تعجب اصحاب شده که چنین اهتمـامی در دقـت و محکـم کـاری ساخت یک قبر چه لزومی دارد و پیامبر اکرم در پاسخ آنان می‌فرماید:

«انی اعلم انه سیبلی و یصل الی البلاء و لکن الله عزوجل یجب عبدا اذا عمل عملا فاحکمه»[1] (مجلسی، ۱۴۰۳ ه.ق، جلد ۷۰: ۲۸۹). یعنی وجدان کاری به‌عنوان یک اصل ضروری در انجام هر امری هر چند به نظر کوچک و ناچیز آید؛ یکی از ویژگی‌های مدیر باایمان بوده و سست کاری و مسامحه، در استحکام، اتقان و ظرافت کار از فرهنگ اسلامی به‌دور است.

- **استفاده از روش زمینه‌سازی**

روش زمینه‌سازی یعنی ایجاد شرایط و اوضاع مناسب به منظور ایجاد، حفظ، تسهیل و گاه جلوگیری از تأثیرات بعضی امور. «از آن جایی‌که اعمال و رفتارهای انسانی تحت تأثیر شرایط محیطی و اجتماعی شکل می‌پذیرد، لذا انتخاب و تنظیم مناسب زمینه‌ها و شرایط، در حکم عامل تسهیل کننده رفتار مطلوب یا نامطلوب هستند» (باقری، ۱۳۷٤: ۱۰).

امام علی (ع) در این زمینه توصیه‌ای خطاب به کارگزاران حکومتی می‌فرماید:

«کارگزاران دولتی را از میان مردمانی باتجربه و باحیا، از خاندانی پاکیزه و باتقوی، که در مسلمانی سابقه درخشان دارند انتخاب کن، زیرا که اخلاق آنان گرامی‌تر و آبرویشان محفوظ‌تر و طمع‌ورزی آنان کمتر و آینده‌نگری آن‌ها بیشتر است» (دشتی،۱۳۸۲، نامه ۵۳).

این سخن و توصیه روشنگر این است که برای سازمان دادن هر چه بهتر امور حکومتی و امور مردم جامعه، بایستی افرادی متصدی امور اجرایی شوند که زمینه‌های مناسبی چون تقوا ،تجربه و حیا داشته باشند تا بدین واسطه به‌خوبی به وظایف خود عمل نموده و تأثیرات و اصلاحات مناسبی در امور به‌جای گذارند.

امیرالمومنین طی نامه‌ای به مالک اشتر، عوامل زمینه‌ساز تشکیل حکومت الهی، صالح و طرفدار احقاق حقوق انسان‌ها را چنین بیان می‌فرماید:

«در آن‌جا که مدارا کردن بهتر است، مدارا کن و در جایی‌که جز با درشتی کار انجام نمی‌شود، درشتی کن، پر و بالت را بگستران، با مردم مدارا کن، با مردم گشاده‌رو و فروتن باش، و در نگاه و اشاره چشم در سلام کردن و اشاره کردن با همگان یکسان باش، تا

1. می‌دانم که به‌زودی ویران خواهد شد، اما خداوند دوست دارد هنگامی‌که بنده‌ای کاری انجام می‌دهد در استحکام آن کوشش نماید.

زورمندان در ستمک تو طوع نکنند و ناتوانان از عدالت تو مأیوس نشوند (دشتی، ۱۳۸۲، نامه ۴۲).

این نامه حضرت، بیانگر رابطه صحیح اجتماعی - سیاسی حاکم با مردم و نشانگر آن است که ملایمت و خشونت با مردم در جایگاه مناسبش، مردم را به خیر آن حکومت امیدوار و دشمنان و خاطیان را ناامید می‌کند. پس مدیران با استفاده از این روش، بسیاری از رفتارهای کارکنان خود را جهت مناسب داده و از رفتارهای نادرست بازدارند و با شناسایی زمینه‌های ناسالم، پیشاپیش آن‌ها را از سر راه کارکنان برداشته و به آن‌ها یادآوری کنند.

- **به‌کارگیری فرهنگ تغافل**

تغافل یعنی این‌که خود را بی‌اطلاع نشان دادن و برخی دانسته‌ها و امور را نادیده گرفتن.

«تغافل یعنی این‌که شخص چیزی را راجع به کسی یا شیئی می‌داند، اما خود را بی‌خبر نشان می‌دهد و به‌گونه‌ای برخورد می‌کند که بی‌خبر است» (عبدوس، ۱۳۷۵: ۸۱).

تغافل در جایگاه مناسب خود خصوصاً در امور اجتماعی دارای ارزش و اثر زیادی است و عاملی در حفظ و کرامت انسان و بزرگواری شخص تغافل کننده به‌حساب می‌آید. امام علی (ع) در نامه‌ای به مالک اشتر راجع به تغافل حاکمان نسبت به مردم، برای تربیت آن‌ها رهنمودهایی ارایه می‌فرماید که بخش‌هایی از آن اشاره به روش تغافل دارد. ایشان می‌فرمایند:

«مهربانی با مرده را پوشش دل خود قرار ده، زیرا مردم دو دسته‌اند: دسته برادر دینی تواند و دسته دیگر همانند تو در آفرین می‌باشند. اگر گناهی از آن ها سر می‌زند یا علتی بر آن‌ها عارض می‌شود، خواسته و ناخواسته، اشتباهی مرتکب می‌گردند، آن‌ها را ببخشای و بر آنان آسان گیر، آن‌گونه که دوست داری خدا تو را ببخشاید. بر بخشش دیگران پشیمان مباش، و از کیفر کردن شادی مکن و از خشمی که توانی از آن رها گردی شتاب نداشته باش (دشتی، ۱۳۸۲، نامه ۳۵).

حضرت در این نامه خود، بعد از سفارش بـه عفـو و بخـشش خطـای مـردم توصـیه می‌کند که تا می‌توانی تغافل کن و از خشم و غضب خود بر علیه مردم جلـوگیری نمـا، تـا بدین واسطه مورد لطف و عنایت الهی و حمایت مردم قرار بگیری. حـضرت در خطبـه ای پس از اعلام نارضایتی خود از قضیه حکمیت و تذکر این نکته که مـی‌توانـستم بـدی‌هـا و اشتباهات شما را با بدترین شکل پاسخ دهم خطاب به مردم می‌فرماید:

«وظیفه من، کاری جـز تـلاش بـرای اصـلاح امـور شـما نیـست، اگـر مـی‌خواسـتم بی‌مهری‌های شما را بازگو می‌کردم» (دشتی،۱۳۸۲، خطبه ۱۷۸).

این سخن نشان می‌دهد که حضرت علی به‌عنوان رهبـر و ولـی مـردم، نـامردی‌هـا و خطاهای اطرافیانش را نادیده می‌گرفت و عفو می‌نمود و تغافل را سرلوحه امر حکومـت و تربیت و تبلیغ دین الهی قرا داه بود.

نتیجه‌گیری

با توجه به ویژگی‌های مدیران در نهج‌البلاغه و سیره آن حضرت آیات نورانی قرآن که عبارتست از: وقار و هیبت، توانایی جسمی و روحی، خلوص نیت، دید جمعی، دقت و امعان نظر، بلوغ فکری، ستاد مشورتی، قدرت شکیبایی، حل مشکلات، سعه صدر، شناخت فرمان، تشویق و تنبیه، گشاده‌رویی، دوراندیشی، تواضع، روحیه اعتماد بخشی، نظارت و کنترل، هدایت و هماهنگی، سازماندهی و برنامه‌ریزی، قدرشناسی و ارج‌گذاری، گذشت، قاطعیت، تقوی و درستکاری، استقامت و علاقه به کار، پیش‌بینی و آینده فکری، مطالعه و به روزبودن، تنظیم وقت و تقسیم کار، ابهام زدایی، پوشش عیب ها، وفای عهد، احترام به سنت ها، وحدت و هماهنگی، خوش‌بینی، پایبندی، پایبندی به ضوابط، اعتدال و میانه روی، امانت‌داری، آمیزه ای از نرمی و درشتی (خوف و رجاء)، احترام به افکار دیگران، توکل در تمام امور، تصمیم‌گیری گروهی، استفاده از تجارب گذشته، تشویق و تنبیه، پرداخت حقوق، صداقت و راست‌گویی، تخصص و مهارت، حسن سابقه، انتقادپذیری، درک شرایط زمان و مکان، تفویض اختیار، پاک‌سازی محیط از چاپلوسان و تملق گویان، هوشیاری نسبت به پیرامون (محیط اجتماعی)، توانایی شناخت صحیح از خویشتن، تعهد نسبت به هدف، مصمم در اجرا، توجه به رفع معیشتی کارکنان، برخورد منصفانه با فرودستان، سبک و سنگین کردن و ترجیح دادن اهم بر مهم، تحمل بالا در سخت‌گیری‌ها، واگذار نمودن امور جزیی، همیشه در تفکر نه در خودباختگی و نه در غرور، اصلاح خطاها و اشتباهات، پرهیز از انحطاط پایین‌تر، سرعت در کارها، عدم اعتراض بیهوده، جلب اعتماد مردم، رسیدگی مداوم، عدم‌اعمال خشونت، ترجیح رضایت الهی، عدم‌توقع بیش از حد، ترفیع زیردستان، وقتی برای تفریحات سالم، انگیزه پیشرفت، احتراز از خودفریبی، تأکید بر کار و وجدان کاری همه و همه ازصفات و معانی مدیر واقعی ازدیدگاه نهج‌البلاغه و قرآن می‌باشد. با بررسی مدل‌های فرهنگ سازمانی چون مدل رابینز، کوئین، استانلی و دیویس، جردن و سایر مدل‌ها و خصوصیات و ویژگی‌های که برای فرهنگ سازمانی مطرح نموده اند و نقش مدیر در ایجاد چنین فرهنگ‌هایی، به نظر می‌رسد ویژگی‌ها و

خصیصه‌های که مدیر و رهبر باید داشته باشد تا چنین فرهنگی را ایجاد کند، ۱۴۰۰ سال پیش در سیره پیامبر و امامان و معصومین (ع) کاملاً مشهود و بارز است. لذا باید در این راستا مدیران جامعه تلاش بی‌وقفه‌ای در جهت اخذ این ویژگی‌ها جهت رسیدن به سازمانی مطلوب و بهره‌ور که هدف سازمان‌های امروزی است، آغاز کنند. بهره‌وری را نمی‌توان در قوانین و مقررات مدون و مکتوب جست‌وجو کرد، بلکه باید فرهنگ، شرایط اجتماعی، نگرش‌ها، طرز تلقی و نظام ارزش‌ها را در شکل‌گیری آن مؤثر دانست. مکانیزم اساسی افزایش بهره‌وری در ارزش‌های مشترک و تعهد به ارزش‌های فرهنگی نهفته است (کاملی، ۱۳۷۵: ۱۱۲ – ۸۹).

به‌طوری که می توان با استفاده از نظام تعهد بالا به عملکرد خوب دست یافت. در جهت ایجاد چنین سیستمی، ارزش‌های فرهنگی مهم‌ترین عامل هستند و در این میان مدیران حساس‌ترین نقش را ایفا می‌کنند. زیرا بهبود بهره‌وری در حیطه مسؤولیت مدیران است و از سطح مدیریت شروع می شود. اهمیت یافتن بیش از پیش فرهنگ سازمانی به این معنی است که می‌بایست چنان فرهنگ سازمانی ایجاد شود که بستری مناسب برای پاسخ‌گویی نیازهای جدید سازمان‌ها را فراهم نماید زیرا فرهنگ سازمانی سازمان‌های عصر صنعتی فاقد برخی مؤلفه‌هایی است که در عصر اطلاعات و دانش می‌بایست شخصیت سازمان های جدید را تشکیل دهند. بر همین اساس می‌توان اذعان کرد که مؤلفه‌ها و ابعاد مطرح شده به‌عنوان فرهنگ سازمانی اثربخش می‌توانند آن‌گونه که نلسون و ترل می‌گویند به اثربخشی فعالیت‌های سازمانی کمک کند. نتایج تحقیقات نشان می‌دهد که لازم است مشارکت و همکاری در سازمان‌ها به یک فرهنگ تبدیل شود. فرهنگ یادگیری مادام‌العمر مصداق فرمایش پیامبر گرامی اسلام حضرت محمد (ص) است که می‌فرمایند: «اطلب العلم من المهد الی اللحد». در این فرهنگ سازمانی افراد به فراگیران مادام‌العمر تبدیل می‌شوند (گیورگیو، ۱۳۷۹: ۲۹۴). و مواردی مثل خودآموزی، خودارزشیابی و توانایی چگونه آموختن، و به‌عبارت دیگر یادگیری برای یادگیری است. به‌نظر می‌رسد این فرهنگ در جهان امروز باید با فرهنگ دیجیتالی همراه باشد و ایجاد سواد اطلاعاتی برای کسب دانش از مهم‌ترین موارد برای کسب موفقیت در این راه است.

منابع و مآخذ

۱. استانلی، دیویس، ۱۳۷٦، «مدیریت فرهنگ سازان»، مترجم« ناصر میر سپاسی و پری‌چهر معتمد گرجی، چاپ دوم، انتشارات: مروارید.

۲. آمدی، عبدالواحد، ۱۳٦۸، «غررالحکم و دررالحکم»، مترجم: محمد علی انصاری، انتشارات: دفتر تبلیغات اسلامی قم.

۳. الوانی، سید مهدی، ۱۳۸۳، «مدیریت عمومی»، انتشارات: نشر نی.

٤. باهنر، محمدجواد، ۱۳٦۸، «انسان و خودسازی»، انتشارات: دفتر تبلیغات اسلامی، چاپ سوم.

٥. باقری، جعفر، ۱۳۷٤، «الگوهای تربیتی برای فرزندان»، انتشارات: چاوشی، چاپ چهارم.

٦. خنیفر، حسین، ۱۳۸۰، «پیش درآمدی بر اصول و مبانی مدیریت (دیدگاه امام علی (ع))»، انتشارات: پیک دبیران.

۷. خویی، حبیب‌الله، ۱۳۸٦ ه.ق، «مهتاج‌البراعه فی شرح نهج‌البلاغه»، انتشارات: مؤسسه دارالعلم قم.

۸. دشتی، محمد، ۱۳۸۲، «ترجمه‌ی نهج‌البلاغه»، چاپ شانزدهم، قم، مؤسسه فرهنگی تحقیقاتی امیرالمومنین (ع).

۹. زارعی متین، حسن، ۱۳۸۳، «مبانی مدیریت و فرهنگ سازی»، انتشارات: مؤسسه عالی آموزش و پژوهش مدیریت و برنامه‌ریزی.

۱۰. طبرسی، فضل بن حسن، «تفسیر مجمع‌البیان»، مترجم: محمد رازی، انتشارات: فراهانی.

۱۱. کاظمی، عباس، ۱۳۷٥، «طراحی الگوهای اثربخشی سازمانی با تأکید بر معیارهای فرهنگ سازمانی»، فصلنامه تدبیر، دوره چهارم، شماره ۱۳۳، صص ۱۱۲ – ۸۹

۱۲. گیورگیو، کونستان ویژریل، «محمد پیامبری که از نو باید شناخت»، مترجم: ذبیح‌الله منصور، انتشارات: امیرکبیر.

۱۳. مجلسی، محمد باقر، ۱۴۰۳ ه.ق، «بحارالانوار»، انتشارات: مؤسسه الوفاء بیروت، لبنان.

۱۴. محمودی، محمد باقر، ۱۳۵۸ ه.ق، «نهج‌السعاده فی مستدرک نهج‌البلاغه»، مطبعه النعمان، نجف.

۱۵. مکارم شیرازی، ناصر، ۱۳۷۲، «ویژگی‌های مدیریت اسلامی»، سمینار بین‌المللی مدیریت اسلامی، انتشارات: مرکزآموزش مدیریت دولتی، صص ۸۴ - ۶۷.

۱۶. نبوی، محمد حسن، ۱۳۷۲، «مدیریت اسلامی»، انتشارات: دفتر مرکز تبلیغات اسلامی.

۱۷. نورزی، نوشین، ۱۳۸۲، «تبیین فرهنگ سازمانی در هزاره سوم»، رساله دکتری دانشگاه آزاد اسلامی واحد علوم تحقیقات تهران.

18. Daulatran .B.lund (2003) organizational culture and job satisfaction , journal of business & industrial marketing ,Vol , 18 No .3.

19. Robins, Stephen, "Organizational behavior management" (1989).

متن کامل مقاله در مرکز اطلاع‌رسانی اینترنتی حسابرس نشریه حسابرس، مقاله‌های الکترونیکی در آدرس زیر در دسترس شماست:
http://hesabras.org/site/433/default.aspx

تاثیر شفافیت بر کارایی بازار سرمایه با تاکید بر حاکمیت شرکتی

دکتر امراله امینی
مصطفی امامی
علیرضا امامی

مفهوم شفافیت

در فرهنگ وبستر، شفافیت بدین صورت تعریف شده است: *"باز بودن یا گشودگی موسسه‌ها، آشکار بودن موسسه‌ها، صداقت و درک‌پذیری آسان."* در این تعریف منظور از باز بودن یا گشودگی موسسه‌ها، دسترسی آسان به عملیات داخل شرکت و منظور از آشکار بودن موسسه‌ها، وضوح اطلاعات است.

تعریفهای متعدد دیگری نیز برای شفافیت ارائه شده است که با توجه به تاکید بر مفهومهای متفاوت، می‌توان آنها را در سه طبقه به‌شرح زیر از یکدیگر متمایز کرد:

الف- تعریفهای مبتنی بر ذی‌نفعان اطلاعات: **ویش واناث و کافمن** (Vishwanath & Kaufmann, 1999) **و کافمن** (Kaufmann, 2002) شفافیت را *"افزایش جریان بموقع و درخور اتکای اطلاعات اقتصادی، اجتماعی و سیاسی که در دسترس همه ذینفعان مربوط باشد"*، تعریف کرده‌اند. همچنین، ویش واناث و کافمن (۱۹۹۹) نبود شفافیت را به‌عنوان *"ممانعت عمدی از دسترسی به اطلاعات، ارائه نادرست اطلاعات یا ناتوانی بازار در کسب اطمینان از کفایت مربوط بودن و کیفیت اطلاعات ارائه‌شده"* تعریف کرده‌اند. دیدگاه سازمان همکاری و توسعه اقتصادی گسترده‌تر است و شفافیت را به‌عنوان *"ارتباط متقابل بین شرکت‌ها و سایر گروه‌های ذینفع"* بیان می‌کند.

ب- تعریفهای مبتنی بر پاسخگویی: گروه تخصصی شفافیت در دانشگاه **بروکینگز** (Brookings)، شفافیت را به‌عنوان *"درجه گشودگی و بازبودن موسسه‌ها بیان کرده است؛ یعنی میزان نظارت و ارزیابی اعمال افراد داخل شرکت (مانند مدیران) توسط افراد خارج از شرکت (مانند سهامداران)."* در تعریف **فلورینی** (Florini, 1999) از شفافیت، پاسخگویی برجسته‌تر شده است.

I0392887

www.ingramcontent.com/pod-product-compliance
Lightning Source LLC
Chambersburg PA
CBHW030746180526
45163CB00003B/936
* 9 7 8 1 4 9 9 5 2 8 6 6 4 *